URSPRUNG UND VORGESCHICHTE DER SPRACHE

VON

Dr. G. RÉVÉSZ

Professor der Psychologie an der
Universität Amsterdam

A. FRANCKE AG. VERLAG BERN · 1946

Printed in Switzerland

Copyright 1946 by A. Francke AG., Bern

Gedruckt bei Stämpfli & Cie., Bern

Vorwort

Die vorliegende Schrift enthält eine genetische Theorie des Ursprungs und der Vor- und Frühgeschichte der Sprache, nebst einer neuen, auf die lebendige Sprache begründeten Funktionslehre, eingeleitet durch eine Kritik der wichtigsten, noch stets nicht überwundenen Lehren des Sprachursprungs.

Der Kern dieser sprachpsychologisch und sprachphilosophischen Erörterungen ist in drei früheren Veröffentlichungen enthalten. Zwei von ihnen sind unter dem Titel «Die menschlichen Kommunikationsformen und die sog. Tiersprache» und «Das Problem des Ursprungs der Sprache» in den Jahren 1941 und 1942 im 44. und 45. Band der Proceedings der K. Nederlandsche Akademie van Wetenschappen zu Amsterdam aufgenommen, die dritte Abhandlung, «De l'origine du langage», wurde in der Festsitzung zu Ehren von Th. Ribots hundertstem Geburtstag an der Sorbonne am 22. Juni 1939 vorgelegt und in der Festschrift «Centenaire de Th. Ribot 1939» veröffentlicht. Die vorliegende Darstellung enthält gegenüber meinen früheren Publikationen wesentliche Veränderungen. Sie gibt über die Sprachfunktionen und im Anschluss daran über die Vor- und Frühgeschichte der Sprache eine geschlossene Lehre. Trotz methodologischer und inhaltlicher Bereicherungen verlieren die früheren Arbeiten ihre Bedeutung nicht; vor allem sind die Ausführungen über die Kommunikationsformen und die sog. Tiersprache, die wir hier nur vorübergehend behandeln, als ergänzende Beiträge hervorzuheben.

In dieser Arbeit werden die gesamten Probleme und die methodischen Gesichtspunkte des Sprachursprungs und der Vorgeschichte der Sprache dargestellt und die Bedeutung der Sprache für die Gesamtheit der menschlichen Betätigungen und Äusserungen angedeutet. Es war nicht meine

Absicht, die Sprache, diese unerschöpfliche Fundgrube menschlichen Geistes, in ihrer ganzen Entwicklung zu verfolgen, sondern es galt mir, bis zu einem Punkt zu gelangen, wo das geschichtliche Werden der Sprachsysteme einsetzt und die Entfaltung der Sprache ihren Anfang nimmt.

Unser Bemühen, eine Vorstellung über die Vor- und Frühgeschichte der menschlichen Kommunikationsformen zu gewinnen, scheint mir nicht überflüssig zu sein, wenn man sich die Aufgabe stellt, die geistige Natur der Sprache und ihre Gestaltung klar zum Bewusstsein zu bringen und das lebendige Interesse für die Sprache in reger Tätigkeit zu erhalten.

Es ist mir eine Freude, allen meinen Kollegen verschiedener Provenienz für das Interesse zu danken, mit dem sie die Entwicklung meiner sprach-psychologischen Ideen verfolgten, insbesondere bin ich meinem Freunde Prof. G. Kafka und Prof. O. Funke für das Lesen des Manuskripts und für wertvolle Anregungen zu Dank verpflichtet.

Amsterdam, Februar 1946.

Der Verfasser.

Inhalt

Ursprung, Vor- und Frühgeschichte der Sprache

«Si le langage avait été conféré à l'homme comme un don céleste créé sans lui et hors de lui, la science n'aurait ni le droit ni le moyen d'en rechercher l'origine; mais si le langage est l'œuvre de la nature humaine, s'il présente une marche et un développement régulier, il est possible d'arriver par de légitimes inductions jusqu'à son berceau.»

Ernest Renan
(De l'origine du langage, 1859.)

1. EINLEITUNG

Die Sprache ist die wunderbarste Schöpfung des menschlichen Geistes. Ihr Ursprung verliert sich im Dunkel eines Zeitabschnittes, der uns gänzlich verborgen ist und auch verborgen bleibt. Wie wir infolge gänzlichen Mangels an empirischem Material keine rechte Vorstellung von der geistigen Beschaffenheit des Urmenschen gewinnen können, so ist uns jede Kenntnis über die Uranfänge der Sprache versperrt. Doch leitet unser Wissensdrang und unser historisches Interesse zu der Frage: Wie entstand die Sprache? Uns befriedigt nicht die Kenntnis des Seienden; wir wollen wissen, wie alles entstanden ist, den Schöpfungsgrund und Beginn aller Dinge, die archê geneseos, wir wollen wissen, welche Kräfte bei der Entstehung des Neuen wirksam gewesen sind, wie seine Vorformen ursprünglich gestaltet waren.

Das Suchen nach dem Ursprung liegt in der tiefsten Tiefe des nach Erkenntnis strebenden menschlichen Geistes. Nicht die wissenschaftliche Forschung gibt dazu den ersten Anstoss, sondern der mit dem Kosmos verbundene und sich auf den Kosmos besinnende Mensch. Solange im Menschen der Glaube an höhere Fügungen fest verwurzelt, solange er von der Göttlichkeit der Welt überzeugt war, hat man die Frage nach dem Ursprung der Dinge durch die Berufung auf die Gottheit in die mythische Sphäre verlegt. Die Götter wurden für die Gestaltung der Welt verantwortlich gemacht, der Mensch konnte sich nur der Mittel bedienen, die ihm die Götter zur Verfügung gestellt hatten. Wie Prometheus das Feuer vom Olymp entwendet habe, so sollte der Mensch von den Göttern selber Sprache und Schrift erlernt haben. Als diese theologische Auffassung den Menschen nicht mehr zu befriedigen vermochte, versuchte sein forschender Geist in lebendiger Regsamkeit, mit unermüdlichem Eifer die ganze Geschichte der Sprache zu entschleiern, um eine

klare und zusammenhängende Anschauung ihrer geheimnisvollen Entstehung in ferner Vergangenheit zu gewinnen. Man war überzeugt, dass
es schliesslich gelingen werde, die einzelnen Etappen der Sprachentwicklung zu rekonstruieren und zu der Urquelle zu gelangen, aus welcher
die ersten Manifestationen des sprachlichen Kontaktes der Menschen
entsprungen seien. Trotz zahlreicher und erfolgloser Versuche gab man
die Hoffnung nicht auf, die Entwicklung der Sprache bis zu den Vorformen zurückverfolgen zu können, d. h. bis zu einem Zustand, in dem
zwar bereits einzelne Grundelemente der Sprache vorhanden sind, aber
doch noch spezifische Merkmale fehlen.

Diese Bemühungen führten zu verschiedenen Theorien, so u. a. zu der
Erfindungstheorie, die sich die Sprache als eine schöpferische Tat des
Menschen vorstellte, ferner zu der Zufallstheorie, die die Entstehung der
Sprache einem glücklichen Zufall zuschrieb. Der Entwicklungsgedanke
bot Gelegenheit, eine Reihe von genetischen Theorien aufzustellen, die die
Entwicklung der Sprache von ihrer einfachsten Form an zu rekonstruieren
und die fehlenden Glieder mit Hilfe unserer tier- und kinderpsychologischen Erfahrungen einzufügen versuchten. Sogar die Vermutung, dass
das gestellte Problem prinzipiell unlösbar sei, wurde in Erwägung gezogen,
aber kaum jemals einer ernstlichen Prüfung unterworfen.

Da jedoch keine dieser Theorien allgemeine Anerkennung fand, dauerte
der Streit um das Problem des Sprachursprungs fort. Hervorragende
Geister beteiligten sich an ihm, vielversprechende Theorien wurden aufgestellt, scharfsinnige Diskussionen geführt, aber eine allgemein befriedigende Entscheidung war nicht zu erreichen. Allmählich trat ein
Stillstand ein, nicht etwa aus der Überzeugung heraus, dass man die
richtige Lösung gefunden habe, sondern eher aus dem Gefühle, dass
man am Ende der sinnvollen Hypothesenbildungen angekommen sei.

Nach diesen Misserfolgen der bisherigen Forschung scheint es gewagt
zu sein, wieder auf das alte Problem zurückzukommen und sich an der
gleichen Aufgabe zu versuchen, deren Lösung so vielen eminenten Forschern
nicht gelungen ist.

Insbesondere waren die bisher aufgestellten entwicklungsgeschichtlichen Hypothesen über die Sprache so anfechtbar, dass es mir in einer

früheren Periode meiner Forschung in Hinblick auf die Sonderstellung des Menschen im Reiche des Organischen wissenschaftlich berechtigt erschien, die Ursprungsfrage für unlösbar zu erklären, zumal die sprachgeschichtliche und sprachpsychologische Literatur keine, auch nur einigermassen annehmbaren Anhaltspunkte bot, die Vorformen der menschlichen Sprache zu rekonstruieren, geschweige denn die im Urmenschen schlummernden spracherzeugenden Tendenzen verständlich zu machen [1].

Dieses negative Ergebnis befriedigte mich jedoch trotz des Beifalles nicht, den meine Ausführungen und kritischen Auseinandersetzungen bei den Psychologen und Philologen gefunden hatten. Nach und nach gewann ich die Überzeugung, dass meine skeptische Haltung gegenüber dem Ursprungsproblem zwar etwas Richtiges enthielt, dass es aber noch verfrüht war, die prinzipielle Unlösbarkeit des Problems zu behaupten. Obgleich ich die Kluft zwischen der menschlichen Sprache und den tierischen Kundgebungen für unüberbrückbar halte, sehe ich keinen triftigen Grund, die Idee einer stetig oder unstetig fortschreitenden Entwicklung im biologischen Geschehen preiszugeben. Ich wandte daher dem Entwicklungsprinzip meine Aufmerksamkeit zu und untersuchte, ob bei dem rezenten Menschen Äusserungen und Tendenzen zu finden sind, die auf eine vorsprachliche Stufe oder archaische Form hinweisen und als Ausgangspunkt für eine entwicklungsgeschichtliche Theorie der Sprache gelten können. Auf diese Weise stiess ich auf ein Grundprinzip, das mir bei der Aufstellung einer entwicklungspsychologisch berechtigten Stufenfolge der Verständigungsformen in der Menschen- und Tierwelt den Weg wies. So gelang es mir, eine von Stufe zu Stufe allmählich sich differenzierende Reihe aufzustellen, die von den primitivsten Kontaktformen in gerader Linie zu der höchst entfalteten Form der Verständigung, zu der Sprache, führt. Der entwicklungsgeschichtliche Gesichtspunkt ist so gewählt, dass dabei die Einzigartigkeit und Autonomie der Sprache trotz ihres Zusammenhanges mit den vorsprachlichen Kontaktformen nicht beeinträchtigt wird.

---

[1] Nederl. Tijdschrift voor Wijsbegeerte en Psychologie, VIII, 1940.

Der wissenschaftliche Fortschritt meiner neuen Anschauung gegenüber meiner früheren ist unverkennbar [1]. Während meine frühere
Ansicht, nämlich die Annahme einer prinzipiellen Unlösbarkeit des
Ursprungsproblems, für die Sprachtheorie keine Konsequenzen nach
sich zog, liefert meine Kontakttheorie sowohl für die Sprachpsychologie
und allgemeine Sprachwissenschaft wie auch für die Urgeschichte
der Menschheit und die vergleichende Psychologie neue und fruchtbare
Gesichtspunkte.

In dem ersten Teil dieser Schrift beabsichtige ich zuerst das Ursprungsproblem genau abzugrenzen und die Gesichtspunkte anzugeben,
die bei seiner Behandlung im Auge behalten werden müssen. Daran
anschliessend will ich die bekannten Ursprungstheorien einer Kritik
unterwerfen und ihre Unhaltbarkeit darlegen. Den Übergang zu den
entwicklungspsychologischen Erörterungen bilden die Ausführungen
über die Sprachfunktionen, die von einem neuen seelen- und sprachwissenschaftlichen Gesichtspunkt aus betrachtet werden und die bei
der Aufstellung der Entwicklungsstufen der Sprache, von ihrer Urgeschichte bis zu ihrer vollen Ausbildung, eine entscheidende Rolle
zu spielen haben. Dann soll eine Wendung in der Fragestellung ein-
treten. Wenn ich nämlich zur Entwicklung meiner eigenen Anschauungen übergehe, soll nicht, wie bisher, die Sprache, diese ausgereifte
Form der menschlichen Verständigung, den Ausgangspunkt der Untersuchung bilden, sondern eine viel allgemeinere Erscheinung, nämlich
die Kontakt- bzw. Kommunikationsformen der lebenden Wesen, zu
denen auch die Sprache gehört. Nicht willkürliche Elemente der
Sprache, wie etwa die Ausdruckslaute oder die Ausdrucksbewegungen
oder die Interjektionen sollen als Vorstufen der Sprache postuliert
werden, wie dies bei den bekannten phylogenetischen und ontogenetischen Lehren des Sprachursprungs geschehen ist, sondern ein alle
Verständigungsformen umfassendes Grund- und Selektionsprinzip soll
die Antriebe und Äusserungsformen der Kundgebung durchgreifend

---

[1] Siehe meine Veröffentlichungen in den Berichten der K. Ned. Akademie van
Wetenschappen aus den Jahren 1940, 1941, 1942, Vol. XLIII, XLIV und XLV.

bestimmen. Auf diese Weise gelangen wir zu einer biologisch begründeten Entwicklungsgeschichte der Verständigungsformen, die die Entwicklungsidee zwar berücksichtigt, ohne sich durch sie beherrschen
zu lassen. Sie wird zur Grundlage einer neuen Theorie, der Kontakttheorie, die zur Klärung des Gesamtgebietes der Kommunikationsformen, einschliesslich der Sprache, dient. Von der Berechtigung und
Tragweite der von uns angewandten sprach- und entwicklungspsychologischen Leitgedanken wird das Ergebnis unserer Unternehmung
abhängen.

2. DAS URSPRUNGSPROBLEM

Bei der Betrachtung der menschlichen und tierischen Welt fällt uns eine ganz besondere Erscheinung auf, die für das anthropologische Grundproblem von der grössten Bedeutung ist.

Die jetzt auf der Erde lebenden Tiere zeigen seit vielen Jahrtausenden, vermutlich seit Hunderttausenden von Jahren, in ihren Trieben, Affekten, Bedürfnissen, Verhaltungsweisen, Leistungen, sozialen Formen *keine Veränderung*. Der Elefant im Urwald hat sich vor vielen Tausenden von Jahren genau so verhalten wie jetzt. Er hat seinen Rüssel gerade so zum Greifen, zum Tasten, zum Trinken benützt wie heute. Seine Stosszähne dienten in der Tertiärzeit genau so zum Abreissen der Baumrinde, zum Aufwühlen des Bodens wie jetzt. Die Bienen haben ihren Nahrungserwerb in der vorgeschichtlichen Zeit ebenso zwangs- und zweckmässig organisiert und ihre Feinde ebenso grausam verfolgt wie gegenwärtig. Auch der junge Esel sprang in der Steinzeit genau so munter und komisch umher wie heute, und die Krokodile dürften zur Zeit des Leviathans nicht viel liebenswürdiger gewesen sein als heute.

Die Invariabilität der Lebensweise der Tiere erklärt sich daraus, dass diese ganz an die Umwelt gebunden sind, sich der Natur vollkommen unterwerfen und sich den geophysischen Verhältnissen zwangsmässig anpassen. Sie werden vollkommen von ihren Trieben beherrscht, mithin von einem konservativen Prinzip, welches das Bestehende schützt und jeder Änderung widerstrebt. Das Tier verändert in seinen Lebensumständen und Verhaltungsweisen aus eigenem Antrieb nichts; nur Naturereignisse und Änderungen in der Umwelt (z. B. Domestikation, Gefangenschaft, geographische Veränderungen) können das Tier zwingen, seine Reaktionsweisen und Gewohnheiten zu ändern. Selbst die durch Kreuzung und Veredlung gezüchteten Tiere behalten die Eigentümlichkeiten ihrer wilden Artgenossen zum grössten Teil bei.

Während dieser langen Zeit ist die Menschheit in einem unaufhörlichen Wandel begriffen gewesen und hat eine geistige und sittliche Entwicklung durchgemacht, die in den Erfahrungen, Anschauungen, Lebensformen und Leistungen von Individuen und Gemeinschaften ihren Niederschlag gefunden hat.

Der Mensch sah in der paläolithischen Zeit anders aus; er besass eine andere Kultur und eine viel primitivere geistige Konstitution als der geschichtliche Mensch. Er trat der Natur entgegen, emanzipierte sich von den naturgegebenen Bedingungen, entwickelte neue Bedürfnisse, die er dank seiner Erfindungsgabe zu befriedigen vermochte. Zur Stillung seiner vitalen Bedürfnisse entdeckte der Mensch in der Gemeinschaft die Nahrungszubereitung durch Feuer, übte die Viehzucht, den Ackerbau und das Handwerk aus, schuf die Kunst, entfaltete die Religion und das Recht und bildete die Formen der gesellschaftlichen Ordnung heraus. Der Mensch fügte sich dem Zwang der Natur und den Traditionen nicht, erwarb geistige und moralische Freiheit und dadurch Entwicklungsmöglichkeiten, von denen er im Laufe der Geschichte im weiten Ausmass Gebrauch machte. An Stelle des alles beherrschenden konservativen Prinzips trat eine grosse Plastizität, an Stelle der biologisch determinierten Triebkräfte Vernunft, an Stelle des Triebzwanges freie Entscheidung.

Wenn wir die Frage aufwerfen, was Mensch und Tier unabänderlich in alle Ewigkeit trennt, so ist die Antwort die gleiche, die vor der Übersteigerung des Entwicklungsgedankens als die allgemein gültige anerkannt wurde: die *Vernunft*. So schwer es aber sein mag, den Begriff der Vernunft eindeutig zu bestimmen, so leicht ist es, ein unzweideutiges Kennzeichen für das Vorhandensein der Vernunft anzugeben: die *Sprache*. Die Sprache als Mittel der gegenseitigen Verständigung, mit ihrer engen Beziehung zum Denken und mit ihrer sozialen und kulturellen Bedeutung, ist das, was den Menschen zum Menschen macht und ihn vom Tier grundsätzlich scheidet.

«Im Anfang war das Wort», der Logos, die Vernunft, die schöpferische Idee. Die Menschwerdung setzt mit der Sprache ein. Der Mensch ist — wie W. v. HUMBOLDT sagt — nur Mensch durch die Sprache; die Sprache zu erfinden, musste er schon Mensch sein. Durch den Satz: *Ohne Sprache kein Mensch, ohne Mensch keine Sprache,* erhält die Frage nach dem Ursprung der Sprache ein besonderes Interesse und die Forschung einen ganz bestimmten Ausgangspunkt [1].

Den Sätzen: ohne Sprache kein Mensch, ohne Mensch keine Sprache, liegt nicht einfach eine Definition des Menschen zugrunde; es handelt sich hier meines Erachtens um den einzig einwandfreien Standpunkt, insofern man Mensch und Sprache in ihrem spezifisch-anthropologischen Inhalt betrachtet. Vom anthropologischen Standpunkt aus lässt sich der Mensch nicht anders als ein sprechendes und denkendes Wesen vorstellen; denn nur der sprach- und denkbefähigte Mensch kommt mit dem empirischen Inhalt des Begriffes «Mensch» nicht in Widerspruch. Lassen wir uns hierbei nicht von strengen anthropologischen Gesichtspunkten leiten, so verwickeln wir uns, insonderheit bei der Behandlung genetischer Probleme, unvermeidlich in Widersprüche [2].

Veranschaulichen wir uns die Schwierigkeiten, die aus der Nichtbeachtung des streng anthropologischen Standpunktes entstehen, an einem fiktiven Beispiel.

Eine Expedition stellt sich die Aufgabe, auf Borneo die allerprimitivsten Volksstämme der Erde, die Pygmäen, einer umfassenden Untersuchung zu unterwerfen. Nehmen wir an, dass die Expedition beim Suchen nach noch unbekannten primitiven Stämmen unerwartet auf

---

[1] Diese Auffassung steht nicht im Widerspruch zu der Ansicht, dass die Entwicklung der Sprache nicht als ein Späterwerb der jüngeren Phasen der Gattung Mensch sei. (A. PORTMANN, Biologische Fragmente zu einer Lehre vom Menschen, 1944.)

[2] Ähnliche Gedanken führen W. v. HUMBOLDT in seiner Studie «Über das vergleichende Sprachstudium» (1820) und auch H. DELACROIX in «Le Langage et la Pensée» (1930, S. 218 ff.) aus. Auch ERNEST RENAN vertritt diese Auffassung. Er drückt sich einmal folgendermassen aus: «C'est donc un rêve d'imaginer un premier état où l'homme ne parle pas, suivi d'un autre état où il conquit l'usage de la parole. L'homme est naturellement parlant, comme il est naturellement pensant» (De l'origine du langage, Paris 1859).

menschähnliche Wesen stösst, die von den bereits bekannten Pygmäen sich nur darin unterscheiden, dass sie sich im sozialen Verkehr keiner Sprache bedienen. Sie geben emotionale Laute von sich wie etwa die Affen; von einer Laut- oder Gebärdensprache ist bei ihnen jedoch keine Rede. Auf Grund der äusseren Übereinstimmungen mit den sprachfähigen Pygmäen wird man sich nach einiger Überwindung nicht scheuen, diese Wesen trotz ihrer Sprachlosigkeit als Menschen zu betrachten und sie zu den hypostasierten sprachlosen Urmenschen, zu den homines alali, in engste Beziehung zu bringen. Würde man bei diesen Stämmen nachträglich noch feststellen, dass sie selbstgefertigte Hüllen, wenn auch ganz kümmerliche, tragen, um sich vor den Witterungseinflüssen zu schützen oder um gewisse Teile ihres Körpers aus Schamgefühl zu bedecken, so würde diese Erfahrung den Eindruck, dass es sich hier um menschliche Wesen handelt, noch unterstützen. Dass man bei der Beurteilung dieser problematischen Wesen der Kleidung eine massgebendere Rolle zuerkennt als der Sprache, darüber gehen wir hinweg.

Würde sich indessen bei näherer Betrachtung herausstellen, dass diese «Pygmäen» einen hübschen, langen Schwanz besitzen, den sie beim Klettern und Springen in gleicher Weise wie etwa die gewandten Gibbons benützen, so würde diese Erfahrung die Beobachter vor ein Dilemma stellen: soll man diese Wesen auch weiter noch als Menschen betrachten oder soll man sie wegen eines äusseren somatischen und nur bei Tieren vorhandenen Merkmals der Tierwelt zuweisen? Vermutlich würde man der letzteren Ansicht den Vorzug geben.

Durch diese Entdeckung ermuntert, dringt die Expedition weiter in das Innere der Insel, und siehe da, man trifft ganz ähnliche, mit langen Schwänzen ausgestattete pygmäenartige Wesen an, die aber *sprechen*. Man entdeckt sogar, dass in ihrem Wortschatz einzelne holländische und englische Wörter vorkommen, so dass eine sprachliche Unterhaltung mit diesen auf Bäumen lebenden Wesen einigermassen möglich wird. Trotz ihres Schwanzes, trotz ihrer vollkommenen Nacktheit und ihres affenartigen Benehmens wird man sich gezwungen fühlen, sie zu den Menschen zu rechnen.

Bei den sprachlosen «Pygmäen» hat man als Einteilungskriterium somatische Merkmale gewählt; die Entscheidung hing davon ab, ob diese Wesen äusserlich mehr mit den Menschen oder mehr mit den Affen übereinstimmen, während bei tierähnlichen, sprechenden Wesen ein anthropologisches Merkmal, die Sprache, entscheiden soll. Ist also ein Wesen sprachbegabt, so war für die Artbestimmung ein *psychologisch-anthropologisches* Merkmal massgebend; ist es sprachunfähig, so hing seine Zuteilung von *biologischen* Eigentümlichkeiten ab. Solche Dilemmata und methodische Ungereimtheiten schliessen wir aus, wenn wir uns an den oben aufgestellten und empirisch wie rationell wohlbegründeten Satz halten, dass nämlich das Menschwerden mit der Sprache unlösbar verbunden ist.

In den Tierfabeln werden die Tiere mit menschlicher Seele ausgestattet, eben weil sie sprechen. Man schreibt ihnen alle möglichen menschlichen Eigenschaften und Fähigkeiten, Gefühle, Bestrebungen zu, ohne dadurch in offene Widersprüche zu geraten. Sie treten einfach als Menschen in tierischer Gestalt auf und stellen wertvollere Geschöpfe dar als Menschen mit bestialischen Eigenschaften.

Um den Fortschritt unserer Untersuchung vor dem Abirren in Sackgassen zu bewahren, genügt es nicht, den unlöslichen Verband zwischen Mensch und Sprache zu postulieren, sondern ist es erforderlich, die Grundbegriffe der Entwicklungsgeschichte der Sprache gleich am Anfang scharf zu präzisieren.

Der denkende und sich auf sich besinnende Mensch will nicht bei der Konstatierung stehenbleiben, dass schon der «erste» Mensch die «Sprache Gottes» verstanden habe und seine Wünsche und Gedanken durch die Sprache bzw. durch sprachgebundene Gebärden mitzuteilen imstande gewesen sei. Er richtet seine Aufmerksamkeit auf die *Vorgeschichte*, auf die mutmasslichen *Vorstufen* der Sprache, also auf jene Äusserungen der menschlichen Vorfahren, die der eigentlichen Sprache vorangegangen sind. Er versucht, jene vorsprachlichen Stadien aufzufinden oder zu rekonstruieren, deren Anfangspunkt mehrere hunderttausend Jahre hinter uns liegt und deren Endpunkt gerade dort ist, wo die Sprache einsetzt.

Wir sind in unseren Gedanken und Vorstellungen von der Idee der kontinuierlichen Entwicklung so stark beeinflusst, dass wir unsere Kenntnis einer relativ ausgebildeten Kulturerscheinung wie der Sprache solange lückenhaft finden, bis wir für ihre Entstehung eine annehmbare und logisch unanfechtbare Erklärung gefunden und von ihren Vorstufen eine plausible Vorstellung gebildet haben. Dazu ist aber eine scharfe Formulierung des Problems erforderlich, insonderheit muss der *Begriff des Ursprungs* genau präzisiert werden, woraus sich die von uns gestellte Aufgabe notwendig ergibt.

Die Frage nach dem Ursprung einer *Erscheinung* oder *Funktion* kann einen doppelten Sinn haben: sie kann die Frage nach der *Urform* sein, in der uns diese Erscheinung oder Funktion zum erstenmal in der geschichtlichen Entwicklung entgegentritt; sie kann aber auch die Frage nach den *Vorstufen* sein, also gewissermassen nach der ungeformten Materie, aus der die Erscheinung oder Funktion erst auf Grund eines Formungs- oder Mutationsprozesses hervorgeht. Um das aristotelische Beispiel vom Erz und der Bildsäule sinngemäss abzuwandeln: Der Tonklumpen bildet die Vorstufe, aber nicht die Urform der Bildsäule; der erste Tonentwurf dagegen, der die Intention des Künstlers bereits ahnen lässt, ist nicht mehr bloss die Vorstufe, sondern schon die Urform des vollendeten Werkes. Die Entfaltung der Materie zur Form bezeichnen wir als *Entstehung* oder *Ursprung*, die primitivste Äusserung, die bereits die wesentlichen Gattungsmerkmale in sich trägt, als *Urform* und die Entwicklung einer niedrigeren zu einer höher differenzierten Form als *Fort-* oder *Umbildung* (G. KAFKA).

Auf Grund dieser Begriffsbestimmungen kann die Geschichte der Sprache von ihren Vorformen bis zu ihrer vollen Entfaltung in drei Phasen gegliedert werden, nämlich in die *Vorgeschichte*, die die Stadien der Vorbereitung der Sprache, also ihre Vorstufen, in sich schliesst; die *Frühgeschichte*, die die Frühstufen der Sprache aus den Anfängen der Laut- und Gebärdensprache zu rekonstruieren und damit zu der hypostasierten Urform der Sprache vorzudringen versucht; schliesslich die eigentliche *Sprachgeschichte*, die das geschichtliche Werden der uns zugänglichen Sprachsysteme beschreibt und ihre Bildungsgesetze festlegt. Diese entwicklungsgeschichtliche Einteilung gibt das Gerüst einer *Phasentheorie* (Dreiphasentheorie).

Die Frage, ob Vorstufe oder Frühstufe, ob Entstehung oder Fortbildung vorliegt, muss also zunächst unter logischem Aspekt geprüft werden.

Das Vorhandensein derselben Form in verschiedenen Graden der Differenzierung bedeutet in logischer Hinsicht das Vorhandensein derselben Gattung *in verschiedenen Graden der Spezifizierung.* So liegt es, wenn man z. B. die Kindersprache der Sprache der Erwachsenen gegenüberstellt; dasselbe ist der Fall im Hinblick auf die verschiedenen Entwicklungsstadien ein und derselben Sprache und auch im Hinblick auf die primitivsten Sprachen, insofern sie als Frühformen der ausgereiften Sprache angesehen werden. Wenn dagegen zwischen zwei Entwicklungsstadien eine Gemeinsamkeit der Gattung nicht besteht, so bedeutet das Hervorgehen des einen aus dem anderen einen *Wandel der Gattung.* Die zeitlich vorangehende Stufe bezeichnen wir dann als die Vorstufe der sich später manifestierenden differenzierteren Erscheinung oder Funktion.

Die erste Bedingung dafür, dass eine höhere Entwicklungsform als Fortbildung einer niedrigeren betrachtet werden darf, besteht also in dem Vorhandensein *gemeinsamer Gattungsmerkmale.* Die Gemeinsamkeit kann auf phänomenaler Ähnlichkeit, auf struktureller Entsprechung oder auf intentionaler Übereinstimmung beruhen. Der letztere Fall liegt überall da vor, wo die gattungsmässige Gemeinsamkeit das Vorhandensein einer *gemeinsamen Grundtendenz* voraussetzt. Diese Grundtendenz vermag sich in verschiedener Weise kundzugeben, z. B. in einem spezifischen Streben oder in der allmählichen Entfaltung einer grundlegenden Funktion oder Teilfunktion besonderer Art. Lässt sich eine solche Tendenz auffinden, dann sind wir berechtigt, eine fortschreitende Entwicklung in dem Sinne anzunehmen, dass die differenziertere Form durch Umbildung aus der weniger differenzierten hervorgegangen ist. Erleichtert wird diese Aufgabe, wenn sich ausser der gemeinsamen Tendenz noch andere übereinstimmende Gattungsmerkmale aufweisen lassen. Eine Regel dafür, wann ein und wann mehrere Merkmale erforderlich sind, lässt sich nicht aufstellen. Das hängt von dem Gebiet und der Art der

Frühform ab, ferner von den Übergängen, die zwischen der Frühform und der vollentwickelten Form bestehen. Vermag man in beiden Erscheinungsformen kein übereinstimmendes Gattungsmerkmal oder nicht diejenigen Merkmale nachzuweisen, die die Gattung eindeutig bestimmen, so entbehrt die Ableitung jedweder Überzeugungskraft.

Dies gilt nicht nur für die psychischen und geistigen Funktionen, sondern ebenso für die verschiedenen Äusserungen und Werte sozialer und kultureller Art. Die Musik konnte sich nur aus solchen Ausdrucksformen weiterbilden, die schon selber konstitutive Merkmale der Musik enthielten, und genau so mussten sich die menschlichen Gesellschaftsformen aus Verbänden entwickelt haben, die bereits bestimmte, für alle *menschlichen* Gesellschaftsformen verbindliche konstitutive soziale Elemente oder Kräfte in sich trugen.

Die Feststellung gemeinsamer Gattungsmerkmale hat derselben methodologischen Regel zu folgen, die für eine jede Bestimmung einer Gattung durch Artbegriffe gilt, nämlich der Regel, dass man nicht sprunghaft verfahren, sondern nur schrittweise vorgehen darf, um die Übergänge nicht aus dem Auge zu verlieren. Die Entwicklungsforschung muss somit gewissermassen den umgekehrten Weg zurücklegen wie die Definition: während diese von der Gattung vermittels der Spezifikation zu den untersten Arten fortschreitet, verfolgt die Entwicklungsforschung die untersuchten Erscheinungsformen oder Funktionen vermittels der Generalisation bis zu den höchsten, d. h. am wenigsten spezifizierten Arten innerhalb der Gattung, um den Punkt festzustellen, von dem aus der logische Sprung in die neue Gattung unternommen werden muss.

Man muss grossen Wert auf die scharfe Unterscheidung zwischen Vor- und Frühstufen einer Erscheinung oder Funktion legen. Die Vorstufen enthalten noch keine spezifischen Merkmale, die Frühstufen dagegen deren mehrere. Ein subjektives Moment liegt freilich häufig in dem, was als artspezifisch oder für die Art wesentlich anerkannt wird. Wenn man aber einmal sorgfältig die Artmerkmale für eine Erscheinungsgruppe festgelegt hat, dann wird man stets beurteilen können, ob es sich im gegebenen Fall um eine Vor- oder Frühstufe handelt. Die Schwierigkeiten, die gelegentlich bei dieser Beurteilung entstehen, lassen sich überbrücken, wenn der Unterschied zwischen Vorstufen und Frühstufen so stark ins Auge fällt, dass eine Verwechslung nicht möglich ist. So wird man z. B. die Lockrufe der Tiere höchstens als Vorstufe, nicht aber als Frühstufe der Sprache gelten lassen. Als Frühstufe kommt der Lockruf nicht in Betracht, weil ihm alle spezifischen Merkmale fehlen, die die Sprache von allen anderen Kommunikationsformen unterscheiden, wie z. B. die Fundamentalfunktion, die symbolische Natur, die Artikulation, die Intonation, die grammatische Struktur. Dagegen können diese Rufe als Vorstufe in die Entwicklungsreihe der Sprache eingesetzt werden, insofern es sich zeigen lässt, dass sie ihre Entstehung derselben Grundtendenz zu verdanken haben wie alle höheren Kommunikationsformen, die Sprache inbegriffen. Bei problematischen Fällen kann der teleologische Gesichtspunkt von Nutzen sein. Besteht nämlich zwischen einer Frühform und einer primitiveren Erscheinungsform eine Übereinstimmung hinsichtlich des *Zwecks*, so ist man im allgemeinen berechtigt, die primitivere Form entwicklungspsychologisch als die frühere zu beurteilen. Dabei muss noch geprüft werden, inwieweit es inhaltlich und logisch gerechtfertigt ist, dieses Gebilde als Glied einer Entwicklungsreihe anzusehen. Von diesem Gesichtspunkt aus wird man geneigt sein, den Lockruf entwicklungsgeschichtlich als Vorform der Sprache gelten zu lassen, vorausgesetzt, dass er prinzipiell demselben Bedürfnis dient und denselben Zweck verfolgt wie die menschliche Sprache. Dagegen ist es nicht statthaft, die blossen Ausdruckslaute trotz der phänomenalen Ähnlichkeit mit den Interjektionen in die Entwicklungsreihe der Kommunikationsformen einzufügen, folglich als Vorstufe der Sprache anzusehen, da sie einen ganz anderen Zweck haben als die Sprache, nämlich die Lösung innerer Spannungen. Ganz dasselbe gilt für die Nachahmungslaute. Dass zwischen den Nachahmungslauten und den Worten gewisse erscheinungsmässige Übereinstimmungen, äussere Ähnlichkeiten bestehen, entscheidet noch nicht darüber, ob die Fähigkeit, Laute nachzuahmen, als Vorstufe des Sprechens in Betracht kommt. Diese Frage lässt sich erst beantworten, nachdem man untersucht hat, ob die beiden Tätigkeiten durch eine gemeinsame Grundtendenz oder einen gemeinsamen Zweck miteinander verbunden sind oder nicht. Von diesem

Gesichtspunkt aus werden wir weder zwischen Nachahmungslauten und Worten noch zwischen Antrieben des Nachahmens und des Sprechens eine innere Beziehung finden, folglich werden wir die Lautnachahmung *an sich* aus der Vorgeschichte der Sprache ausschalten [1].

Bei der Untersuchung des Ursprungs der Sprache sind diese logischen und methodologischen Forderungen stark vernachlässigt worden, weil man sich nicht vergegenwärtigt hat, was man eigentlich hat erforschen wollen. Man hat nicht unterschieden zwischen denjenigen Äusserungen, die zwar noch nicht als sprachliche Gebilde zu betrachten sind, die jedoch bei der Entstehung der Sprache eine massgebende Rolle gespielt haben, und den Äusserungen, die bereits die Frühformen der Sprache selbst darstellen. Manche Hypothesen beziehen sich auf die Vorstufe der Sprache, wie die Theorie der Lautnachahmung und der Bewegungsgebärden, andere Hypothesen jedoch, z. B. die ethnologischen und kinderpsychologischen Theorien, auf die Frühform der Sprache. Dasselbe gilt auch für entwicklungsgeschichtliche Theorien von vergleichenden Sprachforschern (wie unter anderen SCHLEICHER [2] und JESPERSEN [3]), die die höheren Spracharten aus einer niederen (z. B. die Flexionssprachen aus agglutinierenden) abzuleiten versuchen und dabei versäumen, den Zustand vor der Sprachtätigkeit zu rekonstruieren.

Die Festlegung der der Sprache unmittelbar vorangehenden Äusserungsformen ist mit Schwierigkeiten verbunden; denn je weiter man zurückgreift, desto hypothetischer und willkürlicher werden die supponierten Vorstufen. Dies gilt nicht nur im Hinblick auf die Sprache, sondern hinsichtlich aller menschlichen Funktionen und Fähigkeiten.

---

[1] Einer mit der unsrigen verwandten Auffassung begegnen wir bei HÖNIGSWALD, der vor allem wegen der ungeklärten Vielspaltigkeit der methodologischen Gesichtspunkte bei dem Ursprungsproblem alle bisherigen Versuche für misslungen erklärt. Nach ihm lässt sich der Ursprung der Sprache aufdecken, wenn man ihre Ursachen zu enthüllen sucht (Philosophie der Sprache, 1937, S. 21). Die Ursache der Sprache bzw. des Sprechens liegt meines Erachtens eben in der Tendenz, eine sprachliche Verständigungsgemeinschaft zu bilden.

[2] A. SCHLEICHER, Über die Bedeutung der Sprache für die Naturgeschichte des Menschen, 1865; Darwinism tested by the science of language, 1865.

[3] O. JESPERSEN, Progress in Language, 1894.

Bei der Rekonstruktion der Vor- und Urgeschichte einer fundamentalen Funktion des menschlichen Geistes muss man daher sehr vorsichtig vorgehen und sich immer vergegenwärtigen, dass man dabei lediglich auf Rückschlüsse und Analogien angewiesen ist. Man darf sich weder von Ähnlichkeiten imponieren lassen noch ohne nachweisbare Ähnlichkeiten einen entwickelteren Zustand aus einem primitiven ableiten, ohne zuvor genau erwogen zu haben, ob die oben erwähnten prinzipiellen Voraussetzungen erfüllt sind.

Ganz besonders muss hierauf geachtet werden, sobald es sich um solche entwicklungsgeschichtliche Probleme handelt, bei denen man weit über die Grenzen der empirischen Kenntnisse und Überlieferungen hinausgreifen muss. Eine kritische Einstellung und ein Verständnis für die geschichtliche Entwicklung sind da besonders notwendig, um das Gleichgewicht zwischen Erfahrung und Theorie herzustellen. Dies alles gilt insbesondere für die Sprache. Obgleich sich auf der einen Seite die Bedingungen der *Fortbildung* vielleicht bei keinem Kulturgut mit solcher Genauigkeit erkennen lassen wie bei der Sprache, gibt es auf der anderen Seite vielleicht kein anderes Kulturgebilde, für dessen *Entstehung* der geistes- und kulturwissenschaftlichen Forschung so wenig Tatsachen zur Verfügung stehen [1]. Denkmäler und Erzeugnisse der prähistorischen Zeit, die über das geschichtliche Werden der Menschheit in fernliegenden Zeiten Aufklärung geben, liefern über die Sprache keine Aufschlüsse. Man ist darauf angewiesen, aus manifesten Äusserungen des rezenten Menschen den vorsprachlichen Zustand des neo- oder paläolithischen «Menschen» zu *rekonstruieren*. Dabei geht man von der Voraussetzung aus, dass der gegenwärtige Mensch in seinem sozialen Umgang noch gewisse archaische Verständigungsformen verwendet, die er aus seiner «vorsprachlichen» Zeit in die jetzige hinübergerettet hat. Wie diese primären Äusserungen entwicklungsgeschichtlich verwertet werden können und ob sie sich auch noch weiter nach der animalischen Periode hin zurückverfolgen lassen, soll sich später zeigen [2].

---

[1] H. PAUL, Prinzipien der Sprachgeschichte, 1920, S. 4.

[2] Stellt man ähnliche Überlegungen hinsichtlich des künstlerischen Schaffens an, so kommt man zu dem Ergebnis, dass die Ursprungsfrage in der Kunst nur dann

Will man die sog. vorsprachlichen Ausdrucksformen mit der Sprache in Zusammenhang bringen und unter einem gemeinsamen Begriff unterordnen, so muss man einen Oberbegriff finden, der alle demselben Zweck dienenden nichtsprachlichen und sprachlichen Verständigungsformen zusammenfasst, nicht aber durch eine unzulässige Erweiterung des Begriffes Sprache wesensverschiedene Äusserungsformen mit einem und demselben Wort bezeichnen. Für diesen Begriff wählen wir das Wort «*Kommunikation*», das alle Äusserungen zusammenfasst, die dem Zweck einer gegenseitigen Verständigung dienen.

Vollständigkeitshalber möchten wir noch auf eine weitere Bedeutung des Wortes «Ursprung» hinweisen. Mit «Ursprung» bezeichnet man gelegentlich auch jene äusseren oder inneren *Kräfte*, die ein Ding, eine Funktion oder eine Erscheinung zustande bringen. In diesem Sinne gebraucht *Driesch* beim Problem des Lebens den aristotelischen Begriff entelecheia [1], BERGSON den élan vital [2], SCHOPENHAUER den Willen [3], DARWIN den Instinkt des Kampfes ums Dasein [4], FREUD den Grundtrieb der Sexualität [5] usw. Um dasselbe handelt es sich, wenn der Physiker die letzte, nicht weiter ableitbare Ursache des Lichtes in elektromagnetischen Wellen, der Ästhetiker den Ursprung der künstlerischen Tätigkeit in einem inneren Drang nach Gestaltung und Gliederung, der Sprachforscher die Sprachtätigkeit in der Verständigungstendenz oder als Geschenk Gottes betrachtet. Eine Ursprungstheorie der Sprache befriedigt uns nur dann, wenn sie sowohl über die die Sprache erzeugenden und

---

lösbar ist, wenn an den Erzeugnissen primitiver Kulturen die praktische Formgebung von der künstlerischen scharf zu unterscheiden wäre. Es zeigt sich aber, dass selbst bei den primitivsten Töpferarbeiten, welche die reinsten Produkte der autonom formenden Menschenhand darstellen, die bloss praktische Absicht von der künstlerischen nicht zu trennen ist.

[1] H. DRIESCH, Der Vitalismus als Geschichte und als Lehre, 1905 und: Philosophie des Organischen, 1908.

[2] H. BERGSON, L'évolution créatrice, 1910.

[3] A. SCHOPENHAUER, Die Welt als Wille und Vorstellung, 1819.

[4] CH. DARWIN, The expression of the emotions in man and animals, 1892.

[5] S. FREUD, Vorlesungen zur Einführung in die Psychoanalyse, Ges. Schriften VII, 1924.

gestaltenden Kräfte wie auch über die Vor- und Urformen eine sinnvolle und logisch wie entwicklungsgeschichtlich stichhaltige Anschauung zu liefern imstande ist. Wir hoffen zeigen zu können, dass die von uns entwickelte Ursprungstheorie, die sog. *Kontakttheorie*, diesen Forderungen in vollem Masse entspricht.

Diese theoretischen und methodologischen Überlegungen waren nötig, um einen Zugang zu den Ursprungs- und Entwicklungstheorien zu gewinnen und sie einer kritischen Behandlung zu unterwerfen. Es obliegt uns nach dem Gesagten zunächst, die Sprache vorläufig zu definieren, um dann später auf Grund einer Analyse der Sprachtätigkeit alle wesentlichen Merkmale der Sprache festzulegen und mit ihrer Hilfe zu einer endgültigen Definition vorzudringen [1].

Als Grundfunktion der Sprache wollen wir *vorläufig die in Absicht gegenseitiger Verständigung durch Worte und Wortverbindungen zustande gebrachte Aussage oder Mitteilung bezeichnen* [2]. Für den Psychologen steht die Mitteilungsfunktion der Sprache, die auf Herstellen des sozialen Kontaktes des Menschen zielt, an erster Stelle; denn das innere Sprechen beim Denken setzt die Entwicklung der äusseren Sprachtätigkeit voraus, und die Tatsache, dass das laute Selbstgespräch einen sonderbaren,

---

[1] Die endgültige Definition der Sprache siehe auf S. 150 ff., wo auch unser prinzipieller Standpunkt hinsichtlich der logischen Kriterien der Begriffsbestimmung im allgemeinen dargelegt ist.

[2] Von diesem Standpunkte aus wirkt es befremdend, wenn etwa PIAGET die Sprache des Kindes bis zu seinem siebten Jahr im wesentlichen monologisch und egozentrisch betrachtet. (Le langage et la pensée, 1923.) Es lässt sich schwer denken, dass in einer Periode, in der das siebenjährige Kind bereits lückenlose Kausalreihen herzustellen, regelmässige Zusammenhänge in der Natur zu erkennen, Analogie als Denkmethode zu verwenden imstande ist, nicht weiter hätte kommen sollen, als das Sprechen — wie CH. BÜHLER richtig bemerkt — hauptsächlich zum spielerischen Monolog zu gebrauchen (Kindheit und Jugend, 1931, S. 161). Beobachtet man Kinder während des ganzen Tages, so zeigt sich, dass sie schon in ihrem 5. und 6. Jahr täglich Hunderte von Fragen und Redensarten zwecks Herstellung des sozialen Kontaktes verwenden. (Vgl. G. C. BRANDENBURG, The language of a three year old child, Ped. Sem. 22, 1915; und: G. KAUTSKYS Sprachbestandsaufnahmen im Wiener psychologischen Institut, referiert durch CH. BÜHLER.)

wenn nicht geradezu unheimlichen Eindruck macht, beweist zur Genüge, dass die grundlegende Intention der Sprache auf die Mitteilung von Erlebnissen und Tatbeständen gerichtet ist. Wie sich diese Mitteilungsfunktion der Sprache allmählich aus primitiveren Kontaktformen entwickelt hat, wollen die Ursprungstheorien darstellen.

3. DIE URSPRUNGSTHEORIEN

I. EINLEITUNG

In den bisherigen Darstellungen der Sprachtheorien hat man versäumt, die Ursprungstheorien der Sprache systematisch zu behandeln, ja selbst auf die grosse Verschiedenheit der Gesichtspunkte, von denen aus man die Lösung dieses Problems erhoffte, hinzuweisen.

Eine Klassifikation der Ursprungstheorien wurde durch W. WUNDT angebahnt [1]. Er unterscheidet die Erfindungs-, die Nachahmungs-, die Naturlaut-, die Wunder- und die Entwicklungstheorie. Diese Klassifikation ist weder vom historischen noch vom systematischen Standpunkte aus zu rechtfertigen. Nicht viel geeigneter ist die Klassifikation von RUDOLF EISLER. Er teilt die Ursprungstheorien in theologische, Erfindungs- und psychologisch-genetische Lehren ein. Nach der ersten Gruppe ist die Sprache eine unmittelbare Schöpfung Gottes, nach der zweiten die Erfindung sprachbegabter Individuen, nach der dritten werden verschiedene Faktoren, wie Nachahmung, Ausdrucksbewegung, Interjektionen, Mitteilungsdrang usw., für die Entstehung verantwortlich gemacht [2].

Am nächsten liegt es, die Ursprungstheorien gemäss ihrer Beziehung zum *Nativismus* und *Empirismus* einzuteilen, zumal die meisten älteren Forscher immer wieder diesen erkenntnistheoretischen Gesichtspunkt hervortreten liessen. Es genügt hier, auf den Streit zwischen Nativisten (W. v. Humboldt, Heyse, Renan, Adelung, D. v. Lennep, Lazarus, Steinthal, M. Müller, Wundt) und Empiristen (Condillac, Tiedemann, Darwin,

---

[1] W. WUNDT, Die Sprache, II, 1912.
[2] R. EISLER, Wörterbuch der philosophischen Begriffe, III, 1930, S. 142.

Spencer, L. Geiger, Taylor, Carus, Michelet, Madvig, Marty) hinzuweisen. Fasst man die Ursprungstheorien von diesem Standpunkt aus ins Auge, so kommt man zu dem Ergebnis, dass sie die Konsequenzen, die aus den ihnen zugrunde liegenden Prinzipien folgen, nicht ziehen; sie schwingen zwischen den beiden theoretischen Gegensätzen, und der einzige Unterschied, der zwischen ihnen besteht, liegt darin, dass sie in der Entstehung und Fortbildung der Sprache den nativistischen und empiristischen Faktoren verschiedene Rolle zusprechen. Demzufolge können diese erkenntnistheoretischen Gesichtspunkte nicht zur Grundlage einer brauchbaren Klassifikation der Ursprungstheorien dienen [1].

Zu einer anderen Einteilung der Ursprungstheorien gelangt man, wenn man die *teleologische* Betrachtungsweise der Sprachentstehung und -bildung der *naturgebundenen, unabsichtlichen, deterministischen* gegenüberstellt. Auch eine solche Klassifikation erweist sich als unzweckmässig; es gelingt nämlich nicht, die Ursprungstheorien unter diesen an sich bemerkenswerten Gesichtspunkten unterzubringen, wie wir das im Kapitel IV noch ausführlich darlegen werden.

Bei der Darstellung und Kritik der von verschiedenen Orientierungspunkten ausgehenden Theorien scheint uns das Richtigste zu sein, zwischen *biologischen* und *anthropologischen* Hypothesen zu unterscheiden. Führt man die menschliche Sprache auf Reaktionen oder Verhaltungsweisen zurück, die wir bereits bei Tieren wahrzunehmen Gelegenheit haben, versetzt man die Vorstufe der Sprache in das Animalische, so haben wir es mit biologischen Theorien zu tun. Vertreten wir indessen die Ansicht, dass die Sprache selbst in ihren Vorformen ein Produkt des menschlichen Geistes ist, nehmen wir weiter an, dass es in der Entwicklung ein Stadium gab, in welchem der «Mensch» unter dem zwingenden Einfluss der sozialen und materiellen Umstände dank seiner geistigen Beschaffenheit bestrebt war, eine besondere Verständigungsform auszubilden, die in der Lautsprache ihre adäquateste

---

[1] Vgl. dazu die Ausführungen auf S. 86 ff.

Ausdrucksweise fand, dann handelt es sich um anthropologische Ursprungstheorien [1].

Da die biologisch gerichteten Ursprungstheoretiker die Sprache vom
allgemein entwicklungstheoretischen Gesichtspunkt aus betrachten, legen
sie das Gewicht auf die Vorgeschichte der Sprache und versuchen sich
eine Vorstellung darüber zu bilden, aus welchen ursprünglichen, biologisch fundierten, nichtsprachlichen Ausdrucksmitteln sich allmählich
die menschliche Sprache entfaltete. Dass man hierbei den Ausdrucksweisen der höheren Tiere und ausserdem noch denen der Kinder in der
vorsprachlichen Periode eine besondere Beachtung schenkt, liegt auf
der Hand. Der Hinweis auf die angebliche Verwandtschaft der tierischen
Kommunikationsformen («Tiersprache») mit der menschlichen Laut- und
Gebärdensprache und die Hervorhebung der ontogenetischen und phylogenetischen Parallelen hinsichtlich der Sprachentwicklung sind die Folgen
dieses theoretischen Ausgangspunktes.

Demgegenüber bildet die Vorgeschichte der Sprache für die anthropologischen Sprachtheorien kein Problem. Ihr Forschungsobjekt und Ausgangspunkt ist die *menschliche* Sprache. Für sie bezieht sich die Frage des
Ursprungs nicht auf die hypothetischen Anfangsformen der gegenseitigen
Verständigung überhaupt, sondern nur auf die Frühformen der *Sprache*,
also auf Manifestationen, die bereits solche Sprachelemente und Sprachfunktionen aufweist, die auch in der vollentwickelten Sprache wieder-
zufinden sind und von denen sich auf Grund psychologischer Überlegungen
und sprachgeschichtlicher Argumente behaupten lässt, dass sie schon
am Anfang der Sprachentwicklung konstitutive Bedeutung gehabt haben.
Diese Theorien müssen sich im wesentlichen an dem überlieferten Sprachmaterial und an den Sprachen der primitiven Völker orientieren. Ihr
Beweismaterial gehört vorzugsweise der Gegenwart an, nur an wenigen
Stellen reicht es einige Jahrtausende zurück, und dieser Zeitraum ist
äusserst gering im Verhältnis zu dem vom Dasein der Kommunikations-

---

[1] Die beiden Typen des Ursprungsproblems treten bereits in der griechischen
Philosophie auf, insbesondere bei den Sophisten, die die Frage aufwarfen, ob die
menschliche Sprache ihr Entstehen der Natur (physei) oder der menschlichen
Erfindung (thesei) zu verdanken hat.

formen eingenommenen. Stellen die Vertreter dieser Theorien dennoch Hypothesen über die frühesten Formen der Ausdrucks- und Verständigungsmittel auf, so überschreiten sie unberechtigterweise ihr eigentliches Forschungsgebiet, indem sie ihr Ziel aus dem Auge verlieren. Sie schaffen eine künstliche Verbindung zwischen zwei wesensfremden Problemgebieten, die ihrem Stoff und ihren Methoden nach wenig Beziehung zueinander haben. Die meisten Linguisten meinen berechtigt zu sein, Ansichten über den Ursprung der Sprache aus fremden Quellen zu entnehmen und sie als durch Tatsachen und plausible Annahmen fundierte Vorstellungen darzubieten, ohne die erforderliche Kompetenz zu ihrer Beurteilung zu besitzen. In dieser Weise finden gewisse wissenschaftliche Ideen Eingang in die Sprachwissenschaft und gewinnen eine Anerkennung, die sie keineswegs verdienen.

Bei all diesen Hypothesen, vor allem bei den biologischen, liesse sich einwenden, dass sie einen Urzustand der Menschheit voraussetzen, in dem die Menschen keine Sprache besassen. Diese Voraussetzung kann einen doppelten Sinn haben. Man kann die Annahme eines homo alalus als eine *Fiktion* betrachten, die wissenschaftlich nur dann berechtigt ist, wenn es gelingt, nachzuweisen, dass sie für die weitere Forschung fruchtbar ist. Der Begriff homo alalus gilt in diesem Falle nur als eine Art von Arbeitshypothese; folglich schaltet sich die Frage, ob in der Urgeschichte der Menschheit ein sprachloser Zustand vorhanden war oder nicht, von selbst aus. Der andere Standpunkt gibt dem homo alalus einen *hypothetischen* Charakter, d. h. er schliesst die Wahrscheinlichkeit nicht aus, dass es in der Urzeit eine Periode gab, in der der Mensch seine Gefühle und Wünsche in ähnlicher Weise ausdrückte wie hochorganisierte Tiere es tun, und dass erst aus diesen primitiven Ausdrucksweisen sich allmählich die Sprache herausbildete. Es handelt sich hierbei um eine Hypothese, die nicht beweisbar ist und die noch dazu von der Definition des Begriffes «Mensch» abhängt [1]. Sieht man nämlich die Sprache als das wesentlichste Merkmal des Menschen an, verbindet man Mensch und Sprache unzertrennlich miteinander, so hat die Hypo-

---

[1] R. Vaihinger, Die Philosophie des Als Ob, 1923.

these des sprachlosen Urmenschen keinen Sinn. Denn die sprachlosen
Menschen waren gemäss der Definition noch keine Menschen, demzufolge
wäre es widersinnig, den Anfang der Geschichte der Sprache dort anzusetzen, wo eine Sprachschicht noch nicht vorhanden war. Von diesem
Standpunkte aus gesehen ist es irreführend, die Sprachentwicklung in
zwei Hälften zu teilen, nämlich in eine vorsprachliche und eine sprachliche. Die Annahme einer vorsprachlichen Etappe der Sprachentwicklung
führt zu Missverständnissen und zu Vorstellungen, die für die Sprachforschung verhängnisvoll sind, wie z. B. zu der Idee des sprachlosen
Urmenschen. Die Sprach*entwicklung* setzt erst dann ein, wenn die Sprache
bereits manifest ist, wenn der erste Antrieb zur Aussage, zur Mitteilung
sich in den allereinfachsten Formen kundgibt. —

Da wir den Versuch machen, eine neue Theorie des Sprachursprungs
aufzustellen, finden wir es angemessen, über die wichtigsten Ursprungstheorien eine Übersicht zu geben und zugleich den Nachweis zu erbringen,
dass die früheren Hypothesen in ihren Prämissen, Gesichtspunkten und
vielfach in ihren logischen und inhaltlichen Beweisführungen solche
Mängel aufweisen, dass sie die Voraussetzungen, die wir an eine wohlbegründete entwicklungsgeschichtliche Theorie stellen, nicht erfüllen.

II. DIE BIOLOGISCHEN THEORIEN

A. DIE THEORIE DER AUSDRUCKSBEWEGUNGEN UND AUSDRUCKSLAUTE

Es kann uns nicht überraschen, dass man bereits am Beginn der
Theoriebildungen über den Sprachursprung den Versuch gemacht hat,
die Sprache auf die biologisch verankerten und für das Seelenleben
aller höher organisierten Lebewesen kennzeichnenden Ausdrucksbewegungen und -laute zurückzuführen [1]. Wie eigenartig auch die Sprache

---

[1] Eine Ableitung der Sprache aus dem Affekt, diesem dem Menschen und den
Tieren gemeinsamen Erregungszustand, treffen wir schon bei Epikur (E. Cassirer,
Philosophie der symbolischen Formen, I. 1923, S. 89).

sein möge, wie sehr sie sich von den spontanen Ausdruckslauten auch
unterscheidet, stellt sie nach dieser Theorie ein Ausdrucksmittel der
inneren Erlebnisse dar, und als solche könnte sie vom biologischen
Standpunkt der Klasse der Ausdrucksbewegungen zugerechnet werden,
die ausser den expressiven Körperbewegungen auch die emotionalen
Lautausdrücke in sich schliesst. In dieser Weise liesse sich sowohl die
Lautsprache wie die Gebärdensprache aus den Ausdrucksbewegungen
ableiten. Der weitere Umstand, dass der Sprachakt durch spontane
Ausdrucksmittel unterstützt und ergänzt wird, ferner, dass die spontanen
Gefühlsreaktionen beim Kinde, also ontogenetisch, allmählich in intendierte Sprachlaute und Gebärden übergehen, macht es begreiflich, warum
man die spontanen Ausdrucksmittel phylogenetisch als «Vorstufe» der
Sprache betrachtete und warum die Theorie der Ausdrucksreaktionen
unter den Ursprungstheorien eine so besondere Stellung einnahm und
eine so grosse Anerkennung erwarb. (Vgl. Condillac [1], Wundt [2], Darwin [3],
Spencer [4], Höffding [5], Madvig [6], Ziehen [7], Bechterew [8], Jerusalem [9] usw.,
auch O. Jespersen [10].)

Von diesem Standpunkt aus ist es nicht überraschend, dass man bei
der Begründung der Ausdruckstheorien auf die angebliche äussere Ähnlichkeit der Ausdruckslaute mit den Sprachgebilden ein besonderes Gewicht legte. Den Vertretern dieser Theorien ist es indessen entgangen,
dass die Ähnlichkeit nur eine scheinbare ist und auf einer oberflächlichen
Beobachtung und einer nachlässigen Begriffsbestimmung beruht. Schon
vor 300 Jahren hat DESCARTES gewarnt, Ausdruckslaute mit Sprachlauten, mit Worten, zu identifizieren. In seinem berühmten Werk über

---

[1] E. B. CONDILLAC, Sur l'origine des connaissances humaines, 1746, I. S. 1.

[2] W. WUNDT, Die Sprache, 1911, I. S. 43 ff.

[3] CH. DARWIN, The expression of the emotions in man and animals, 1892.

[4] H. SPENCER, Principles of Psychology, London 1899.

[5] H. HÖFFDING, Psychologie, 1912, S. 212.

[6] MADVIG, Om Sprogets Väsen, Udvikiing og Liv (Über das Wesen, die Entwicklung und das Leben der Sprachen), Kopenhagen 1842.

[7] TH. ZIEHEN, Leitfaden der physiologischen Psychologie, 1898, S. 238.

[8] W. BECHTEREW, Objektive Psychologie, 1913, S. 379.

[9] W. JERUSALEM, Lehrbuch der Psychologie, 1907.

[10] O. JESPERSEN, Sprogets Oprindelse (Ursprung der Sprache), 1882.

die wissenschaftliche Methode führt er folgendes aus: «Et il ne doit pas
confondre les paroles avec les mouvements naturels qui témoignent les
passions, et peuvent être imités par des machines aussi bien que par les
animaux; ni penser, comme quelques anciens, que les bêtes parlent,
bien que nous n'entendions pas leur langage»[1]. Auch HERDER führte,
als er in seiner bekannten Abhandlung über den Ursprung der Sprache
auf den phänomenalen Unterschied zwischen Lautausdruck und Wort
hinwies, folgendes aus: «Aber ich kann nicht meine Verwunderung bergen,
dass Philosophen, das ist Leute, die deutliche Begriffe suchen, je haben
auf den Gedanken kommen können, aus diesem Geschrei der Empfin-
dungen den Ursprung menschlicher Sprache zu erklären: denn ist diese
nicht offenbar etwas ganz andres? Alle Tiere bis auf den stummen
Fisch tönen ihre Empfindung; deswegen aber hat doch kein Tier, selbst
nicht das vollkommenste, den geringsten, eigentlichen Anfang zu einer
menschlichen Sprache. Man bilde und verfeinere und organisiere dies
Geschrei, wie man wolle; wenn kein Verstand dazu kommt, diesen Ton
mit Absicht zu brauchen, so sehe ich nicht, wie nach dem vorigen Natur-
gesetz je menschliche, willkürliche Sprache werde. Kinder sprechen Schälle
der Empfindung, wie die Tiere; ist aber die Sprache, die sie von Menschen
lernen, nicht ganz eine andre Sprache?»[2].

Hätte man den Ausführungen dieser Philosophen mehr Beachtung
geschenkt und erkannt, dass es sich hier in erster Linie um ein *anthropologisches* Problem handelt, dessen Lösung nicht von biologischen Erfahrungen, sondern von psychologischen Erwägungen und phänomenologischen Gegenüberstellungen der Lauterscheinungen abhängt, so hätte
man für die Verteidigung und Kritik der Ausdruckstheorie nicht so viel
Mühe vergeudet. Diese Bemerkung beschränkt sich nicht nur auf diese
Theorie, sondern mehr oder weniger auch auf die meisten der hier noch
zu behandelnden Lehren[3].

---

[1] R. DESCARTES, Discours de la méthode, Leyden 1637, S. 58.

[2] J. G. HERDER, Ursprung der Sprache, 1772, S. 24.

[3] Es wäre Zeit, sich von der irrigen Auffassung zu emanzipieren, als ob die wissenschaftliche Wahrheit — im besonderen Masse in den Geisteswissenschaften —
eine Funktion der *Zeit* wäre. Man soll von vornherein nicht einen ganz besonderen

Die äussere Ähnlichkeit, auf welche die Ausdruckstheoretiker mit besonderem Nachdruck hinweisen, bezieht sich auf die blosse *Lauterscheinung*, nicht aber auf den von dem Sprachbedürfnis ausgehenden und von dem inneren Sprachsinn in seinem phonologischen, morphologischen und semasiologischen Inhalt bestimmten spezifischen *Sprachlaut*. Allerdings sind Ausdruckslaut, Geschrei wie Wortgebilde, Erzeugnisse der Stimme und als *Stimmlaute* zeigen sie notwendig gewisse Übereinstimmungen bezüglich des blossen sinnlichen Gehaltes. Aber nur das Organ und seine physiologische Funktion, die *Lauterzeugung*, schafft eine Verbindung zwischen dem emotionalen Ausdruck und der Sprache, nicht der *Gesamtcharakter* und die *Intention* der erzeugten Laute, die voneinander grundverschieden sind. Analog ist es, wenn man die Gebärde auf die Greifbewegung zurückzuführen sucht; auch hier bezieht sich die äussere Übereinstimmung nur auf das Organ (Arm und Hand) und auf die blosse Bewegung und nicht zugleich auf die Bewegungsgestalt, die ihren Charakter von der Intention erhält [1].

Lässt man sich nicht von der blossen äusseren Ähnlichkeit des emotionellen Ausdrucks mit den Sprachgebilden und von ihrer zeitlichen

---

Wert auf das Neue legen und meinen, dass man den Forschern vergangener Zeiten die ihnen gebührende Ehre durch einige Zitate aus zweiter Hand erwiesen hat. Das Studium der Originalwerke hervorragender Forscher wirkt anregender als die Schriften der meisten Detailforscher und wissenschaftlichen Hilfsarbeiter der Gegenwart.

Es ist mir aufgefallen, dass selbst beachtenswerte vergleichende Sprachforscher der jüngeren Generation z. B. W. v. HUMBOLDTS sprachphilosophische Werke nicht gelesen haben, sie nur als ein historisches Dokument der vergleichenden Sprachwissenschaft bewerten. Nimmt man die Mühe, diese und ähnliche Werke gründlich zu studieren, so kommt man bald zu der Überzeugung, dass sie nicht nur Anregung und geistige Erfrischung vermitteln, sondern durch die reine Leidenschaft und würdige Bescheidenheit der Autoren uns auch moralische Stütze geben.

Zu dieser Bemerkung gab uns die Kritik der Ursprungstheorien Anlass, die wir hätten unterlassen können, wenn man den Ausführungen älterer Forscher mehr Beachtung geschenkt hätte.

[1] In diesem Sinne äussert sich K. BÜHLER, wenn er sagt, dass Ausdrucksbewegung erst dann Sprache wird, wenn «die natürliche Beredsamkeit des menschlichen Körpers zu einem Symbolsystem nach dem Muster der gewachsenen Sprache aus- und umgebildet hat, wie in der Gebärdensprache der Taubstummen» (Sprachtheorie, 1934, S. 70).

Aufeinanderfolge in der ontogenetischen Entwicklung beeinflussen und geht man bei der Beurteilung der beiden Lebensäusserungen von der *Bedürfnisgrundlage* und von der *Zweckbestimmung* aus, so kommt man zu der Einsicht, dass es sich hier um zwei wesensverschiedene, funktionell völlig abweichende Ausdrucksmittel handelt. Die Grundlage der spontanen Ausdrucksbewegungen und Ausdruckslaute ist die Tendenz, den inneren Erregungen freien Lauf zu gewähren, und ihr Zweck ist, lebenswichtige Ziele instinktiv zu fördern. So wird z. B. durch den mimischen, pantomimischen und lautlichen Ausdruck des Erschreckens unmittelbar die innere Spannung gelöst und zugleich eine Aktion in Gang gesetzt, um aus der gefährlichen Situation durch Fluchtreaktion schleunigst zu entkommen. Demgegenüber ist die Bedürfnisgrundlage der Sprachhandlung die gegenseitige Verständigungsabsicht, ihr Zweck der persönliche und soziale Kontakt und die daraus fliessenden Vorteile für die in Kontakt tretenden Personen.

Ein Unterschied zwischen Gefühlsausdruck und Sprache liegt ferner in der Einheitlichkeit bzw. Spaltung des Erlebnisinhalts. Während der reine Ausdruck des inneren Vorganges dem Inhalt, auf den er sich bezieht, nichts zufügt, sondern ihn einfach seinem reinen Bestand nach unmittelbar hervortreten lässt, spaltet sich bei der Sprache der Bewusstseinsinhalt in das subjektive Erlebnis und in den «Gegenstand», *an* den oder *über* den etwas mitgeteilt wird. Ferner *bedeutet* die Sprache primär etwas, und diese «Bedeutung» ist — wie HUSSERL mit besonderer Schärfe auseinandersetzte — etwas anderes als der «Ausdruck von Körperlich-Geistigem», welche äussere Form diese Äusserung auch haben mag [1].

Ein weiterer Unterschied bezieht sich auf die Relation der beiden Ausdrucksmittel zu der Willenssphäre. Das Augenfälligste an der reinen Ausdrucksbewegung ist ihr unwillkürlicher Charakter, d. h. nicht nur das Fehlen jeder Absicht eines Hinweises auf die subjektiven Erlebnisse, deren Äusserung sie bildet, geschweige denn eines Hinweises auf objektive Tatbestände, sondern auch das Fehlen *jeder* Absicht, ja jeder Tendenz oder Intention, durch die Äusserung eine bestimmte Wirkung bei anderen

---

[1] E. HUSSERL, Logische Untersuchungen, I. 1922.

hervorzurufen. Bei den reinen Ausdruckslauten und -bewegungen handelt
es sich um eine *Anzeichen-* oder *Symptomfunktion:* die inneren Zustände
werden durch Laute und Bewegungen angedeutet, jedoch nicht mitgeteilt. Daher ist eine Gebärde, die etwa in der Absicht ausgeführt wird,
um seinen Feind zu schrecken, ebensowenig eine reine Ausdrucksbewegung
wie das Grüssen ein Ausdruck der reinen Zuneigung ist. Wenn zu der
Ausdrucksbewegung die Tendenz oder die Absicht hinzutritt, mit anderen
in Kontakt zu treten, hört sie auf eine reine Ausdrucksbewegung zu
sein und wird entweder ein *Signalzeichen* oder ein *Sprachsymbol* [1].

Die Ausdrucksbewegungen und Ausdruckslaute *als solche* stellen also
kein Mittel der Verständigung dar. Zu der Sprachfunktion treten sie
nur insofern in Beziehung, als sie nach einer unter dem Einfluss der
Sprachlaute erfolgten Modifikation in der lebendigen Sprache Eingang
finden. Solche Fälle gehören indessen zu den Ausnahmen. In der menschlichen Sprache lassen sich nämlich sehr wenig Wortlaute finden, die aus
ursprünglichen Ausdruckslauten abzuleiten wären, und die zahlreichen
Interjektionen des Kindes aus seiner vorsprachlichen Periode pflegen
in die Sprache nicht einzugehen. Es ist daher viel wahrscheinlicher,
dass bei der Entstehung der Lautsprache nicht die Ausdruckslaute eine
bildende Rolle gespielt haben, sondern eher umgekehrt: erst die Sprachfunktion hat gewisse Ausdruckslaute zum Mittel der Verständigung
ausgebildet [2]. Aber das konnte erst infolge eines Funktions- und eines
allmählich vor sich gehenden Lautwandels geschehen. Gleiche Auffassung vertritt HÖNIGSWALD, wenn er sagt, dass «der Satz von einer
möglichen ‚Entstehung' des Wortes aus dem Schrei solange gänzlich
inhaltsleer und unbestimmt bleibt, bis man nachzuweisen versäumt,
wie ein Nichts am Sinn Sinn wird [3].» Warum erhebt sich denn nicht
auch das tierische Geschrei, an dem in der Natur wahrlich kein Mangel

---

[1] Über die Begriffe Signal und Symbol siehe S. 200 und wichtige Ergänzungen
zu den Ausdrucksbewegungen auf S. 183 ff.

[2] In diesem Sinne muss die Sprache der Phi Tong Luang betrachtet werden,
die wenig Rufe, aber viele Ausrufe hat (H. A. BERNATZIK, Die Geister der gelben
Blätter, 1938, zitiert nach Fr. Kainz).

[3] R. HÖNIGSWALD, Philosophie und Sprache, 1937, S. 18.

ist, zum Wort? Ja, warum scheut man sich selbst vom Papagei, der sogar «Wörter», noch dazu angeblich in einem sinnhaften Zusammenhang, schreiend von sich gibt und die der Mensch sogar versteht, zu behaupten, er spreche?

Berücksichtigen wir diese Umstände und legen wir auf die Tatsache Gewicht, dass den reinen Ausdrucksreaktionen jede gattungsmässige Gemeinsamkeit mit der Sprache fehlt, so ergibt sich, dass sie weder als *Frühform*, auch nicht als *Vorform* der Sprache, aus denen vermutlich die Sprachsymbole gleichsam nach biopsychischen Gesetzen entstanden sind, gelten können. Sie entspringen — wie gesagt — einem anderen Bedürfnis und verfolgen ein anderes Ziel, folglich haben sie mit dem Streben, das sich in der Sprache Bahn bricht, nichts zu tun.

Begrifflich ist der Unterschied zwischen Ausdrucksreaktionen und an die Sprachfunktion gebundenen Wortlauten und Gebärden deutlich. Dagegen ist es manchmal schwierig, darüber eine Entscheidung zu treffen, ob eine ausdrucksvolle Bewegung oder spontane Lautäusserung in der Absicht der Verständigung ausgeführt wird oder nicht. Das gilt für eine Anzahl von instinktiven Ausdrucksbewegungen, die bei Mensch und Tier zum Inventar ihrer angeborenen senso-motorischen Reaktionen gehören. Man denke etwa an das Lächeln des Kleinkindes, das nicht nur sein eigenes Wohlbehagen ausdrückt, sondern ihm bald auch als Mittel dient, um seine Umgebung in eine freundliche Stimmung zu versetzen. Insofern, aber freilich nur insofern, besteht daher eine Möglichkeit, solche Übergangsformen zwischen Ausdruck und Zeichengebung als Vorstufe der Sprache gelten zu lassen. Bei einer solchen Folgerung muss man aber sehr vorsichtig sein und nicht ausser acht lassen, dass man hierbei der Ontogenese stillschweigend eine solche phylogenetische Bedeutung zuerkennt, die ihr ohne weitere Begründung nicht zukommt. Dass Kinder in ihrer ersten Entwicklungszeit Übergangsformen zwischen spontanen Gefühlsausdrücken und Wortgebilden produzieren, beweist noch nicht, dass die Verhältnisse in der Vorzeit der Sprache analoge waren. Das kleine, noch sprachunfähige Kind ist schon von Natur aus sprachlich disponiert, in ihm schlummern latente Kräfte, die das Sprachverständnis und die aktive Sprachtätigkeit vorbereiten. Daher dürfen wir seine Laut- und Bewegungsäusserungen unmittelbar vor dem Einsetzen der Sprachtätigkeit nicht als Modell oder Schema der phylogenetischen Entstehung und Entfaltung der Sprache ansehen. Der Umstand, dass die Gebärdensprache einige Zeichen verwendet, die aus dem Inventar der ursprünglichen Ausdrucksbewegungen stammen (wie es z. B. der Fall ist, wenn die Bedeutung «fort» durch Abwenden des Kopfes oder durch eine energische Bewegung der Hand ausgedrückt wird), spricht daher ebensowenig für die Verwandtschaft beider Funktionen wie die Tatsache, dass in die Wortsprache Ausdruckslaute (ach, oh) aufgenommen sind, den Ursprung der Sprache aus solchen affektiven Lautäusserungen beweist. Damit kommen wir zu der speziellen *Interjektionstheorie*, die spracherzeugende Bedeutung ausschliesslich den Ausdruckslauten zuerkennt. (Epikuräer, Rousseau, Max Müller, W. Wundt, L. Geiger, Noiré, Bechterew usw.)

Soweit die Theorie der Ausdruckslaute die Interjektionen als Urform der Sprache darstellt, wie dies schon GIAMBATTISTA VICO in seiner «Scienza nuova» ausführte [1], muss sie aus den bereits angeführten Gründen abgelehnt werden. Die Interjektionen stellen ursprünglich ebenso unwillkürliche Ausdrucksformen von affektiven Zuständen dar, wie die Ausdrucksbewegungen des Gesichts und der Glieder. Der äussere Ausdruck ist ein unmittelbares Anzeichen, ein Symptom der körperlichen und seelischen Zustände ohne jede Verständigungsabsicht. Ausser von diesem allgemeinen Gesichtspunkt lässt sich die Unhaltbarkeit der Interjektionstheorie auch von einem speziellen Gesichtspunkt aus beweisen. Hätten nämlich die ursprünglichen Interjektionen bei der Entstehung der Sprache eine *sprachbildende* Rolle gespielt — wie einige Sprachforscher annehmen — so müssten sie mit den Wortgebilden mindestens in der phonetischen Erscheinungsweise eine auffallende Ähnlichkeit aufweisen. Das trifft aber nicht zu [2]. Die ursprünglichen Ausdruckslaute haben vielmehr einen ganz anderen phonetischen Charakter als die Worte: sie sind nicht artikuliert, d. h. sie lassen sich nicht in Elemente zerlegen, die sich ihrerseits

---

[1] GIAMBATTISTA VICO, Principi di una scienza nuova, 1725.

[2] Soweit mit bekannt ist, ist eine Wortbildung aus Interjektionen ohne Nachahmung nicht beobachtet worden.

zu lautlichen Komplexen verbinden. Ferner ist ihre Plastizität ausserordentlich beschränkt; sie werden durch die Sprache wenig beeinflusst und ändern ihre ursprüngliche Struktur oft auch dann nicht, wenn sie als Interjektionen in die Sprache Aufnahme finden. Vor allem ändert sich im Laufe der Sprachentwicklung ihre Funktion nicht: sie drücken auch weiterhin affektive Zustände aus, die meistens keine angemessenen sprachlichen Ausdrucksformen haben. Wie sollte nun die Lautsprache eine blosse Umbildung einer Ausdrucksform darstellen, die in der Sprache kein Äquivalent hat und die trotz der Sprache ihre ursprüngliche Form und Funktion nahezu unverändert beibehielt?

Dass diese Erörterungen sich nur auf die primären Interjektionen, d. h. auf solche beziehen, die lediglich Ausdruck innerer Erregungen sind, liegt auf der Hand [1]. Die andere Art der Interjektionen, die ihr Material aus onomatopoetischen Bildungen erhält und als solche auf äussere Vorgänge gerichtet sind, wie paff, husch, wupp usw., kommen hier nicht in Betracht. Sie sind zweifellos jüngeren Datums, zumal sie aus Silben, Silbenkombinationen bestehen (klippklapp, klimperklampe, schnippschnapp), gelegentlich sogar alten Sprachstoff gebrauchen, der ursprünglich keinen interjektionellen Charakter hatte, wie Klingklang, Wirrwarr [2].

Der Laut reicht also an sich nicht hin, die Sprache hervorzubringen und zu gestalten. Genau so wie die Bewegung zur Gebärde, kann auch der Laut nur mittels des *inneren Sprachsinnes* — d. h. mittels des unwiderstehlichen Dranges, durch Lautsymbole eine gegenseitige Verständigung herzustellen — zum Sprachelement umgewandelt werden. Nur wenn Lautkomplexe auf Objekte der inneren und äusseren Welt, auf Vorstellungen, Gedanken, Handlungen, Gegenstände, Vorgänge bezogen werden und eine Mitteilungsfunktion gewinnen, werden die Laute zu Worten, und damit *entsteht* auch die Sprache. Genau so wie die Bewegung

---

[1] Es ist überflüssig zu bemerken, dass die Interjektionen hierbei nur vom genetischen Standpunkte aus betrachtet werden, also unabhängig davon, ob sie bei der ursprünglichen Sprachschöpfung eine Rolle gespielt haben oder nicht. Damit ist natürlich der semasiologische Gesichtspunkt nicht berührt, nämlich die sekundäre Bedeutung der Interjektionen als Sprachmittel, ihre Eingliederung in die Sprache.

[2] H. PAUL, Prinzipien der Sprachgeschichte, 1909, S. 179 ff.

zum Element einer Gebärdensprache, kann auch der Laut zum Element einer Lautsprache nur dann werden, wenn er eine sprachliche Bedeutung erhält, z. B. im substantivischen, adjektivischen oder verbalen Sinn verwendet wird. Es wäre also ganz verkehrt, die Entstehung der Sprache aus Natur- und Ausdruckslauten durch die Annahme zu erklären, dass etwa der Neandertaler gelegentlich seinen Zorn gegen seinen Gegner durch einen bestimmten Grunzlaut «ausdrückte», dabei die Erfahrung machte, dass der Laut geeignet sei, die Gegner zu verscheuchen, und deshalb später von diesem Laut Gebrauch machte, um den Zustand des Zornes und die Tätigkeit des Verscheuchens zu bezeichnen. Denn man übersieht bei dieser Darstellung, welchen gewaltigen Sprung man macht, wenn man dem ursprünglichen Grunzlaut einen substantivischen oder verbalen Sinn beilegt. Man übersieht, dass der Ausdruckslaut erst dann zum Sprachmittel, zum Wort werden kann, wenn er in den Dienst der *sprachlichen* Verständigungs- bzw. Darstellungsfunktion gestellt wird und durch Artikulation und phonetische Umbildung in die Sprache Aufnahme findet. In diesem Falle aber hat er seinen reinen Ausdruckslautcharakter verloren: seine Symptomfunktion ist in die Symbolfunktion übergegangen. Diesen Gedanken hat schon ARISTOTELES zum Ausdruck gebracht, als er betonte, dass der Schritt zur menschlichen Sprache erst getan war, als der Bedeutungslaut vor den Affekt- und Erregungslauten den entscheidenden Primat gewonnen hatte; das ist ein Vorrang — wie CASSIRER ausführt —, der sich sprachgeschichtlich auch darin ausdrückt, dass viele Worte, die bei oberflächlicher Betrachtung oder bei einer rein spekulativen Etymologie als blosse Interjektionen erscheinen, sich bei genauer Analyse als Rückbildungen aus komplexeren sprachlichen Gebilden mit einer bestimmten begrifflichen Bedeutung erweisen [1].

Viel zu der herrschenden Begriffsverwirrung mag die Doppeldeutigkeit des Begriffes «Ausdruck» beigetragen haben. Der Psychologe ist geneigt, unter Ausdruck die «Kundgabe» eines subjektiven Zustandes zu verstehen, der Logiker, wie etwa HUSSERL, bezeichnet mit Ausdruck die «Darstellung» eines objektiven Tatbestandes [2]. Aber wenn auch die Dar-

---

[1] E. CASSIRER, Philosophie der symbolischen Formen, I, 1923, S. 136.
[2] E. HUSSERL, Logische Untersuchungen, I, 1922, S. 32.

stellung gewisse Laute benützen mag, die schon in der Kundgabe Verwendung finden, so setzt sie doch bereits die Wirksamkeit einer ganz neuen, nämlich gerade der Sprachfunktion, voraus. So wird ein unwillkürlicher Ausdruck eines seelischen Zustandes nicht unmittelbar in den Sprachausdruck übergehen; dem muss, um es nochmals zu betonen, ein Funktionswandel vorangehen, der die Ausdruckslaute — durch eine den Lautgesetzen entsprechende Umformung — in die Sprache aufnimmt.

Der Nachweis, dass Ausdruckslaute und Ausdrucksbewegungen als solche nicht als Elemente und auch nicht als Vorstufen der Sprache in Betracht kommen, besagt natürlich nicht, dass ihnen bei der Bildung der Sprache überhaupt keine Bedeutung, sondern nur, dass ihnen keine andere als höchstens die Bedeutung umgeformter Bausteine zukommt (z. B. bei der Bildung von Ausrufen). Sie treten erst dann in eine nähere Beziehung zu der Sprache — richtiger gesagt zu der *Vorgeschichte* der Sprache —, wenn sie eine Signalfunktion annehmen, wie dies bei den echten Lock- und Fernrufen der Fall ist.

Alle Bemühungen, die Sprache auf blosse Ausdruckslaute zurückzuführen, müssen nach diesen prinzipiellen Erwägungen als misslungen angesehen werden. Das bezieht sich auch auf die Anschauung von REGNAUD [1] und TAYLOR [2], die die Sprache durch allmähliche Differenzierung der Schreilaute entstanden denken, ähnlich wie DARWIN [3] und SPENCER [4], die die Musik aus den Naturlauten abzuleiten versuchen [5]. REGNAUD trachtet wenigstens einen rudimentären Zustand aufzuweisen, welcher der artikulierten und sinnvollen Sprache vorangegangen sein soll; dabei lässt er jedoch gänzlich ausser acht, dass eine Äusserung, der die Wesensmerkmale der Sprache fehlen, nicht ihre Urform sein kann.

Meine ablehnende Haltung gegenüber der den Ausdrucksreaktionen zugedachten Rolle bei der Entstehung der Sprache involviert natürlich

[1] P. REGNAUD, Origine et philosophie du langage, 1887 und: Origine et philosophie du langage ou principes de linguistique indo-européenne, 1889.

[2] E. B. TAYLOR, Origin of language, Forthnightly Review, 1866.

[3] CH. DARWIN, The Descent of Man, London 1871.

[4] H. SPENCER, Essays, London 1858 und: The Origin of Music. Mind, Vol. 15.

[5] G. RÉVÉSZ, Der Ursprung der Musik, Intern. Zeitschrift für Ethnographie, 40, 1941, S. 65.

nicht, dass ich mich auch gegenüber dem *Ausdruckswert* der lebendigen Sprache skeptisch verhalte. Die Sprache, richtiger gesagt die Rede, verdankt zweifellos ihre über das Begriffliche hinausgehende Unmittelbarkeit den Ausdruckswerten, die in ihrer ganzen Mannigfaltigkeit den *physiognomischen* Charakter der Sprache ausmachen. Welche Rolle dabei die spontanen Ausdrucksrufe gespielt haben, ist schwer zu beurteilen; vielleicht können die Ausdruckslaute der Primitiven im Vergleich zu ihrer Sprache darüber einige Aufklärungen geben. Was in diesem Zusammenhang zu betonen ist, ist die Tatsache, dass die emotionelle Ausdruckskraft der Rede jedenfalls nicht allein in der Lautgebung, folglich noch viel weniger in den unartikulierten Ausdruckslauten liegt, sondern in den sinn- und bedeutungsvollen *Lautzeichen*, die das emotionelle Lautmoment in sich schliessen. Wenn also die aussersprachlichen Ausdruckslaute in der Rede ursprünglich eine Bedeutung hatten, so gingen sie in das Lautganze des Wortes und Satzes ein, und nur in diesem Sinne können sie zu den konstitutiven Bestandteilen des Lautwortbildes gerechnet werden [1].

B. DIE THEORIE DER TIERLAUTE

Wenn einmal feststeht, dass die Ausdrucksbewegungen und die Ausdruckslaute nicht als Vorstufe, geschweige denn als Urform der Sprache in Betracht kommen, so könnten wir im Grunde darauf verzichten, die Lehre, welche die *tierischen Laute* als Vorform der Sprache betrachtet, näher zu diskutieren. Denn von einer einzigen Ausnahme abgesehen, die später besprochen werden soll, sind auch die tierischen Lautäusserungen Ausdrucksbewegungen der vitalen Sphäre, wenn ihnen auch gelegentlich eine Gerichtetheit zugesprochen werden muss [2]. Demnach

---

[1] Über die Sprachphysiognomik siehe: H. WERNER, Grundfragen der Sprachphysiognomik, 1932.

[2] Die Ausnahmen beziehen sich auf gewisse Ausdruckslaute, mit denen domestizierte Tiere ihre Verhaltungsweisen begleiten, wenn sie sich an bestimmte Personen wenden, um ein erstrebtes Ziel zu erreichen (siehe näheres darüber auf S. 193 ff.).

gelten die Argumente, die wir gegen die Auffassung der menschlichen Ausdrucksbewegungen und Ausdruckslaute als Frühform oder als Vorstufe der Sprache angeführt haben, a fortiori gegen die entsprechende Deutung der tierischen Lautäusserungen [1].

Aber auch abgesehen von diesen prinzipiellen Überlegungen lässt sich die tierpsychologische Theorie des Sprachursprungs nicht halten. Diese Theorie setzt nämlich voraus, dass wir Menschen oder unsere halbmenschlichen Vorfahren ihr Lautmaterial von den in ihrer Umgebung frei lebenden Tieren übernommen haben. Es entsteht sogleich die Frage, von welchen Tierarten sie ihr Lautmaterial genommen und wozu sie die Tierlaute überhaupt nötig gehabt hätten. Die Menschen und ihre Vorfahren verfügten doch im Übermass über Ausdrucks- und Nachahmungslaute, die sie bei der Bildung der Sprache hätten verwenden können; in dieser Hinsicht standen sie gewiss hinter keiner Tierart zurück. Eine solche Möglichkeit wäre überhaupt nur diskutierbar, wenn eine in der Umgebung der Menschen lebende Tierart ihre eigene «Sprache» gehabt hätte und wenn dieses Verständigungsmittel von den Menschen, bevor sie noch eine Sprache besassen und als sie danach strebten, übernommen worden wäre. Von der letzteren Annahme können wir nicht nur wegen ihrer Sinnlosigkeit völlig absehen, sondern weil schon der Grundannahme jede empirische Basis fehlt [2]. Unsere tierpsychologischen Erfahrungen zeigen nämlich, dass es keine solche Gruppe von tierischen Lautäusserungen gibt, die im eigentlichen Sinne des Wortes als «Tiersprache» bezeichnet werden könnte.

---

[1] Schon ARISTOTELES hat den tierischen Ursprung der Sprache erwogen, sich aber gegen diese Annahme ausgesprochen. Er gibt soviel zu, dass im tierischen und menschlichen Laut etwas Gemeinsames liegt; die tierischen Laute können indessen keine feste Zusammensetzung unter sich eingehen; kein Tier kann von sich aus eine Silbe bilden.

[2] Es sei noch hinzugefügt, dass, wenn tierische Laute sprachbildende Bedeutung gehabt hätten, zu erwarten gewesen wäre, dass die Sprachen, in erster Reihe die primitiven Sprachen, Worte besitzen müssten, die bestimmten tierischen Lauten gleichen. Allein davon ist uns nichts bekannt. Siehe die diesbezüglichen Ausführungen in meiner bereits zitierten Abhandlung: «Die menschlichen Kommunikationsformen und die sog. Tiersprache», K. Ned. Akademie van Wetenschappen, Amsterdam, Proc. Vol. 43, 1940.

Von einer autochthonen Tier*sprache* dürfen wir nur dann reden, wenn es sich herausstellte, dass Tiere zum Zwecke gegenseitiger Verständigung Laute oder Bewegungen in der Weise verwenden, dass jedem Laut bzw. Lautkomplex oder jeder Bewegung bzw. jedem Bewegungskomplex eine bestimmte Bedeutung zukommt; wenn sich also zeigen liesse, dass sie zum Zwecke der Mitteilung über ein wohlgeordnetes Zeichensystem verfügen. Sie müssten z. B. nicht einen Warnruf haben, sondern mehrere: einen beim Herannahen eines Menschen, einen anderen beim Auftauchen der Familienmitglieder, noch einen anderen für ein feindseliges Tier. Läge ein solcher Fall vor — was allerdings zu bestreiten ist, auch die sog. Wörterbücher der Pferde- und Affen- «Sprachen» bei MADAY, GARNER, BOUTAN, KELLOG, YERKES, LEARNED und die Vogelstimmen sprechen gegen diese Annahme — so könnte man zwar in gewisser Hinsicht von einer autochthonen Sprache der Schimpansen, Gibbons, Hunde, Katzen usw. sprechen, aber selbst in diesen Fällen entbehrte eine solche «Sprache» aller wesentlichen Merkmale der menschlichen Sprache. Das trifft bei den sog. Tiersprachen ohne Ausnahme zu. Ihrer äusseren Erscheinung wie ihrer inneren Struktur nach zeigen die Lautäusserungen der Tiere kein einziges Merkmal, das der menschlichen Sprache eigen ist. Phonetisch sind die Laute der höheren Tierarten, wie die der Hunde, Katzen, Affen, die als besonders ansprechende Beispiele angeführt zu werden pflegen, unserem akustischen Eindruck nach gestaltlose, unmelodiöse Geräuschtöne, Kreisch-, Stoss- und Blöklaute, also Laute ohne phonematischen Charakter. Sie besitzen keine solchen strukturierten Lautelemente, wie die Phoneme der Sprache, aus denen ihr Lautmaterial gleichsam aufgebaut wäre, daher lassen sie sich auch in kein Lautsystem einordnen. Das ist auch der Grund, warum sie nicht notierbar sind. Die schriftliche Festlegung der Lautäusserungen der Tiere durch unser Alphabet ist wissenschaftlich gänzlich unbrauchbar. Die «Konsonanten» sind nicht unsere Konsonanten, die «Vokale» nicht unsere Vokale. Ferner fehlt bei den Tierlauten der eindeutige Verband zwischen Ausdruck und Bedeutung: ein und derselbe Laut kann verschiedene Bedürfnisse andeuten, und ebenso können verschiedene Laute auf dasselbe Bedürfnis bezogen werden. Weiter wäre noch zu bemerken, dass sich die Einzelgebilde nicht zu einer Verbindung zusammenfügen, die ihrerseits etwas anderes ausdrücken würde als die Einzelgebilde selbst. Dass sie nicht die geringste Spur einer Sonderung in Redeteile, geschweige denn eines grammatischen Baues zeigen, bedarf keiner Erwähnung. Vom entwicklungspsychologischen Standpunkt aus ist es schliesslich bemerkenswert, dass die «Tiersprachen» nicht wie die menschliche Sprache als Produkt einer langen, allmählich sich differenzierenden Entwicklung anzusehen sind. Ganz im Gegenteil: sie repräsentieren ein vererbtes, unveränderliches, starres Ausdrucksmittel; sie haben keine Geschichte und entwickeln und verändern sich während des individuellen Lebens nicht oder nur ganz unwesentlich und werden von Tieren derselben Gattung in allen Erdteilen mit geringer lokaler und individueller Variation nahezu in gleicher Weise hervorgebracht. Das Tier erlernt die Ausdruckslaute nicht wie der Mensch von seiner Umgebung, sondern bringt sie im wesentlichen fertig mit [1]. Aus diesen Feststellungen folgt, dass die sog. Tiersprachen keine gemeinsame Basis mit der Sprache haben, was so viel heisst, dass die Tierlaute, wie ausdrucksvoll sie auch sein mögen, zu der menschlichen Sprache nicht in Beziehung gebracht werden können. Es bedarf keiner weiteren Erörterung, dass es sich hier nicht um eine terminologische Streitfrage handelt, den Begriff «Sprache» bei Tieren ex definitione auszuschliessen. Es geht hier um sachliche Argumente, die die definitorischen Auseinandersetzungen erst veranlassten.

Auf diese Frage sind wir darum etwas näher eingegangen, weil in der Entwicklungspsychologie so oft der Fehler gemacht wird, von dem *Lautmaterial* und nicht von der Verständigungs*absicht* auszugehen und dadurch dort eine Verwandtschaft zu statuieren, wo eine solche nicht besteht (siehe S. 108). Wird auf diesen Unterschied nicht geachtet, so läuft man Gefahr, die allerverschiedensten Stimmlaute der Tiere kurzweg als Kommunikationsmittel zu betrachten und diese mit der menschlichen Sprache in nahe Beziehung zu setzen. Aus dieser irrigen Auffassung entstanden die «Vokabularien» der sog. Tiersprachen. Man schrieb den mehr oder

---

[1] Nur bei einigen Vogelarten spielt die Nachahmung eine Rolle.

weniger differenzierten Tierlauten ohne Rücksicht auf ihre Funktion
Sinn und Bedeutung zu. So fanden YERKES und LEARNED bei zwei
Schimpansen 32 «Wörter», von denen 16 von dem einen, 14 von dem
anderen und 2 von beiden benutzt wurden. Die «Wörter» wurden dem
Beginnlaut entsprechend in 5 Gruppen geordnet, je nachdem sie mit
dem gutturalen G und K und H-Aspirat oder mit Nasal- und Labial-
lauten oder mit Vokalen begannen. Auch die Anzahl der phonetisch
deutlich zu unterscheidenden Lautkomplexe waren sehr gering. Soweit
man den nach dem Gehör notierten Aufzeichnungen Vertrauen schenken
kann, bleiben nicht mehr als 6—8 phonetisch einigermassen verschiedene
Laute, wobei die erste Gruppe (Typ: gakh, Kgak) bereits 45% der
angegebenen 32 «Wörter» umfasst. Wenn man die Liste dieser «vocal
expressions» genau prüft, so zeigt sich, dass die Lautkomplexe sich
nur auf einige wenige Gefühlszustände beziehen, und zwar auf den Zustand des Hungers, der Heftigkeit, der Unruhe, der Angst, des körperlichen Schmerzes, der Lust und der Zufriedenheit. Gerichtete, aus dem
Bedürfnis nach Verständigung entstandene Lautäusserungen kommen
— wie es mir scheint — nicht vor [1]. Zu demselben Ergebnis gelangt man,

---

[1] R. M. YERKES and B. W. LEARNED, Chimpanzee intelligence and its vocal
expressions, 1925.

Obgleich Yerkes die spontanen Lautäusserungen der Schimpansen nicht als
Sprache, auch nicht als Schimpansensprache betrachtet, fühlt er sich doch zu
der Annahme berechtigt, dass «although there certainly is a useful substitute (!)
which might readily be developed or transformed into a true language, if the animal
would be induced to imitate sounds persistently» (S. 66). Aus solchen Bemerkungen
muss man den Schluss ziehen, dass die Forscher von der prinzipiellen Unmöglichkeit
der Tiersprache nicht überzeugt sind. YERKES sagt zwar in seinem schönen Buch
«Great Apes» (1929, S. 179): «Everything seems to indicate that their vocalisations
do not constitute true language in the sense in which Boutan uses the term.
Their word-like sounds always lack ideational meaning». Vertritt aber dennoch
die Ansicht, dass die Anthropoiden imstande sein müssten die menschliche
Sprache zu erlernen, wenn sie die Sprechtöne so gut imitieren könnten wie
die Papageien. Damit gibt Yerkes als seine Meinung zu erkennen, dass die
Anthropoiden Sprachanlage besitzen und bloss durch ihre unentwickelte Sprech-
technik daran verhindert werden, sich mit uns zu unterhalten. (Von dieser
Anschauung konnte sich auch H. DELACROIX [Psychologie du Langage, 1933]
nicht ganz freimachen.)

wenn man die Lautäusserungen des von BOUTAN untersuchten Gibbons einer Analyse unterwirft [1].

Es ist sonderbar, wie hartnäckig Zoologen, gelegentlich auch Tierpsychologen, an der Idee der «Tiersprache», trotz gegenteiligen Beobachtungen und theoretischen Überlegungen, festhalten [2]. Ich möchte hier aus historischem Interesse eine Stelle der «Discours de la méthode» (1637) anführen, wo DESCARTES mit einer ihm eigenen Einfachheit und logischen Schärfe die Existenz und Möglichkeit einer Tiersprache bekämpft. «Car on peut bien concevoir qu'une machine soit tellement faite qu'elle profère des paroles et même qu'elle en profère quelques unes à propos des actions corporelles qui causeront quelque changement en ses organes... mais *non pas qu'elle les arrange diversement pour répondre au sens de tout ce qui se dira en sa présence aussi que les hommes les plus hébétés peuvent le faire*... car, au lieu que la raison est un instrument universel qui peut servir en toutes sortes de rencontres, ces organes (sc. des animaux-machines) ont besoin de quelque particulière disposition pour chaque action particulière... Or, par ces deux moyens on peut aussi connaître la différence qui est entre les hommes et les bêtes: car c'est une chose bien remarquable qu'*il n'y a point d'hommes* si hébétés et si stupides, sans en excepter même les insensés, qu'*ils ne soient capables d'arranger ensemble diverses paroles et d'en composer un discours* par lequel il fassent entendre leurs pensées et qu'au contraire il n'y a point d'autre animal tant parfait et tant heureusement né qu'il puisse être, qui fasse le semblable...» [3].

Auf das gänzliche Fehlen der Sprach*funktion* weist auch der Umstand hin, dass Tiere die menschliche Sprache als solche nicht einmal in beschränktem Masse zu *begreifen*, geschweige denn sich anzueignen vermögen.

---

[1] L. BOUTAN, Le pseudo-langage, Actes de la Société Linnéenne de Bordeaux, 1913. Dasselbe gilt für die «Wörterbücher» der Affensprache von R. L. GARNER, L. L. C. FAIDHERBE und besonders von den bekannten, wissenschaftlich jedoch gänzlich unbrauchbaren Angaben von G. SCHWIDETZKY.

[2] Unter den modernen Naturforschern war BUFFON der erste, der die Sprache als Kriterium des Menschen betrachtete und bei Tieren die Möglichkeit des Sprechens prinzipiell leugnete (Histoire naturelle, Paris 1749—1767).

[3] R. DESCARTES, Discours de la méthode, Leyden 1637.

Die Dressurworte, die sie angeblich verstehen, sind für sie nichts weiter als einfache Lauteindrücke, die infolge individueller Erfahrung bzw. Dressur mit gewissen Handlungen oder Unterlassungen assoziiert werden. Das Tier vermag zwischen dem Laut und dem Gegenstand oder der Tätigkeit nur in sehr beschränktem Masse einen sinnvollen Zusammenhang herzustellen. Ein Laut oder eine Bewegung kann für das Tier höchstens ein Signal sein, das eine bestimmte Reaktion auszulösen imstande ist. Ob man den Hund darauf dressiere, auf das Wort «geh», auf den Satz «geh hinaus», auf einen Pfiff, auf einen gezeigten Buchstaben oder auf das Erscheinen der roten Farbe hin das Zimmer zu verlassen, ist vom Tier aus gesehen gleichgültig. Das Dressurwort «geh» ist für den Hund kein Wort, das Sprachgebilde «geh hinaus» bildet für ihn keinen Satz, das optische Zeichen «A» für ihn keinen Buchstaben, sondern alle diese Zeichen sind für ihn blosse Signale, die sich ihrer Zeichenbedeutung nach nicht von der roten Farbe unterscheiden. Alles das sind gleichwertige und gleiches bedeutende, sinnlich wahrnehmbare Zeichen, auf die das Tier dressiert werden kann [1].

Schon HOBBES, LOCKE, DESCARTES, LEIBNIZ wiesen darauf hin, dass, wenn auch einige Tiere durch Gewohnheit lernen, unsere sprachlich geäusserten Wünsche und Befehle zu «verstehen» oder artikulierte Laute durch Dressur nachzuahmen, sie dabei nicht die Bedeutung der Wörter erfassen [2]. Wenn trotz alledem immer wieder versucht wird, Affen einige

---

[1] Die grosse Anzahl der Dressurworte, die SARRIS in seiner Arbeit über das angebliche Wortverständnis der Hunde anführt, lässt sich bei einer genauen Analyse der hierbei angewandten «Sprachlaute» sehr stark reduzieren. Es ist nicht schwer, aus dem eigenen Beobachtungsmaterial des Verfassers den Beweis zu liefern, dass es sich bei seinen Hunden nicht um Wortverständnis, sondern einfach um gewöhnliche Dressur handelte. (Sind wir berechtigt, vom Wortverständnis des Hundes zu sprechen? Beihefte der Zeitschrift für angew. Psychol. 62, 1931).

Die geringe Fähigkeit der Tiere, auf menschliche Sprachlaute zu achten und durch sie ihre Reaktion bestimmen zu lassen, hat sich auch bei der Affendressur von N. KOHTS gezeigt. Ihr ausgezeichnet dressierter Schimpanse war nicht imstande nach 500 Wiederholungen einen Gegenstand auf Benennung zu apportieren. (Untersuchungen über die Erkenntnisfähigkeiten des Schimpansen, Moskau 1923.)

[2] TH. HOBBES, Elementorum philosophiae, Sectio secunda: De homine. London 1658; J. LOCKE, An essay concerning human understanding, III, Kap. 1. London

Wörter beizubringen, so zeigt dies, wie wenig sich die Experimentatoren von dem Wesen der Sprache und auch von dem Zustandekommen und dem Sinn der Nachahmung lautlicher Gebilde im Gebiet der Sprache Rechenschaft geben [1]. Sie sind sich nicht einmal darüber klar geworden, dass durch blosse Nachahmung überhaupt keine Sprache zu erlernen ist. Wären diese angeblich an der «Schwelle» der Sprache stehenden Tiere imstande, diese Schwelle auch wirklich zu überschreiten, so wäre es nur mehr eine Frage der Zeit, wann die Tiere beginnen würden sich mit uns zu unterhalten. Die Tiere verfügen zwar über *Stimm*organe, aber nicht über *Sprach*organe, denn Sprachorgane setzen die Sprachfunktion bzw. die angeborene Anlage zum Sprechen voraus.

Diese Erörterungen deuten auf eine wichtige sprachpsychologische Tatsache hin, nämlich: dass die Sprache, als solche, erst dort einsetzt, wo lebende Wesen nicht mehr ausschliesslich durch Instinkte und Affekte beherrscht, sondern durch Absichten und Ziele und durch die Einsicht in die zu ihrer Verwirklichung geeigneten Mittel geleitet werden. Gerade diese Art des Gerichtetseins, welches als notwendige Voraussetzung der Menschheit gilt, trennt das menschliche Leben vom tierischen Dasein.

Einer ähnlichen Auffassung begegnen wir in der Urgeschichte der Musik. Hier hat man versucht, den menschlichen Gesang auf den Vogelgesang zurückzuführen. Die Menschen sollen sich aus irgendeinem (vermutlich aus sexuellem) Grunde veranlasst gefühlt haben, den Gesang der Vögel nachzuahmen, und so soll die Musik entstanden sein. Den Vertretern dieser Lehre ist es gänzlich entgangen, dass der Gesang der Vögel eine andere Funktion erfüllt, eine andere Struktur hat und anderen

---

1690; R. Descartes, Discours de la méthode, 1637, S. 58; G. W. v. Leibniz, Nouveaux Essais, III, Kap. 1. 1765.

[1] Nachdem es W. H. Furness (Observations on the mentality of the Chimpanzee and Orang-Outans. Proc. Amer. Phil. Soc. Philadelphia 1916) gelang, nach sechs Monaten einem Orang das Wort «Papa» beizubringen, sagt er: «I think this showed conclusively, that there was a glimmering idea of the connection of the word with the object and with her desire.» Mit dem Wort «cup» hat er kein Resultat erreicht. Auch das Ehepaar Kellogg kam mit ihrem Schimpansen nicht weiter als bis zur «Vokalisierung» von pa-pa (The ape and the child, 1933).

Gesetzen unterworfen ist als der menschliche Gesang. Man hat sich auch hier genau so wie bei der sog. Tiersprache nicht klar gemacht, dass der Vogelgesang zum Unterschiede von der Musik nicht das Produkt einer langen Entwicklung ist, einer allmählichen Differenzierung, sondern ganz im Gegenteil: ein vererbtes, unveränderliches Ausdrucksmittel. Der Singvogel bringt seine Gesangskunst, sein ganzes Repertoir im wesentlichen fertig mit sich, womit nicht in Widerspruch steht, dass gewisse Tierindividuen besser «singen» als andere und dass die Übung, insbesondere die Nachahmung guter Sänger, die Leistungen zu steigern vermag. Dass in der Kunstmusik gelegentlich Vogelrufe, wie der Schlag der Nachtigall, der Ruf der Singdrossel, des Rotkehlchens, des Stieglitzes Aufnahme finden, hat mit dem Ursprungsproblem natürlich nicht das geringste zu tun [1].

Auf Grund dieser Ausführungen ist die Möglichkeit ausgeschlossen, dass es in der Vorgeschichte des Menschengeschlechts jemals eine Periode gab, in der unsere angeblichen Vorfahren die Initiative und das Material zu einer lautsprachlichen Verständigung und ebenfalls zu dem Gesang von irgendwelchen Tierarten übernommen hätten. Nach alledem sind wir berechtigt, die tierpsychologische Hypothese für das Ursprungsproblem, ja für die vergleichende und genetische Sprachwissenschaft überhaupt aus der Diskussion endgültig auszuschalten, mithin den Ausdruck «Sprache», der zu so vielen Missverständnissen Anlass gab, für die Tierpsychologie als unstatthaft zu erklären.

Wir wollen nun zu den *anthropologischen Ursprungstheorien* übergehen. Beginnen wir mit der Nachahmungstheorie, die eine Übergangsform zwischen den biologischen und anthropologischen Theorien darstellt. Die Nachahmung ist zwar keine spezifisch-menschliche Tätigkeit, sie bildet indessen einen der wichtigsten Antriebe der Art- und Individualentwicklung des Menschen. Während beim Menschen die Nachahmung die Bildung der Lebensgewohnheiten, die ganze Schulung und Erziehung beherrscht, spielt sie bei Tieren entweder überhaupt keine oder nur

---

[1] G. Révész, Der Ursprung der Musik, Intern. Archiv für Ethnographie, 40, 1941.

eine untergeordnete Rolle. Die Existenz und das Wohlergehen der Tiere ist von ihrer Nachahmungsfähigkeit im weitesten Masse unabhängig; selbst die nachahmungseifrigen Affen können sich in der Gefangenschaft im isolierten Zustand alle Fertigkeiten, die für ihren Lebensunterhalt erforderlich sind, aneignen, ohne dabei durch Nachahmung von den Erfahrungen der älteren Generation viel Nutzen gezogen zu haben.

III. ANTHROPOLOGISCHE THEORIEN

A. DIE NACHAHMUNGSTHEORIE

Die Erklärung der Lautsprache durch eine Anzahl von onomatopoetischen Lauten stösst auf ähnliche Schwierigkeiten wie die Ausdruckstheorie. Diese Lehre geht von der Annahme aus, dass zwischen den Urwörtern der Sprache und den durch die Laute der Natur erzeugten rein sinnlichen Eindrücken ein kausaler Zusammenhang bestehe. Der Urmensch hätte dieser Lehre entsprechend seine Sprache nicht aus dem ihm zur Verfügung stehenden Stimmaterial spontan erzeugt und ausgebildet, sondern er hätte die Naturlaute gut beobachtet und daraus durch eine nachahmende Abbildung der Eigentümlichkeit des Tonreizes seinen anfänglichen Wortschatz gewonnen. Eine Trennung der Welt der sinnlichen Eindrücke und der Welt der Ideen, eine scharfe Unterscheidung zwischen unbewusstem Werden und bewusstem Schaffen wird hier in der Regel verabsäumt; die Entstehung der Sprache wird dem Zufall überlassen, und vom Menschen wird nichts weiter gefordert, als dass er die Stimme der Natur belausche und diese vermittels seiner mimischen Fähigkeit zum Verständigungsmittel verarbeite.

LEIBNIZ war vielleicht der erste, der bei der Frage, wieso die verschiedensten Sprachen viele Wurzeln gemein haben, auf eine Ursprache hingewiesen hat, deren mutmassliche Wurzelworte onomatopoetischen Ursprungs gewesen sein sollten. Seiner Meinung nach waltete beim Ursprung der Worte etwas Natürliches, was durch den Zusammenhang zwischen bezeichneten Dingen und den Lauten in Erscheinung trat, nämlich die lautliche Nachahmung von Naturlauten [1].

STEINTHAL, der Urheber der junggrammatischen Richtung und der bekannteste Vertreter dieser Auffassung in der neueren Zeit, stellt sich den Ursprung der artikulierten Sprachlaute so vor, dass beim Urmenschen mit jeder besonderen Wahrnehmung eine besondere onomatopoetische Artikulation «reflektorisch» verknüpft war, die mit dem zugehörigen sinnlichen Eindruck eine deutliche Ähnlichkeit besass [2]. Diese Annahme, für die weniger der Ursprung der Sprache als der des Schweigens eine Schwierigkeit bietet, ist besonders von A. MARTY bekämpft worden [3].

MARTY weist auf den Widerspruch mit der Erfahrung hin, in den sich STEINTHALS Behauptung verwickelt, dass für *jede* Anschauung, für *jede* Wahrnehmung ein onomatopoetischer Laut zu finden sei. Er vertritt demgegenüber die Ansicht, dass alle Nachahmungslaute als Ergebnis einer absichtlichen und gewohnheitsmässigen, nicht aber einer instinktiven und ursprünglichen Lautäusserung betrachtet werden müssen. Marty stellt sogar in Abrede, dass irgendeine Anschauung in uns einen onomatopoetischen Laut instinktiv entstehen lassen könne [4]. Steinthal hat die Absichtlichkeit der meisten onomatopoetischen Sprachlaute später selbst anerkannt, ohne darum die Onomatopoeie als Prinzip der Sprachschöpfung aufzugeben.

Wir möchten auf Martys scharfsinnige Kritik der Anschauungen Steinthals nicht eingehen, vor allem nicht, weil es sich sowohl bei Marty wie bei seinen Gegnern nicht um das Problem der Sprach*entstehung* handelt,

---

[1] G. W. v. LEIBNIZ, Nouveaux Essais sur l'entendement humain, 1765.

[2] H. STEINTHAL, Abriss der Sprachwissenschaften, I, 1871, S. 389, und: Der Ursprung der Sprache, 1877. Steinthal verwendet hier das Wort reflektorisch an Stelle von instinktiv, darum wird seine Lehre «Reflextheorie» genannt.

[3] A. MARTY, Über den Ursprung der Sprache, 1875, und verschiedene Artikel in der Vierteljahrschrift für wiss. Philosophie, Bd. 8 bis 16, abgedruckt im ersten Band seiner «Gesammelten Schriften», 1916.

[4] Auf den Zufallscharakter der Onomatopoeie weisen in der neueren Zeit GRAMMONT und F. DE SAUSSURE (Cours de linguistique générale, 1923) hin. Gegen die Absichtlichkeit der onomatopoetischen Wortbildungen sprechen die Nachahmungslaute der Kinder während der prälingualen Periode, insofern sie nicht von den Erwachsenen abgelauscht sind, wie z. B. tik-tak, wau-wau usw.

wie sie irrtümlicherweise gedacht haben, sondern um das der Sprach
bildung, Sprach*entfaltung*, das ausserhalb unseres Problems liegt.

Die prinzipielle Unmöglichkeit, eine Lehre vom Ursprung der Sprache
auf die onomatopoetische Theorie zu gründen, kann von unserem Standpunkt aus unschwer bewiesen werden.

Nimmt man an, dass onomatopoetische Laute die Vorstufe der
Sprache darstellen, aus denen sie entstanden ist, dann gibt es zwei
diskutierbare Möglichkeiten je nach dem Sinn, den man dem Begriff
der instinktiven Nachahmung beilegt: denn Onomatopoeie ist ja nichts
anderes als Lautnachahmung, Lautmalerei. Es gibt zweifellos einen
Instinkt der Nachahmung, wie es sich etwa in den Nachahmungslauten
der Vögel kundgibt, aber dieser Instinkt begnügt sich mit der Erzeugung
eines Lautgebildes, das seinem lautlichen Vorbild ähnlich ist. Die blosse
Ähnlichkeit mit dem lautlichen Vorbild verleiht indessen dem durch die
Wiedergabe erzeugten Lautgebilde noch keine Zeichenbedeutung, durch
die es erst zur Darstellung eines Tatbestandes befähigt wird. Will man
der Onomatopoeie einen massgebenden Einfluss auf die Sprachbildung
einräumen, so verwendet man den Begriff der Nachahmung in einer
anderen Bedeutung, die über die blosse Wiedergabe oder Reduplikation
hinausgeht und bereits die Darstellung oder Repräsentation von etwas
einschliesst. Eine Onomatopoeie, die einen Gegenstand oder Tatbestand
darstellen will, bezweckt mehr als die blosse Erzeugung eines ähnlichen
Lautgebildes; sie benützt vielmehr die Ähnlichkeit nur als Mittel, um
die Zeichenbedeutung unmittelbar verständlich zu machen. Eine solche
Ausdehnung des Begriffes der instinktiven Nachahmung ist sicherlich
zulässig, wenn man etwa an das Verhalten des Kleinkindes denkt —
obwohl dem Kleinkind die meisten Onomatopoeien, die es verwendet,
erst von den Erwachsenen vorgemacht werden. Nun gibt es in den
Sprachen nur eine geringe Anzahl von durch Onomatopoeie zustande
gebrachten Worten, und selbst diese sind meist späteren Ursprungs [1].

---

[1] Man soll sich aber davor hüten, die Rolle der Onomatopoeie, der Schallwortbildung, zu gering anzuschlagen. Es gibt zweifellos Sprachen, die sehr reich
an onomatopoetischen Bildungen sind. So soll nach Angabe von SCHUCHARDT
die baskische Sprache die Schallwortbildungen besonders begünstigen (Schuchardt-

Daher muss der Begriff Onomatopoeie noch weiter gefasst und darunter alle spontan entstandenen lautlichen Lautzeichen verstanden werden, die an bestimmte Wahrnehmungs- oder Gefühlsinhalte gebunden sind und diese *anzeigen*, ohne noch einen Wortcharakter und symbolische Sinnbedeutung zu haben. In diesem Sinne beschränkt sich der Begriff Onomatopoeie nicht auf die Nachahmung von *Naturlauten*, sondern umfasst all jene Laute, die ihr Entstehen dem Antriebe nach kommunikativem Kontakte verdanken. Bei der Realisierung dieses Zweckes gelangt das noch nicht sprachfähige, aber doch sprachlich dispositionell begabte Wesen instinktmässig zu ausdrucksvollen Lauten bzw. Gebärden, die im wesentlichen aus dem Reservoir der bereits verwendeten, phonetisch mehr oder weniger charakteristischen Laute entstanden sind. Diese Laute entfalten sich infolge des kommunikativen Antriebes allmählich zu Lautgebärden, die ohne weiteres verständlich sind, d. h. infolge Ähnlichkeit oder Analogie oder infolge des begleitenden Gefühlstones oder der innerlichen Bestimmtheit ihrer physiologischen Charaktere von den Artgenossen unmittelbar verstanden werden. Diese Lautgebärden werden durch Wiederholung und Übertragung immer mehr einen einheitlichen phonetischen Charakter erhalten, bis sie schliesslich in eine konventionelle Form übergehen, die die äusserliche Verwandtschaft mit der originellen, spontanen Lautgebärde verdecken.

Fasst man die Onomatopoeie in diesem erweiterten Sinne auf, so wird man zugeben müssen, dass die onomatopoetischen Laute in der Vorphase und selbst in der Frühgeschichte der Sprache eine bedeutende, die Wortsprache vorbereitende Rolle gespielt haben. Sie scheinen so mächtig und so tief in dem menschlichen Wesen verwurzelt zu sein, dass sie auch später, als die Sprache schon vollständig ihren begrifflichen und symbolischen Charakter erhalten hat, als ergänzender Teil der Sprache noch immer Verwendung finden.

An diesem Punkt berühren sich die Naturlaute und die Sprach-

Brevier, S. 219 und 246). Allerdings beruht diese Neigung zur Onomatopoesis nicht auf der Sprache selbst, sondern auf den Sprechenden, die je nach Geschlecht, Alter, Gesellschaftsklasse in verschiedenem Masse von onomatopoetisch fundierten Wörtern Gebrauch machen.

physiognomik, die sich auf den physiognomischen Gehalt der Wörter und des Satzes, zugleich aber auch auf den des Lautes bezieht. Die onomatopoetischen Worte stammen vermutlich aus einer Übergangszeit, in der die nichtsprachlichen Verständigungsmittel in der Sprache Aufnahme fanden. Je stärker die symbolische Sprachbildung in den Vordergrund trat, desto mehr wurde die Nachahmungsfunktion zurückgedrängt, so dass der paradoxal klingende Satz, dass die Sprache dort beginnt, wo die Lautnachahmung aufhört, etwas Richtiges enthält [1].

Bei der Onomatopoeie handelt es sich nicht darum, ob ein Lautkomplex aus der Natur entnommen wird, sondern ob dieses Mittel mit Bedeutung verbunden wird. Wurden also im Urzustand der Menschheit Nachahmungslaute ohne Zeichenbedeutung verwandt, so standen sie jenseits der Funktion «Sprache» und konnten nicht als Urformen und auch schwerlich als Vorformen der Sprache gelten. Besassen sie dagegen eine Zeichenbedeutung, so waren sie eben Äusserungen der Sprachfunktion, die sich auf eine Nachahmung der Naturlaute ebensowenig beschränken konnte wie auf Ausdruckslaute. Beide Lautäusserungen sind in die Sprache aufgenommen und bei der Kundgabe der inneren Erlebnisse (Ausdruckslaute) und bei der Bezeichnung äusserer Wahrnehmungen (Nachahmungslaute) angewandt worden. Das geschah aber sicherlich nicht früher, als die Sprache in ihrer elementaren Form bereits vorlag.

Schliesslich wollen wir die Aufmerksamkeit auf eine Konsequenz der Nachahmungstheorie lenken, die besonders deutlich macht, wie wenig die Nachahmung als Grundprinzip der Sprachbildung sich eignet. Die Nachahmungslaute können sich nur auf lautgebende Naturvorgänge beziehen, folglich ist die Repräsentation lautloser Gegenstände und Prozesse der Aussenwelt wie der Erscheinungen der inneren Welt durch onomatopoetische Lautgebilde ausgeschlossen. Ferner ist die Onomatopoeie als Lehre des Sprachursprungs schon darum unhaltbar, weil sie sich nicht zur Verständigung, sondern nur zur Beschreibung, zur malerischen Darstellung eignet. Weder eine Behauptung noch eine Frage lässt sich onomatopoetisch ausdrücken. Diese Feststellungen dürften genügen, die

---

[1] JOSEF SCHMIDT, Die Sprache und die Sprachen (ungarisch), Budapest 1923.

völlige Unmöglichkeit einer auf Lautnachahmung begründeten Ursprache darzutun.

An dieser Stelle möchten wir darauf hinweisen, dass *Sprachsymbolik* und *Sprachphysiognomik* nicht im Sinne der Nachahmungstheorie, die sich auf die Laute der *Umwelt* bezieht, verstanden werden darf. Die Ausdruckssprache will in erster Reihe die innere Welt des Sprechenden wiedergeben, aber nicht als passiven Abdruck des Innern, sondern als schöpferischen Ausdruck durch einen geistigen Akt, wie dies durch HERDER und W. v. HUMBOLDT in eindrucksvoller Weise beschrieben und in der neueren Zeit durch H. WERNER systematisch dargestellt wurde. Der letztere macht mit Recht einen prinzipiellen Unterschied zwischen phonetischer Lautgebung und physiognomischem Gehalt der Wörter, des Satzes und des Lautes, vertritt indessen die sehr gewagte Auffassung, dass in den Worten gegenständlich ein *Sinnbild* des Inhaltes unmittelbar zu erkennen ist [1].

B. DIE ONTOGENETISCHEN THEORIEN

a) Die Lalltheorie

Die Frage nach der Vor- oder Urform der Lautsprache lässt sich auch nicht durch den Hinweis auf die Anfänge der Kindersprache in der *Lallperiode* beantworten. Wenn man unter der Früh- oder Urform der

---

[1] H. WERNER, Grundfragen der Sprachphysiognomik, 1932. Es ist unzweifelhaft, dass gewisse Worte, ja sogar gewisse Laute, Ausdruckswerte besitzen, dass sie dank ihrer spezifischen Ausdruckskraft mehr bedeuten als einfache Zeichen, als neutrale Symbole für bestimmte Dinge, Vorgänge, Sachverhalte. Man muss sich hier aber vor Übertreibungen hüten, sonst läuft man Gefahr, Selbsttäuschungen zum Opfer zu fallen, zumal bei der physiognomischen Analyse der Redeteile das autochthone physiognomische Moment von den zufälligen Assoziationen und anderen Nebensächlichkeiten nicht immer unterschieden wird, vermutlich sich auch nicht unterscheiden lässt. Besonders soll man mit dem Gebrauch der Analogien weniger freigebig sein, um nicht zu Folgerungen gezwungen zu werden, die wissenschaftlich nicht zu rechtfertigen sind.

Mit den Ausdrucksproblemen der Sprache haben sich ausser den oben genannten Autoren auch JESPERSEN, CASSIRER, BÜHLER, HÖNIGSWALD beschäftigt.

Sprache solche Lautäusserungen versteht, die bereits die wesentlichen Elemente der Sprache in sich schliessen, die also schon von denselben Tendenzen bestimmt sind wie die entwickelte Sprache, dann lassen sich die Lallaute nicht als Urform der Sprache betrachten. Die Lallperiode, die reflektorische und spontane Einübung der Sprachtätigkeit, die dem Sprechen vorangeht, hat vorzugsweise eine physiologische Ursache, nämlich die automatische Fortführung eingeleiteter Bewegungen, und einen allgemeinpsychologischen Zweck, nämlich die nachahmende Wiederholung eines einmal erzielten Lautierungsergebnisses; sie kann also nicht als eine Stufe der inneren Sprachentwicklung gelten. Wenn auch das Sprechenlernen das Lallen als vorbereitende Tätigkeit voraussetzt, ja, wenn die spontanen Lallaute — wie WUNDT [1] und VAN GINNEKEN [2] annehmen — die erbliche Artikulationsbasis der Sprache bilden, die später durch Auslese zu Lall*wörtern* (papa, mama, dada usw.) werden (DELACROIX [3]), so liegt doch der Sprache eine wesentlich andere Funktion zugrunde als dem Lallen [4].

Die sog. Lallwörter sind keine eigentlichen Wörter, da sie nicht an bestimmte Bedeutung geknüpft sind; sie haben nur eine emotionale Bedeutung, ohne jede Tendenz nach Kontakt, geschweige denn nach Verständigung. Es ist unzweifelhaft, dass in der vorsprachlichen Periode die Disposition zum Sprechen bereits vorliegt; es ist sogar möglich, ja sehr wahrscheinlich, dass in dieser Periode die Sprachfunktion ihre Wirksamkeit bereits innerlich, gleichsam unterirdisch, vorbereitet, obschon sie sich erst später aktualisiert. Äussert sie sich aber einmal, dann tut sie es in einer Form, die *dem Sinn der Sprache* entspricht. Wenn sich

---

[1] W. WUNDT, Die Sprache, I, 1911, S. 284 ff.

[2] J. v. GINNEKEN, Die Erblichkeit der Lautgesetze, Indogerm. Forschungen, 45, 1927.

[3] H. DELACROIX, L'enfant et le langage, 1934, S. 63.

[4] Insofern aus den Lallauten Wörter entstanden, wurden sie aus den frühkindlichen Lautäusserungen durch die sprechenden Erwachsenen gebildet. Zur Bezeichnung der Eltern hat man die ersten Lallaute verwendet, und in dieser Weise sind bei allen Völkern gleichlautende Namen für Vater, Mutter, Grossvater, Grossmutter, Amme gebildet worden, wie papa, mama, muhme, papi, mami, mamina, apa, anya, nyanya, nono, nona, dada, baba, babo, dadé, tata, dad, daddy, pa(ter), ma(ter), πατήρ, pater (indogerm.) usf.

gelegentlich zwischen bestimmten Lallauten und bestimmten Situationen eine Konstanz der Zuordnung bildet, so ist dadurch eben das «Lallwort» zum Zeichen geworden, wodurch es seine Lallfunktion verloren hat.

Das neugeborene Kind kann nicht sprechen, weil es in jeder Hinsicht, in organologischer wie in intellektueller, unfertig ist. Der freilich nur in unserer Phantasie existierende Urmensch war weder organologisch noch intellektuell unfertig. Er ist daher mit dem Kinde nicht zu vergleichen. Ein solcher Vergleich würde vielmehr zu der Annahme zwingen, dass die ersten sprachähnlichen Äusserungen des Menschen das Lallen gewesen wären; die Annahme erscheint aber geradezu sinnlos. Der Urmensch war kein Säugling, und wenn er etwa dennoch nicht hätte sprechen können, so müsste das eine andere Ursache gehabt haben als beim Kind. War indessen der hypostasierte sprachlose Urmensch schon für das Sprechen prädisponiert, dann ist es nicht zu verstehen, warum er der Sprache im eigentlichen Sinne noch nicht mächtig gewesen sein sollte. In diesem Sinne ist die Bemerkung WUNDTS richtig, dass ein geistiger Zustand undenkbar sei, der reif genug wäre, die Sprache zu erfinden und sie doch nicht besitze [1]. Fehlte ihm umgekehrt die Fähigkeit, seinen Lauten einen «darstellenden» Sinn zu verleihen, dann war er noch kein Mensch, weil ihm eben das Wesentliche fehlte, das den Menschen von allen übrigen Lebewesen unterscheidet.

Diese Ausführungen beziehen sich auf die unartikulierten *Laut*äusserungen und auf die mehr oder weniger artikulierten Laute im Lallprozess des Kindes als hypostasierte Vorstufe der Sprache. Eine andere Frage ist es, welche phylogenetische Bedeutung man den ersten *Sprach*äusserungen des Kindes zuschreiben will, ob und wieweit sie bei der Rekonstruktion der Frühstufen der Sprache zu verwenden sind [2].

---

[1] W. WUNDT, Logik, I, S. 16 und 47.

[2] Auf die Ursprungstheorien, die von den reflektorisch ausgestossenen Lauten ausgehend die Beschaffenheit der sog. Urlautgebilde festzustellen versuchen, die dann das Lautmaterial der ersten Worte bilden sollen (WHITNEY, SIEVERS, MURRAY, SAYCE, JESPERSEN, K. HEŘMAN, v. GINNEKEN) gehen wir nicht ein. Vielleicht lässt sich auf Grund des Mechanismus des Sprechens über die phonetische Gestalt der ursprünglichen, ältesten Wörter etwas ausmachen, für das Problem der Sprachentstehung kommt dieser Gesichtspunkt indessen nicht in Betracht.

b) Die Kindersprachtheorie

Vergleicht man die ersten Etappen der sprachlichen Entwicklung des menschlichen Individuums mit den Anfängen der Sprache überhaupt, so darf man nicht ausser acht lassen, dass die Sprachfunktion beim Kinde zuerst im *Sprachverständnis*, richtiger: im Wortverständnis, d. h. im Verständnis der Beziehung zwischen dem Wort und den durch das Wort bezeichneten Objekten, Zuständen und Geschehnissen, und nicht im Gebrauch der Laut- bzw. Gebärdensprache zum Ausdruck kommt. Sobald ein kleines Kind die Sprache der Umgebung bis zu einem gewissen Grade versteht und sich in seinem Tun und Lassen von dieser Sprache beeinflussen lässt, so hat es *die erste Sprachstufe* bereits erreicht, wenn auch das aktive Sprechen erst später einsetzt [1]. Auch uns Erwachsenen ist das Geheimnis einer neuen Sprache bereits enthüllt, sobald wir sie verstehen. Ist Sprachverständnis einmal vorhanden, dann ist auch der Weg zur Sprachtätigkeit offen und die Aktionsfähigkeit des Denkens bereits gesichert. In der Urgeschichte der Sprache kann dagegen eine solche zeitliche Aufeinanderfolge nicht bestanden haben. Sprachverständnis setzt Sprache voraus. Beim Urmenschen muss also die aktive und passive Sprachfähigkeit zu gleicher Zeit entstanden sein; die beiden Formen der Sprachhandlung mussten bei der Entstehung und Weiterbildung der Sprache miteinander in Wechselwirkung gestanden haben. Die ontogenetische Reihenfolge der Sprachfunktionen kann demnach mit der phylogenetischen Sprachentwicklung nicht übereinstimmen, denn in der Ontogenese der Kindersprache lässt sich der Zeitpunkt des Auftretens des Wortverständnisses, des sinnvollen Reagierens auf gewisse Worte und Wortkombinationen, genügend scharf von der ersten Phase des aktiven Sprechens trennen. Das Kind kann bekanntlich schon längere Zeit für gewisse, öfters gehörte Wörter Verständnis haben, bevor

---

[1] Es handelt sich in der ersten Zeit nicht um Verständnis von Sätzen oder Wortverbindungen, wie dies von den Kinderpsychologen im allgemeinen angenommen wird, die sich von dem Paradigma der Sprache der Erwachsenen nicht zu befreien vermögen, sondern um Reaktionen des Kindes auf Lautkomplexe, die durch Hilfe der Betonung, Akzentuierung und mimischen Bewegung verstanden werden.

es sie ausspricht und sinnvoll verwendet. Beim Wort «Grosspapa» kann
ein Kind schon vor dem aktiven Sprachanfang, der erst um das fünfte
Vierteljahr herum einsetzt, die Person mit seinem Blick verfolgen und
selbst bei ihrer Abwesenheit durch eine adäquate Reaktion das Wortverständnis andeuten.

Ein weiterer wesentlicher Unterschied zeigt sich darin, dass das Kind
die Sprache nicht spontan bildet, sondern sie aus dem Sprachmaterial
der Erwachsenen erwirbt. Sobald das Kind soweit entwickelt ist, dass
es die Bedeutungsbeziehungen zwischen Laut und Bezeichnetem zu
begreifen imstande ist, bedient es sich einer Sprache, die es in der Sprache
der Umgebung bereits antrifft. Dass die primitive Sprachform des
Kindes, die aus einer bestehenden und bereits ausgereiften Sprache
übernommen ist, die archaische Form der Sprache nicht darstellen kann,
bedarf demnach keines weiteren Beweises. Trotzdem besitzt die früh-
kindliche Sprach*form* auch in stammesgeschichtlicher Hinsicht eine gewisse Bedeutung, worauf die vergleichende Sprachforschung oft hingewiesen hat. In Übereinstimmung mit W. Stern [1], Fr. Kainz [2] und
anderen sind auch wir der Meinung, dass bei der kindlichen Sprachentwicklung äussere und innere Faktoren wie immanente Entwicklungs-
tendenzen zusammenwirken, die die Entwicklung der Sprache im allgemeinen bedingen. Schreibt man der Spontaneität des Kindes eine grosse
Rolle zu, so lässt sich vermuten, dass die kindliche Sprachentwicklung,
wie Stern richtig hervorhebt, auf einer immanenten Tendenz geistigen
Werdens beruht, was auch in der Sprachentwicklung der Menschheit
der Fall sein wird. Im Gebiet der Sprachbedeutungen, des Wortschatzes
und besonders der Syntax zeigen sich deutlich Parallelen zwischen der
Kindersprache und der Entwicklung der Sprache der Menschheit. Trotzdem muss man sich hüten, aus den zwischen der Kindersprache und den
Sprachen der Primitiven bestehenden Ähnlichkeiten ohne weiteres
Schlüsse auf eine parallele Entwicklung der Sprache bei Kindern und
bei primitiven Völkerschaften zu ziehen, geschweige denn darin Bausteine
der Ursprache zu erblicken. Als Arbeitshypothese kann eine solche Idee

---

[1] W. Stern, Die Kindersprache, 1922, S. 262.
[2] Fr. Kainz, Psychologie der Sprache, II, 1943, S. 69.

gute Dienste leisten; man darf sich aber nicht verleiten lassen, die ontogenetische Sprachenentwicklung beim Kinde als eine schematische Wiedergabe der stammesgeschichtlichen Entwicklung der Sprachfunktion aufzufassen, zumal die phylogenetische Bedeutung der primitiven Sprachen
selbst noch sehr fraglich ist.

c) Die Lehre von der Priorität des Gesanges

Die Auffassung, dass die erste Form der Sprache der Gesang war,
durchzieht die ganze griechische Philosophie. Sie gewann aber erst durch
CHARLES DARWIN einen Einfluss auf das wissenschaftliche Denken. Nach
Darwin findet die Sprache ihren Ursprung in den musikalisch anmutenden
Ausrufen des noch nicht sprechenden «Menschen». Um diese Ansicht
entwicklungsgeschichtlich zu unterstützen, weist er auf das Singen der
Singvögel hin und behauptet rundweg, dass die Laute, die Vögel hervorbringen, in mehreren Beziehungen die nächste Analogie mit der Sprache
darbieten, denn alle Glieder derselben Art äussern dieselben instinktiven,
zur Darstellung (oder Bezeichnung!) ihrer Gemütsbewegungen dienenden
Laute. Die Nachahmung musikalisch tönender Ausrufe durch artikulierte Laute sollte schliesslich nach ihm die Worte erzeugt haben [1].
Diese Lehre von der Priorität des Gesanges tritt auch in der Theorie
der Musik von HERBERT SPENCER [2] und in der neueren Zeit in der Ur-
sprungslehre der Sprache von O. JESPERSEN zutage [3].

Es scheint mir nicht nötig, diese geistreiche, bei näherer Prüfung aber
unhaltbare Lehre, einer Kritik zu unterwerfen. Es dürfte genügen, auf
die prinzipielle Verschiedenheit des Zweckes beider Äusserungen hinzuweisen. Denn während der Gesang darauf gerichtet ist, die eigenen
lustvollen Gemütsbewegungen zu intensivieren und ihnen freien Lauf

---

[1] CH. DARWIN, Descent of Man and Selection in Relation to Sex, 1871.

[2] H. SPENCER, Principles of Sociology, 1876.

[3] O. JESPERSEN, Progress in Language, 1894. Er sagt u. a.: «If the development of language took the same course in prehistoric as in historic times—and
there is no reason to doubt it — then we must imagine primitive language as
consisting (chifly at least) of very long words, containing many difficult sounds,
and sung rather than spoken» (p. 345).

zu gewähren, überdies die Bewegungen und körperlichen Tätigkeiten
rhythmisch zu gliedern und erleichtern, strebt die Sprache nach inter-
individuellem Kontakt, nach gegenseitiger Verständigung. Des weiteren
haben beide Lautäusserungen ihr eigenes Material, ihre eigenen Ausdrucksformen und sind durch autonome Entwicklungsgesetze geregelt.
Das Argument, worauf Spencer ein besonderes Gewicht legt, dass nämlich
eine grosse Anzahl von primitiven Völkern singend sprechen [1], ist nicht
stichhaltig. Sollte sich dies bewahrheiten, so liesse sich daraus doch
nicht schliessen, dass es in der prähistorischen Zeit eine Periode gab, in
der die Verständigung zwischen Menschen sich in der Form des wortlosen
Gesanges vollzog, und ebenso nicht, dass diese beiden Aktivitäten jemals
unzertrennlich miteinander verbunden waren [2]. Es wäre nicht schwierig,
ebenso viele, wenn nicht noch mehr primitive Völkerschaften anzuführen,
deren Sprache jedes musikalischen Charakters entbehrt, andererseits
hochentwickelte Sprachen zu nennen, die singend gesprochen werden
(z. B. gewisse semitische und romanische Sprachen).

Wir vertreten, wie unten näher ausgeführt wird, gerade den entgegengesetzten Standpunkt, indem wir den Gesang aus der primitivsten
Sprachäusserung, aus dem Zuruf, ableiten.

d) Die dispositions- und funktionspsychologische Theorie

Man hat das Problem der Entstehung der Sprache auch dadurch zu
lösen versucht, dass man die Frage aufwarf, aus welcher allgemein
menschlichen *Veranlagung* heraus die Sprache überhaupt entsprungen
ist und in welcher Weise diese bei ihrer Entstehung und Ausbildung
mitgewirkt hat. Wenn hierbei wieder auf die Ausdrucksbewegungen,
Gebärden, Interjektionen als auf die «Rudimente» der menschlichen
Sprache hingewiesen wird, so tritt darin eine Auffassung zutage, deren
Unhaltbarkeit wir bereits nachgewiesen haben. Man stellt sich rein
logisch-konstruktiv vor, wie aus diesen Rudimenten die Sprache entsteht.

---

[1] H. SPENCER, Study of Sociology, 1873.
[2] Soweit es mir bekannt ist, kommen bei primitiven Völkern beinahe niemals
Gesänge ohne Worte vor. Der Text trägt die Melodie und nicht umgekehrt.

«Der Augenblick, in welchem ein bestimmter Lock-, Warn- oder Schreck-ruf die Gestalt gewonnen hatte, um nicht nur einen Zustand, sondern daneben (!) das erregende Objekt und seine Tätigkeit zu bezeichnen (!), dieser Augenblick darf die Geburtsstunde der Sprache im Sinne der Gedankenmitteilung genannt werden» sagt JODL in seiner Psychologie [1]. Ja, aber gerade auf das «daneben», auf das «bezeichnen», das auf ein ganz neues Moment, nämlich auf das Eingreifen der spontanen Tätigkeit des Geistes hinweist, kommt es an. Es geht hier um die *Objektivierung* des Zu-standes, um die Verwendung des Lautes als eines allgemeinen Symbols für gewisse Gruppen oder Kategorien von Dingen, d. h. um das *Wort*. *Wie* aus dem Lock-, Warn- und Schreck*ruf* einmal ein *Wort* entsteht, das ist das Problem, und gerade das wird durch diese Theorien nicht verständlich gemacht. Ähnlich ist es, wenn man aus dem Greifakt das Zeigen abzuleiten versucht (WUNDT, CASSIRER), indem man erstens auf die äussere Ähnlichkeit hinweist, ferner darauf, dass bei der kindlichen Entwicklung die eine Funktion zeitlich auf die andere folgt. Man fällt einem Irrtum anheim, wenn man in dieser zeitlichen Aufeinanderfolge von spezifischen Tätigkeiten während der geistigen Entfaltung des Indi-viduums einen inneren Verband sieht [2]. Die zeitliche Aufeinanderfolge von Tätigkeiten — wie gesetzmässig sie auch sein möge — darf nicht ohne weiteres als Zeichen innerer Entwicklung verstanden werden. Das Auftreten des Sprachaktes nach vorangegangenen Greifakten sagt über die gegenseitige Beziehung dieser Aktivitäten noch nichts aus. Diese chronologisch aufeinanderfolgenden Aktivitäten sind in ihrem Wesen so verschieden, dass sie als Entwicklungsstufen derselben Funktion nicht zu deuten sind. Wie voreilig eine solche Theorie ist, wird durch die Erwägung klar, dass jedes Zeigen und Hinweisen schon ein Sprach-verständnis voraussetzt. Ein Kind weist, wie experimentell erhärtet worden ist, mit dem Finger erst dann auf einen Gegenstand oder auf eine Person hin, wenn bei ihm die aktive oder wenigstens passive Sprach-funktion bereits in Wirksamkeit getreten ist.

---

[1] FR. JODL, Lehrbuch der Psychologie, II, 1903, S. 230.

[2] Über das Problem der Stetigkeit und Unstetigkeit in der Entwicklung siehe S. 206 ff.

Man könnte auch anders vorgehen und sagen, dass für die Entstehung der Sprache eine bestimmte Funktion des Bewusstseins die Voraussetzung bildet. Das ist zwar richtig, aber man sollte nicht glauben, dass man mit der Festlegung solcher Bedingtheiten der Antwort auf die Frage nach dem Ursprung der Sprache näher kommt. Unter den betreffenden Bedingungen wird man nämlich Funktionen antreffen, die, wie z. B. das Abstrahieren, die Fähigkeit zur Begriffsbildung und dergleichen mehr, ohne Sprache nicht vorstellbar sind. Wollte jemand im *Denken* die Grundvoraussetzung der Sprache sehen und die Sprache als bedeutungstragendes Zeichensystem für ein blosses *Produkt* des Denkens halten, so hätte eine solche Auffassung nur bedingte Richtigkeit. Es gibt zwar ein Denken ohne Worte, und sein Vorhandensein wird uns schon durch die Tatsache bewiesen, dass wir oft genug «mit dem Ausdruck ringen», dass uns ein Gedanke unmittelbar gegenwärtig ist, der sich sprachlich nur schwer, gelegentlich sogar überhaupt nicht formulieren lässt. Darauf weisen auch bestimmte sprachschöpferische Tätigkeiten ohne verbalen Charakter hin, z. B. das Schachdenken und die musikalische Komposition. Dieses Denken ist aber ein Denken des *sprechenden* Menschen und ihm liegt ein Begriffssystem zugrunde oder wenigstens eine kategoriale Erfassung der Dinge, die wieder ohne Sprachfähigkeit nicht möglich ist. Aber ungeachtet dessen scheint es mir widersinnig zu sein, das Denken *ohne* Worte als Vorform der *Sprache* anzusehen, wenn auch die Bezeichnung eines Gegenstandes mit einem Namen seine vorhergehende Identifikation voraussetzt. Der Umstand, dass die Worte zur Bezeichnung von Gattungen erst gewählt werden können, nachdem die gattungsmässige Übereinstimmung der Gegenstände vom Denken festgestellt ist, präjudiziert nicht die Priorität der einen oder anderen der beiden geistigen Funktionen. Da einerseits das Denken naturgemäss nach Fixierung seiner Leistungen nach Zeichen drängt, andererseits die angemessene Wahl der Zeichen die Bestimmtheit und Klarheit des Denkens wesentlich fördert, besteht zwischen Denken und Sprechen ein Verhältnis der Wechselwirkung, das die Vorstellung eines Menschen, der zwar dächte, aber nicht spräche, als ungereimt erscheinen lässt. Denn eine solche Trennung von Denken und Sprechen würde auf eine mit der Erfahrung und mit einer sinnvollen Interpretation tierischer und kindlicher Äusserungen unvereinbare Vorstellung hinauslaufen [1]. Aber auch abgesehen davon würden die Schwierigkeiten dadurch nicht aufgehoben werden; es würde bloss an die Stelle des Ursprungsproblems der Sprache ein neues Problem treten, nämlich das vom Ursprung des Denkens.

Wie mit der Sprache, so steht es auch mit der *Disposition* zur Sprache und zum Sprechen. Eine solche Disposition ist bei allen Menschen und nur bei Menschen vorhanden und sie ist bei ihnen im wesentlichen gleichartig. Von hier aus erklärt es sich, dass alle Menschen — die an Taubheit leidenden inbegriffen — grundsätzlich die Fähigkeit besitzen, *alle Sprachen* der Welt zu lernen und zu meistern. Mit dem Sprechenlernen hängt eng das Sprachenlernen zusammen. Den einzelnen Sprachen müssen daher die gleichen geistigen Voraussetzungen eigen sein.

e) Die Theorie vom Primat der Gebärdensprache

Eine besondere Stelle unter den Ursprungstheorien nimmt die Frage nach der zeitlichen Aufeinanderfolge der beiden Formen der Sprache, der Laut- und Gebärdensprache, ein. Es handelt sich hierbei nicht um den Ursprung, sondern um die *Urform* der Sprache.

Einige Forscher, in ihren Anschauungen von dem Entwicklungsgedanken stark beeinflusst, wie in erster Linie WUNDT [2], behaupten, dass am Anfang der menschlichen Sprachentwicklung die Gebärdensprache stand, an der sich allmählich die Lautsprache entwickelte. Diese Lehre macht allerdings auf den ersten Blick einen sehr ansprechenden Eindruck, ist aber mit Unklarheiten behaftet.

Die Lehre vom Primat der Gebärdensprache schliesst die Behauptung in sich, dass das Anzeigen innerer Zustände und äusserer Gegenstände

---

[1] G. RÉVÉSZ, Denken, Sprechen und Arbeiten. Archivio di psicologia, neurologia, psichiatria I, 1940. Die wissenschaftliche Zweckmässigkeit des Satzes der dualen Einheit des Denkens und Sprechens beabsichtige ich in einer speziell der Sprachfunktion gewidmeten Schrift darzulegen. In dieser Arbeit will ich u. a. die Frage behandeln, warum die intelligenten Handlungen der Tiere nicht als Denkleistungen zu betrachten sind.

[2] W. WUNDT, Elemente der Völkerpsychologie, 1912, S. 59, und: Die Sprache, II, 1912, S. 648 ff.

und Vorgänge zunächst vermittels eines Systems von motorischen Zeichen geschah, und erst im Laufe der Entwicklung der Menschheit ist die motorische Anzeigefunktion von der lautlichen übernommen worden, wobei eine Art Transposition der natürlichen und konventionellen Gebärden in phonetische Symbole stattfand. Die Stichhaltigkeit dieser Behauptungen hängt von zwei stillschweigenden Voraussetzungen ab, nämlich erstens, dass der Mensch auf seine inneren Erregungen und auf die Vorgänge der Aussenwelt anfänglich ausschliesslich oder mindestens vorzugsweise motorisch reagierte, und zweitens, dass er zum Zwecke der Verständigung motorische Zeichen verwandte, die ein reichhaltiges natürliches Gebärdensystem bildeten.

Die Irrigkeit dieser beiden Voraussetzungen ist leicht nachzuweisen.

Lebende Wesen geben, falls sie über ein klangerzeugendes Organ verfügen, von ihren inneren Erregungszuständen genau so durch Klanglaute wie durch Körperbewegungen kund. Man denke an das Winseln und Knurren des Hundes, den Schreckruf der Amsel, den Lockruf der Glucke, den Fresston der Affen, das Wutgeschrei des Gänserichs, ferner an die mannigfachen Quetsch- und Knurrlaute, Warn-, Schreck- und Schmerzlaute der verschiedenen Tiere, an die Laute des Wohlbefindens, des Paarungsbedürfnisses usw. Es gibt sogar Tierarten, bei denen der lautliche Ausdruck den motorischen an Bedeutung weit übertrifft, wie etwa die Vögel und Affen. Mit Rücksicht auf die *anatomischen und physiologischen Grundlagen* der Lauterzeugung und den Gebrauch der Klanglaute hat also der Primat der Gebärdensprache gegenüber der Lautsprache keine Wahrscheinlichkeit.

Dass beim Menschen die physiologischen Vorbedingungen sowohl für die motorischen als auch für die akustischen Äusserungen erfüllt sind, schliesst natürlich die Möglichkeit nicht aus, dass die Gebärdensprache ein früheres Stadium der Sprechtätigkeit darstellt als die Lautsprache. Geht man aber einmal nach, zu welchen Konsequenzen diese Lehre führt, so muss man sich wundern, wie diese rein spekulative, jeden Wirklichkeitssinn entbehrende Theorie bis zum heutigen Tage eine so grosse Anerkennung und Zustimmung finden konnte (Spencer, Allport, Stout, Paul, van Ginneken und andere mehr).

Eine am meisten ins Auge fallende Konsequenz ist, dass sich die Urmenschen miteinander in gleicher Weise hätten verständigt haben müssen wie die Taubstummen. Diese Gegenüberstellung des Vollsinnigen zum Mindersinnigen ist irrig. Der Taubstumme bedient sich der Gebärdensprache nicht darum, weil sie einfacher, ursprünglicher und konkreter als die Lautsprache ist, sondern weil er *taub* ist, weil er weder seinen eigenen Stimmlaut noch den der anderen wahrzunehmen imstande ist. Der «Urmensch» war indessen nicht taub; er musste sich, noch bevor er zu sprechen begann, des Stimmlauts als Anzeichen seiner Gegenwart und als adressierten Ruf bedienen. Gegen diesen Vergleich spricht noch der Umstand, dass der Taube mit aller Gewalt seine Stimme gebrauchen will, sobald er bemerkt, nicht verstanden zu werden. Er fühlt gleichsam seine Minderwertigkeit, weil ihm eben das wichtigste Sprachmittel, die Lautsprache, nicht zur Verfügung steht.

Der Hinweis, dass Kinder in der vorsprachlichen Periode beim Streben nach persönlichem Kontakt zunächst Gebärden benützen und erst später Lautworte, sagt über die Phylogenese der Sprache nichts aus, ausserdem aber stimmt er mit den kinderpsychologischen Erfahrungen nicht überein. Die Ontogenese der Sprache legt die Annahme der Gleichzeitigkeit der beiden Spracharten nahe. Bei Neugeborenen trifft man schon in den ersten Tagen ihres Lebens sowohl Lautäusserungen (Schreien und Wimmern) als auch Bewegungen der Extremitäten (Streckungen und Bewegungen der Arme und Beine, Abwendung des Kopfes) an als Ausdruck von Lust- und Unlustgefühlen. Intendierte Bewegungen und die ersten Lall*worte* stellen sich ziemlich früh und ungefähr zu gleicher Zeit ein [1]. Die ersten Gebärden, nämlich die weisenden und zeigenden, kommen nicht eher zur Ausführung, als bis das Kind mindestens einige Worte als solche begreift, bis sich bei ihm das Sprachverständnis einstellt [2]. Der Umstand, dass Kleinkinder vor der Sprachperiode nur in höchst beschränktem Masse über eindeutige Gebärden verfügen, weist darauf hin, dass bei ihnen die Sprachfunktion infolge ihrer geistigen Unreife

---

[1] W. STERN, Die Kindersprache, 1922, S. 300 ff.

[2] R. VUYK, Wijzen en spreken in de ontwikkeling van het kleine kind, Ned. Tijdschr. v. Wijsbeg. en Psych., 1940.

noch nicht wirksam geworden ist. Man darf auch nicht ausser acht lassen, dass die meisten Gebärden, abgesehen von den rein hinweisenden, so wenig eindeutig sind, dass ihr volles Verständnis erst durch die sprachliche Übertragung des Zeichens verbürgt wird.

Für den Primat der Gebärdensprache hat man noch angeführt, dass lebende Wesen, die der Sprache überhaupt nicht fähig sind, ihr Begehren mit Gebärden ausdrücken. So berichtet KÖHLER über einen seiner Schimpansen, der seinen Wunsch dadurch zum Ausdruck brachte, dass er seinen Herrn leicht anstiess oder ihn bei der Hand zog, ihn dabei ansah und in der Richtung des geplanten Weges Schrittbewegungen machte. Auch kam es vor, dass der Schimpanse das Gewünschte vormachte. «So streckte Rana, wenn sie zärtlich behandelt sein wollte, die Hand nach uns aus, schritt aber täppisch genug mit eifrigem Blick auf uns zu, machte zugleich oder unterbrechend dazwischen an sich selber die Freundschaftsbezeugungen vor (Umarmung)» [1].

Ob man diese kommunikativen Handlungen der Schimpansen als *Sprach*gebärden bezeichnen soll, wollen wir einstweilen dahingestellt sein lassen. Als Hinweis auf den entwicklungsgeschichtlichen Primat der Gebärdensprache kommen diese Handlungen schon darum nicht in Betracht, weil der Schimpanse auch über Lautäusserungen verfügt und diese in grösserem Ausmass als die Gebärden anwendet. Dass also bei den Anthropoiden der Gebärdenausdruck dem Lautausdruck voranging, ist keineswegs bewiesen, folglich können die mitgeteilten Tatsachen weder für noch gegen die Theorie des zeitlichen Vorangehens der Gebärden angeführt werden. Ausserdem liegt hier keine Gebärdensprache vor, die als Vorbereitung einer Lautsprache in Betracht käme, sondern nur einzelne Aufforderungs- und Zärtlichkeitsbewegungen, die nur in der menschlichen Umgebung (vielleicht durch Nachahmung) entstehen. Ferner könnte man noch mit einigem Recht die Frage aufwerfen, warum die Anthropoiden, die vermutlich seit mehr als 100 000 Jahren solche «Gebärden» ausführen und zudem über mannigfaltige Lautäusserungen verfügen, nicht einmal den ersten Schritt zur lautlichen Sprechtätigkeit machen konnten? Der

---

[1] W. KÖHLER, Intelligenzprüfungen an Anthropoiden, 1917.

Einwand, dass die phylogenetische Entwicklung der Sprache nicht bei den rezenten Anthropoiden, sondern erst bei den Hominiden eingesetzt habe, lässt sich durch den Hinweis darauf entkräften, dass auch bei den hypostasierten Affenmenschen — ähnlich wie bei den Anthropoiden — die Lautreaktionen an Zahl und Differenzierung weit die Gebärden übertroffen haben dürften.

Der Versuch, die Erfahrungen an die spontane Taubstummensprache für die Gebärdentheorie nutzbar zu machen, ist ebenfalls vollkommen misslungen. Es ist leicht zu zeigen, dass die Ähnlichkeit zwischen den Zeichen der natürlichen Gebärdensprache bei den verschiedensten Völkern und den Zeichen der Taubstummen mit dem Primat der Gebärdensprache nichts zu tun hat. Die Übereinstimmung erklärt sich aus der *generellen* Form aller spontanen Ausdrucksbewegungen und Gebärden, ihrem konkret-anschaulichen und nachbildenden Charakter, der für die sämtlichen Gebärdensysteme, einschliesslich der die Lautsprache begleitenden Gebärden, bezeichnend ist.

Eigenartig versucht VAN GINNEKEN den Beweis für die Priorität der Gebärdensprache zu erbringen [1]. Er behauptet, dass die Gebärdensprache bereits existierte, als die Lautsprache noch nicht einmal in ihren Anfängen vorhanden war. Aus der Gebärdensprache entstand nach ihm nicht direkt die Lautsprache, sondern erst die Hieroglyphenschrift. An den alten chinesischen, sumerischen und ägyptischen Bilderschriften versucht er nachzuweisen, dass die piktographischen Zeichen, die ausser Dingen auch Geste und Handlungen darstellen, allmählich Klangwerte angenommen haben, und so entstand die Lautsprache. «Notre revue a donc donné le résultat assez remarquable, que tous les systèmes d'écriture, que nous connaissons dès leur commencement, suivent dans leurs trois premières périodes entièrement le modèle d'un langage par gestes, lequel est donc antérieur aux hiéroglyphes. Et ce n'est évidemment qu'avec l'aide, et par le soutien des langues hiéroglyphiques qui possédaient

---

[1] J. v. GINNEKEN, La reconstruction typologique des langues archaïques de l'humanité, 1939. Wenn auch die Theorie von v. Ginneken aus psychologischen und biologischen Ursachen unhaltbar ist, ist doch das durch ihn gesammelte Material ausserordentlich interessant.

déjà un lexique, une grammaire et une syntaxe, que dans les civilisations avancées moyennant les clics interjectionnelles les langues orales ont apparu et se sont développées assez lentement, en se créant des clics lexicaux... Or, notre revue vient de montrer que les langues orales n'apparaissent dans l'histoire de l'humanité qu'environ l'an 3500 av. J. Chr. au plus tôt» (S. 123/124). Die Beweisführung von van Ginneken und Tchang Tcheng-Ming [1], die aus den Hieroglyphen bzw. aus der bildhaften altchinesischen Schrift auf die Priorität der Gebärdensprache schliesst, ist nicht stichhaltig. Dass in diesen primitiven piktographischen Schriftzeichen Gebärden nachgebildet, visuell wahrnehmbare Gegebenheiten zur Darstellung gebracht werden, schliesst keineswegs aus, dass die Umgangssprache zu jener Zeit bereits einen oralen und nicht einen kinästhetisch-piktorellen Charakter trug. Die Darstellungsform der Schriftsysteme selbst sagt doch nichts über die angewandte Sprachart aus. Mit demselben Recht könnte man aus der Tatsache, dass bei in primitivem Zustand lebenden Naturvölkern Zahlen durch Knoten repräsentiert werden, schliessen, dass sie keine Zahlwörter besitzen. Eine weitere Schwierigkeit dieser Theorie liegt darin, dass nach van Ginneken die Menschheit trotz ihrer stetigen Entwicklung Hunderttausende von Jahren stumm gewesen sein müsste und erst vor einigen Tausenden von Jahren zu sprechen anfing. Van Ginneken hat vermutlich auf die Konsequenz seiner Theorie nicht geachtet, denn sonst hätte er selbst es als unmöglich erkannt, dass die Ägypter vor 4000—5000 Jahren v. Chr. trotz ihrer Stummheit bereits eine ausserordentlich ausdrucksfähige schriftliche Kommunikationsform hätten besitzen können [2].

Gegen die zeitliche Priorität und besonders gegen die Auffassung, dass die ursprünglichen Gebärdensymbole durch eine Art von Transposition in Lautsymbole übersetzt worden seien, spricht ferner die Tatsache, dass zwischen beiden Spracharten weder phänomenale noch strukturelle Übereinstimmungen bestehen und wegen ihrer völligen Andersartigkeit nicht bestehen können. Jede Sprachart hat ihr eigenes Zeichen-

---

[1] TCHANG TCHENG-MING, L'écriture chinoise et le geste humain, Paris 1938.
[2] A. PANNEKOEK, Anthropogenese, K. Ned. Akad. v. Wetenschappen, 1945.

material, ihr eigenes Organ, ihre eigene Erscheinungsweise und ihre eigenen Strukturgesetze. Das ist der Grund, warum die beschreibende und strukturelle Sprachwissenschaft bei der Erforschung der Lautsprache niemals auf Gebärden zurückzugehen nötig hat, um gewisse Erscheinungen der Morphologie und Phonologie der Sprache verständlich zu machen.

Die angeblichen strukturellen Ähnlichkeiten der Lautsprache mit der Gebärdensprache bei den Sudanesen und Hottentotten — ein Umstand, den WUNDT in seinen «Elementen der Völkerpsychologie» besonders hervorhebt und den er dazu gebraucht, um die Gebärdensprache als eine Art Ursprache wahrscheinlich zu machen — kommen für den Primat der Gebärdensprache auch nicht in Betracht. Würde sich eine solche Übereinstimmung auch tatsächlich nachweisen lassen, so würde dies nur zeigen, dass die Laut- und Gebärdensymbole einander wechselseitig fördern; sie würde indessen keineswegs die Annahme unterstützen, dass die Gebärdensprache ursprünglicher und geschichtlich früher anzusetzen ist als die Lautsprache. Jene Anschauung würde nur dann einigermassen zu rechtfertigen sein, wenn es gelänge wahrscheinlich zu machen, dass die übereinstimmenden Strukturelemente ursprünglich aus den *Gebärden* hervorgegangen seien und dass gerade *diese* Strukturen die unerlässlichen Voraussetzungen der Lautsprache bildeten. Dieser Nachweis ist jedoch nicht erbracht und wird wohl auch schwierig zu erbringen sein. Auch der Umstand, dass in der äusserst primitiven, prinzipiell einsilbigen Ewesprache (Sudan) die vorhandenen Gebärdenzeichen an Anschaulichkeit und unmittelbarer Verständlichkeit die Wörter und Satzbildungen übertreffen [1], besagt ebensowenig für die Ursprünglichkeit der Gebärdensprache gegenüber der Lautsprache. Es ist wohl richtig, dass manches durch Gebärden — die bekanntlich von Natur aus zwischen Bedeutung und Zeichen eine sehr enge, unmittelbare Beziehung ermöglichen — viel anschaulicher und deutlicher auszudrücken ist als vermittels der Wortsprache; man denke an die affektiv

---

[1] D. WESTERMANN, Grammatik der Ewe-Sprache, 1907, und: Die Sudansprachen, 1911.

fundierten Gebärden oder an die Pantomimik bei theatralischen Darstellungen und kultischen Handlungen. Andererseits gibt es unzählige
Fälle, in denen die mitzuteilenden und darzustellenden Ereignisse gerade
durch Intonation unterstützte Lautsprache anschaulicher und unmittelbarer zum Ausdruck gebracht werden als durch die Gebärdensprache,
die ganz einfache Mitteilungen oft nur sehr umständlich und auch dann
nicht immer eindeutig darzustellen vermag. Das ist der Grund, warum
die Taubstummen gezwungen sind zur konventionellen Taubstummensprache oder Fingersprache überzugehen, deren Ausbildung wiederum
indirekt die Lautsprache voraussetzt.

Bemerkenswert ist also in dieser Hinsicht, dass die *Entwicklung*
der Gebärdensprache von der Lautsprache und nicht umgekehrt die
letztere von der ersteren abhängt. Dass die Gebärdensprache sich ohne
Mitwirkung der Lautsprache nicht zu entfalten vermag, wird durch die
Armut der Gebärdensprache jener Taubstummen bewiesen, die sich bei
der Verständigung vollkommen auf die *spontanen* Gebärden beschränken
müssen, weil sie aus äusseren Umständen nicht die Gelegenheit hatten,
unter dem Einfluss der Lautsprache entstandene konventionelle Gebärden
von den Hörenden bzw. von ihren Schicksalsgenossen zu erlernen.

Eine weitere Behauptung, dass ein Parallelismus zwischen Kulturhöhe
und Bevorzugung der Gebärdensprache bestehe, widerspricht den Erfahrungen und hat überdies mit dem genetischen Problem der Sprache
nichts zu tun. Die allerprimitivsten Stämme der Erde, wie z. B. die
Pygmäen in Südafrika und auf Ceylon und die Hottentotten, verständigen
sich durch Lautsprache, die noch dazu einen ziemlich komplizierten
grammatikalischen Bau aufweist. Aber selbst wenn ein solcher Zusammenhang zwischen Kultur und Sprachart bestünde, könnte er für
die Priorität der Gebärdensymbole keine Stütze bieten, höchstens für
ihre *Bevorzugung*.

Vom praktischen Leben aus betrachtet — und darauf kommt es
doch hier in erster Linie an — ist die fingierte Anschauung vom Primat
der Gebärdensprache geradezu widersinnig. Als der «vorsprachliche»
paläolithische Mensch vom Bedürfnis erfüllt nach einer mehr differenzierten Verständigungsform suchte, konnte ihn eine Kommunikations-

form nicht befriedigen, die eine gegenseitige Verständigung nur mit in
seiner unmittelbaren Nähe befindlichen Menschen ermöglichte, ein Gespräch mit in gewisser Entfernung sich aufhaltenden Personen und im
Dunkeln dagegen grundsätzlich ausschloss.

Gegen den Primat der Gebärdensprache lässt sich endlich der Umstand
anführen, dass in zahlreichen (vielleicht in den meisten) Sprachen das
Wort für Sprache mit dem Namen des Organs der *Lautsprache* bzw. eines
Teiles desselben bezeichnet wird, bei denen für Sprache und für Sprech-
organ nur *ein* Wort zur Verfügung steht. Einige Beispiele sollen diese
Beziehung zwischen Sprache und Organ der Lautsprache demonstrieren.

Sprache und Zunge als Homonyme: griechisch: $\gamma\lambda\tilde{\omega}\sigma\sigma\alpha$; lateinisch:
lingua; französisch: langue; englisch: tongue (meistens für fremde
Sprachen verwandt und für die Bibel); deutsch: Zunge; holländisch:
tongval (Dialekt); dänisch: tunge. In der finnischen und ungarischen
Sprache besteht nur ein Wort für beide Begriffe: kieli bzw. nyelv.
Dasselbe gilt für die russische: jazik; bulgarische: jezik; serbische: jezik;
albanesische: gjuhë. Vgl. dazu noch die zahlreichen sich auf gewisse
gröbere Arten der Verständigung beziehenden Ausdrücke, die aus dem
Wort «Mund» abzuleiten sind, wie: avoir bon bec, n'avoir que du bec,
flux de bouche, des mots de gueule, to have plenty of jaw, to mouth,
to lip, grosse Schnauze, anschnauzen, afbekken, vuilbekken usf.

In noch grösserer Anzahl findet man Homonyme für Sprache, Zunge
und Mund in den primitiven Sprachen. Malaiisch: moeloet (Mund),
aber auch: bermoeloet (sprechen); Samoa: fofoga = Gesicht, Stimme
(des Häuptlings), auch Mund (Häuptlingswort); Bantusprache im Kongo-
gebiet: yànga = Sprache und Mund, légõ = Sprache, Kehle und Stimme;
ägyptische Sudansprache: dôk-dôk = Sprache und Mund; eine hami-
tische Sprache von Nordafrika: afàn = Mund und Sprache oder: affa =
Sprache, aber auch Mund und Zunge, dasselbe bei der Somalisprache:
af und nubisch: lisān; Ramasprache aus Zentralamerika: kŭŭp = Sprache
und Zunge; Ewesprache, Negersprache in Westafrika: gbe = Stimme,
Laut, Ton und auch Sprache und Dialekt.

Demgegenüber gibt es Sprachen, bei denen für Sprache und Sprech-
organ ganz verschiedene Bezeichnungen bestehen, wie z. B. die schwe-

dische, sudanesische, buginesische, makassaarsche. Auch im Sanskrit ist das Wort für Sprache «bhāsā» nicht verwandt mit der Bezeichnung von Teilen des Sprechorgans (lidah = Zunge) [1].

Es entsteht nun die Frage, was konnte die Gebärdentheoretiker veranlassen, den Urzustand der Menschheit sich so vorzustellen, als ob der Mensch bei seinem Bestreben, einen engeren Kontakt zwischen sich und seinen Artgenossen herzustellen, gerade auf das ausdrucksvollste Mittel der Selbstäusserung und Verständigung, auf den Stimmlaut, verzichtete und unter den ihm zur Verfügung stehenden Mitteln gerade die Körperbewegungen ausgewählt haben sollte.

Ich vermute, dass den Ausschlag dabei die Erfahrung gab, dass Menschen, die gegenseitig ihre Sprachen nicht verstehen, instinktiv sich mit Gebärden verständigen und dass diese natürlichen Gebärden, ohne vorherige Kenntnis und Übereinkunft, überall zum Ziele führen. Man hat sich den Zustand des paläolithischen Menschen in ähnlicher Weise vorgestellt. In der Absicht, sich miteinander zu verständigen, haben sie zu gleichen Mitteln wie die einander nicht verstehenden Menschen gegriffen, d. h. zu den natürlichen Gebärden, und diese haben sie im Laufe der Zeit zu einer vollwertigen Sprache ausgebildet. Bei dieser Analogie hat man ausser acht gelassen, erstens, dass bereits *vor* diesem Zustand die hypostasierten vormenschlichen Wesen (wie die mit Stimmorganen ausgestatteten hochorganisierten Tiere) sich sicherlich durch Laut *und* Gebärde verständigt haben; zweitens, dass selbst Stocktaube ihre Gebärden mit unartikulierten Lauten begleiten, was auf die biologische Unzertrennlichkeit der beiden Ausdrucksmittel hinweist; drittens, dass die Sprachgebärden von sprachbegabten Menschen nur unter ausserordentlichen Umständen und auch dann nur neben der Lautsprache gebraucht werden als Hilfssprache; viertens, dass die eine ausgebildete Gebärdensprache gebrauchenden Naturvölker nicht im entferntesten zu den primitivsten gehören, zumal dieses Verständigungsmittel eine grosse Erfindungsgabe erfordert. Schliesslich ist es erwähnenswert, dass die

---

[1] Die Informationen über die primitiven Sprachen verdanke ich Herrn Dr. J. WILS, Nymegen.

Gebärdensprache infolge ihrer autochthonen Natur und besonderen Beschaffenheit keinen Zugang zu der Lautsprache eröffnet.

Macht man sich von dem hypothetischen Urmenschen eine konkrete
Vorstellung, so scheint es ausgeschlossen zu sein, dass Menschen mit
normalem Gehörsinn und Stimmorgan jemals ihre Stimmlaute zum
Zwecke gegenseitiger Verständigung *nicht* benützt, sondern sich auf
Gebärdenzeichen beschränkt haben sollten. Als der vorgeschichtliche
Mensch merkte, dass die Rufe und die weisenden Gebärden im Verkehr
mit seinen Artgenossen nicht mehr ausreichten, begann er instinktiv
nach zweckentsprechenderen und differenzierteren Kommunikationsmitteln zu «suchen». Als Mittel standen ihm Laut und Bewegung zur
Verfügung; diese Äusserungsmöglichkeiten musste er also seinem Zweck
anpassen. So kamen schon in der allerersten Zeit des Sprechens Laut
und Bewegung gleichzeitig zur Verwendung, woraus das Wort und die
Sprachgebärde, die Grundelemente der Laut- *und* Gebärdensprache,
entstanden. Die beiden Spracharten haben sich vom Beginn an einander
unterstützend und ergänzend entwickelt, bis schliesslich die Lautsprache
die Oberhand gewann, dadurch die Bedeutung der Gebärden nach und
nach zurückdrängte, ohne sie gänzlich auszuschalten. So wie die Sprache
niemals eine reine Gebärdensprache sein konnte, so war sie auch niemals
eine reine Lautsprache. *Die Sprache selbst in ihrer ursprünglichsten Form
war eine Lautsprache, die von Gesten, mimischen und pantomimischen
Bewegungen durchsetzt war.*

Diese Vorstellung von der Anfangszeit der Sprache stimmt mit unseren
an primitiven Sprachen gewonnenen Erfahrungen gut überein. Es gibt
kein Volk auf der Erde, das sich bei gegenseitiger Verständigung vorzugsweise, geschweige denn ausschliesslich, einer Gebärdensprache bediente.
Die Gebärdensprache scheint allerdings eine verbreitete Sprachart bei
Primitiven zu sein, wenn auch nur wenige davon auf den Namen «Gebärdensprache» rechtmässig Anspruch erheben können. Aber ebenso sicher
ist es, dass alle diese Völker neben einer Gebärdensprache auch noch eine
viel höher entwickelte Lautsprache besitzen und sich ihrer im Umgang
in viel höherem Masse bedienen. Bei Individuen gleicher Sprachgemeinschaft werden beide Spracharten abwechselnd, meistens gleichzeitig, ein-

ander unterstützend und ergänzend, verwendet, wie es bei einigen orientalischen Völkern, z. B. bei den Arabern noch heute zu beobachten ist [1]. Geschieht die Verständigung gelegentlich nur mit Hilfe von Gebärden, so bedeutet das noch nicht, dass diese Völker für gewisse Dinge und Geschehnisse keine lautsprachlichen Ausdrücke haben, sondern dass sie auf das begleitende Wort einfach verzichten, sei es weil die Gebärde zur Verständigung genügt, sei es weil die lautlose Mitteilung aus irgendwelchen Gründen zweckmässiger erscheint [2].

Die dargelegte Auffassung von der Rolle der beiden Spracharten der Vor- und Frühgeschichte der Sprache steht im Einklang mit der Ansicht Cushings, der auf Grund eines eingehenden Studiums der Sprachgewohnheiten einiger primitiver Indianerstämme sich zu der Behauptung berechtigt glaubt, dass die beiden Spracharten bei den Primitiven in ihrer Entwicklung *autonom* seien. Weder die Lautsprache noch die Gebärdensprache ist nach ihm als die ursprünglichere zu betrachten; beide Spracharten sollen vielmehr unmittelbare Äusserungen des «einheitlichen Denkens» sein [3]. Diese Auffassung hat Cushing veranlasst, neben den Wortbegriffen noch Gebärdenbegriffe, *manual concepts*, anzunehmen. Beide sollen aufeinander starken Einfluss ausüben, so dass zwischen ihnen eine besonders starke Wechselwirkung entstehe.

Wollen wir von diesem Standpunkte aus die Entwicklung der Sprache von ihrer Frühstufe an rekonstruieren, so kommen wir der Wahrheit am nächsten, wenn wir die beiden Spracharten als unmittelbare Äusserungen des einheitlichen Denkens und des Mitteilungsdranges betrachten, die aus zwei Quellen entsprungen sind, nämlich aus Lautbildern und aus den Gebärden [4].

---

[1] I. Goldzieher, Über Gebärden- und Zeichensprache bei den Arabern, Z. f. Völkerpsych., 16.

[2] W. Wundt, Die Sprache, I, S. 153.

[3] F. H. Cushing, Manual Concepts, Amer. Anthropologist, V, S. 291.

[4] Es wäre eine dankbare Aufgabe, die Gestik der Vollsinnigen und die Gebärdensprache der Taubstummen in bezug auf die vermeintlichen «manual concepts» einer gründlichen Untersuchung zu unterwerfen. Ich zweifle nicht, dass in der Auffassung Cushings etwas Wahres liegt; dass es sich hier aber um eine spezifische Art von Begriffen handle, scheint mir recht fraglich zu sein. Der Umstand,

Zusammenfassend lässt sich folgendes sagen: Die Annahme einer zeitlichen Priorität der Gebärdensprache kann weder durch ethnologische und kinderpsychologische noch durch tierpsychologische Erfahrungen wahrscheinlich gemacht werden. Den hypostasierten Urmenschen kann man sich aus biologischen Gründen nur als ein seine Gedanken und Wünsche durch Laut- *und* Gebärdensymbole zum Ausdruck bringendes Wesen vorstellen. Gegen die Annahme der Entstehung der Lautsprache *aus* der Gebärdensprache spricht vor allem, dass die Wort- und Satzgebilde mit den natürlichen Sprachgebärden keine phänomenale und strukturelle Ähnlichkeit haben und dass die Entwicklung der Gebärdensprache weitgehend von der Wortsprache abhängt und nicht umgekehrt. Daran anschliessend kann man noch auf eine kulturgeschichtliche Tatsache hinweisen. Die älteste Form der Schriftsprache, die Bildsprache, bezieht sich auf die Lautsprache und nur ausnahmsweise auf die Gebärdensprache. Bei der piktographischen Darstellung eines Vorganges handelt es sich im allgemeinen um die bildliche Darstellung einer *lautsprachlichen* Mitteilung [1].

---

dass Sprachgebärden auch ohne verbale Vorstellungen ausgeführt werden, beweist die Existenz der spezifisch manuellen Begriffe noch nicht. Dasselbe gilt auch für Äusserungen, die nicht ohne Gebärden und Mimik zum Ausdruck gebracht werden können. Um ein Beispiel anzuführen: Der Handdruck in Verbindung mit einem gewissen Gesichtsausdruck kann als Zeichen voller Hingabe, unbeschränkter gegenseitiger Hilfe gelten. Die dieser Äusserung zugrunde liegenden Gefühle, Entschlüsse und die daraus fliessenden Verpflichtungen lassen sich durch Wörter schwer oder überhaupt nicht ausdrücken. Es geht in diesem Falle um die Einstellung der ganzen Persönlichkeit, um eine innere Haltung, die am eindeutigsten durch eine *Handlung* oder *symbolisch* durch eine besondere Art des Handdruckes und der Mimik dargestellt werden kann. Liegt dieser Handlung ein manueller Begriff zugrunde? Ist dieser Begriff ein psychologischer oder logischer? Gelten für diesen Begriff dieselben Merkmale wie für die Begriffe im allgemeinen? Ist es demnach berechtigt, die Begriffe in verbale und manuelle einzuteilen?

Mit diesen Bemerkungen wollen wir nur auf die Schwierigkeiten und die Notwendigkeit einer Analyse der von Cushing mitgeteilten Tatsachen hinweisen. Wir halten es nicht für ausgeschlossen, dass Cushings Auffassung — nach einer kritischen Säuberung — für das Verständnis der natürlichen und symbolischen Gebärdensprache der Taubstummen wertvolle Gesichtspunkte liefern kann.

[1] G. Révész, Die menschliche Hand, Basel 1944.

Nach aller Wahrscheinlichkeit schloss die Sprache des Menschen von Beginn an alle charakteristischen Bildungsfaktoren der vollentwickelten Sprache in sich, also einerseits den *Bedeutungsgehalt des Lautwortes* wie auch seine *phonetisch-rhythmischen Gestalteigenschaften* (Artikulation, Intonation, rhythmische und melodische Erscheinungsweise), andererseits die *natürliche Beredsamkeit des menschlichen Körpers*, also die Gebärden, Gesten der Hand und des Armes, die Mimik des Gesichtes und die Pantomimik.

f) Die ethnologischen und sprachpathologischen Hypothesen

Der Vollständigkeit halber will ich noch auf zwei Gesichtspunkte hinweisen, die gelegentlich bei der Behandlung des Ursprungsproblems der Sprache hervorgehoben werden.

Der erste Standpunkt lenkt den Blick auf das ethnologische Material, auf die *primitiven Sprachen*. Man versuchte die Anfänge der Sprache, mitsamt der «Ursprache», aus den sprachlichen Äusserungen primitiver Völker abzuleiten. Selbst wenn man zugäbe, dass aus dem Lautmaterial und der Struktur der primitiven Sprachen mit einiger Wahrscheinlichkeit die Urform der gesprochenen Sprachen zu rekonstruieren wäre, würde man dennoch dieses Forschungsprinzip bezüglich der Stufen der *vorsprachlichen* Periode nicht gelten lassen können. Theoretisch ist allerdings die Möglichkeit nicht von der Hand zu weisen, dass Sprachen, die eine sehr primitive Struktur aufweisen, gewisse Aufklärungen über das Laut- und Gebärdenmaterial des frühsprachlichen Stadiums der «Menschheit» geben könnten. Diese Möglichkeit müssen wir aber wegen des hohen Alters der primitiven Völker und ihrer Sprachen praktisch ausschliessen, die sicherlich nicht jünger sind als die unsrigen und eine lange Geschichte hinter sich haben [1]. Ferner sind alle gegenwärtig gesprochenen primitiven Sprachen, selbst diejenigen, die von den Sprach-

---

[1] «Le linguiste n'a jamais affaire qu'à des langues très évoluées, qui ont derrière elles un passé considérable dont nous ne savons rien», und weiter: «On a renoncé à rien demander aux sauvages. Leurs langues ont une histoire» (Delacroix, La langue et la pensée, S. 128/129).

forschern «Wurzelsprachen» genannt werden, bereits *Sprachen*, die alle wesentlichen Merkmale der vollendeten Sprache enthalten. Die Sprachen primitiver Völker sind Vollsprachen, die verschiedene Wortarten, lexikalen Reichtum, grammatische Kategorien, syntaktische Formen, Lautgesetze usw. aufweisen [1]. Als Ausgangspunkt für die Rekonstruktion einer hypothetischen Ursprache (oder mehrerer solcher Ursprachen) eignen sie sich schon darum nicht, weil sie in den meisten Fällen einen so komplizierten Bau zeigen, dass sie dem Urzustand der Sprachtätigkeit zeitlich sehr fernstehen dürften. Unseren Sprachen gegenüber weisen sie allerdings eine gewisse Primitivität auf, übertreffen sie aber hinsichtlich des Reichtums gewisser konkreter Ausdruckskategorien. Diesem, von den Sprachforschern so oft bewunderten Reichtum des Wortschatzes und der Satzformen liegt indessen, wie bekannt, eine Primitivität des Denkens und Darstellens zugrunde. Da der primitive Mensch sich in seinem sprachlichen Ausdruck durch das Konkrete, Anschauliche, folglich durch die ins Auge fallende Verschiedenheit der Wahrnehmungsobjekte bestimmen lässt, ist er geradezu gezwungen, für jede konkrete Besonderheit ein eigenes Wort oder eine besondere Wortverbindung zu schaffen. In dieser Weise gelangt der Primitive ausser dem Singularis und Pluralis zu Dualis und Trialis, ferner zu verschiedenen von der Anzahl der Subjekte und Objekte abhängigen Verben und Hilfswörter, zu Prä- und Suffixen, die nicht nur die Zeit und den Raum, sondern auch andere konkrete Umstände, wie Form, Dimension, Richtung, Bewegung, Lage usw., zur Darstellung bringen [2].

Diese Erkenntnisse sind nicht belanglos, wenn man sich über die *Frühformen* der Sprachen gewisse Vorstellungen bilden will. Denn es ist anzunehmen, dass während der Frühgeschichte der Sprachen überall das Bedürfnis nach konkreter Ausdrucksweise waltete, ein Bedürfnis, das gegenüber den allgemeinen und abstrakten Begriffen die konkreten

---

[1] P. M. PLANCQUAERT S. J., Les sociétés secrètes chez les Bajaka, 1930; R. THURNWALD, Psychologie des primitiven Menschen, Handb. d. vgl. Psych. I, 1922. Herausg. von G. Kafka.

[2] H. LÉVY-BRUHL, Les fonctions mentales dans les sociétés inférieures, Paris 1922.

Bezeichnungen bevorzugte: es muss also eine sprachliche Tendenz gewirkt haben, die, den konkreten Situationen entsprechend, der spontanen Worterfindung in der Sprachentwicklung einen grossen Raum gewährte.

Die primitiven Sprachen können nicht als Abspiegelung der Ursprachen angesehen werden; denn man wird doch nicht voraussetzen, dass die Sprachen in der Urzeit der Menschheit so verwickelt gewesen seien wie die Sprachen primitiver Völker. Die Entwicklung muss vielmehr so verlaufen sein, dass die sprachliche Ausdrucksweise am Anfang äusserst einfach war und sich nur auf das Allerwichtigste beschränkte, dass dann in den folgenden Zeitabschnitten, als die heranströmenden Bedürfnisse grosse Anforderungen an die Sprache stellten, die Sprachmittel zunächst umständlich und dadurch kompliziert wurden, um schliesslich während des weiteren Verlaufs der Sprachentwicklung (in erster Linie aus Zweckmässigkeitsgründen) wieder eine Vereinfachung, eine Reduktion zu erleiden, die durch das steigende Übergewicht des begrifflichen Denkens über die Anschauung besonders gefördert wurde.

Vorsicht ist beim ethnologischen Material auch darum geboten, weil man von der geschichtlichen Entwicklung der primitiven Sprachen so gut wie nichts weiss, doch anzunehmen ist, dass sie prinzipiell nicht jünger sind als die unsrigen, von deren Entwicklungsgeschichte, trotz des gesammelten grossen Wissensmaterials, nur ein winziger Teil bekannt ist.

Wenn die Forschungsergebnisse der primitiven Sprachen weder für die Frühformen und noch weniger für die Vorstufen grossen theoretischen Wert repräsentieren, verlieren sie ihre sprachgeschichtliche Bedeutung nicht, da sie beachtenswerte Anhaltspunkte für die vergleichende Sprachwissenschaft liefern.

Man hat versucht, ausser dem ethnologischen und kinderpsychologischen Material auch noch die *Sprachstörungen*, insbesondere die pathologisch reduzierte Sprachfähigkeit der motorischen Apathiker für die Rekonstruktion der «Ursprache» zu verwenden. Verfolgt man die komplizierten Abbau- und Rückbildungserscheinungen bei der Aphasie, so ist es nicht ganz verständlich, warum man sie als Paradigma für den Entstehungsvorgang der menschlichen Sprache ansehen wollte. Vermutlich geschah dies darum, weil die Restitution in der Aphasie die Haupt-

stufen der Entwicklung der kindlichen Sprache einigermassen wieder-
gibt. Abgesehen davon, dass es logisch nicht gerechtfertigt ist, eine
Annahme durch eine andere zu stützen, zeigt der Destruktions- und
Restitutionsprozess bei der Aphasie solche Erscheinungen, die schwerlich
mit der Entstehung und Vorgeschichte der Sprache in Beziehung gebracht
werden können. Nach einem von Sprachpathologen vorgeschlagenen
Schema tritt nach dem sprachlosen Zustand ein agrammatisches Sprechen
in Einwortsätzen auf, darauf soll ein Aneinanderreihen von Einzelwörtern
ohne grammatikalischen Bau und syntaktische Ordnung folgen, dann
eine paragrammatische Verwendung von Satzformen, und schliesslich
soll sich die richtige Sprache einstellen. Von einer paragrammatischen
Stufe in der phylogenetischen Sprachentfaltung, d. h. von fehlerhaft
oder verkehrt gebrauchten Hilfszeitwörtern, Konjugations- und Flexionsformen, Präpositionen, unrichtigen Komparationen, Fehlen von Zeit-
und Kausalfragen usw., kann keine Rede sein. Es ist widersinnig anzunehmen, dass der «Urmensch» die Konjugations- und Flexionsformen
entdeckte und erst später sie richtig verwendet hatte. Ausserdem darf
nicht ausser acht gelassen werden, dass die Gesamtheit der aphasischen
Erscheinungen sich nicht nur auf die konkrete Sprache und auf das mit
der Sprache am engsten zusammenhängende Denken beziehen, sondern
auf das ganze Verhalten des Patienten; die Sprachstörung ist nur ein
besonders auffallendes Symptom des Krankheitsbildes [1]. Es ist noch
zu bemerken, dass die Sprache der Aphatiker zwar «primitiv» ist, aber
in einem anderen Sinn als die der Kinder und der Naturvölker. Dabei
sind die aphasischen Erscheinungen so kompliziert und variabel und
hängen so eng mit dem vor der Krankheit vorhandenen Sprachniveau
des Patienten zusammen, dass sie schon aus diesem Grunde als Modell
für die *vorbereitenden* Etappen der Sprache nicht in Frage kommen [2].

---

[1] H. HEAD, Aphasia and kindred disorders of speech, 1926; A. GELB, Zur
medizinischen Psychologie und philosophischen Anthropologie. Acta Psychologica,
3, 1937.

[2] Wenn hier von Aphasie gesprochen wird, so denkt man an jene Formen,
in denen ein allmählicher Abbau der sensomotorischen Sprachtätigkeit festzustellen
ist. Fälle, wie z. B. das Fehlen der reaktiven und spontanen Sprache, die Schwierigkeit beim Nachsprechen oder beim Bezeichnen, stehen ausserhalb unseres Problems.

Wir wollen kein abschliessendes Urteil über die genetische Bedeutung des Abbau- und Restitutionsprozesses fällen, da es der Sprachpathologie noch nicht gelungen ist, allgemein geltende Gesetze des pathologischen Vorganges aufzustellen. Viel Förderung erwarten wir in dieser Richtung von der Aphasieforschung jedoch nicht. Das aphasische Sprachmaterial, wie lückenhaft und veränderlich es auch sein mag, gehört immer in das Gebiet der Sprache und kann daher schwerlich zur Rekonstruktion eines Zustandes verwendet werden, der *vor* der Entstehung der Sprache liegt. Diese kritischen Bemerkungen wollen natürlich die grossen Verdienste der Aphasieforschung für die Denk- und Sprachpsychologie und im allgemeinen für das Sprachstudium keineswegs in Frage stellen.

Damit haben sich alle Bemühungen, das Ursprungsproblem mit Hilfe gewisser scheinbarer Parallelen zu lösen, als hinfällig erwiesen. *Tiere* verfügen nicht über ein solches Laut- und Bewegungssystem, das mit der Sprachfunktion in Beziehung gebracht werden könnte. *Kinder* sind *Menschen*kinder, sie sind konstitutionell auf das Sprechen vorbereitet und mit einem inneren Sprachsinn begabt; ihre lautlichen und sprachlichen Äusserungen können keine Vorstufe der Sprache repräsentieren, denn im Keime ist bei ihnen bereits eine hochentwickelte und vererbte Sprachanlage vorhanden, die früh einsetzt und sich erstaunlich schnell entwickelt. Die Sprachen der *Primitiven* sind *Sprachen*, die eine Entwicklung von vielleicht Hunderttausenden von Jahren hinter sich haben. Die Annahme endlich, dass man in den *Sprachstörungen* einen Hinweis auf die Uranfänge der Sprache finden könne, stützt sich auf ein empirisches Material, das grundsätzlich keine Anknüpfungspunkte für die vor- und frühsprachliche Periode liefert [1].

---

[1] Auf eine vollkommene Verkennung des Ursprungsproblems und auf einen Mangel methodischer Schulung weisen die Ausführungen von H. SPERBER in der psychoanalytischen Zeitschrift «Imago», I, 1912, hin. Auf Grund einiger aus der indogermanischen Philologie entnommenen Beispiele zieht er den Schluss, dass alle (!) Sprachwurzeln und eine beträchtliche Anzahl von den sog. Urwörtern anfänglich sexuelle Begriffe waren und erst später andere Bedeutungen erhielten. Dem Verfasser ist vollkommen entgangen, dass die sprachlichen *Bezeichnungen* für Sexualorgane und sexuelle Verrichtungen gänzlich unwichtig sind, da die

IV. DIE PHILOSOPHISCHEN UND THEOLOGISCHEN THEORIEN

Schliesslich wollen wir noch die bekanntesten und einst einflussreichen philosophischen und theologischen Lehren ins Auge fassen, ungeachtet dessen, dass die meisten von ihnen eine genetische Betrachtungsweise von vornherein ausschliessen.

Die auf die Sprachbildung bezogenen philosophischen Lehren unterscheiden sich voneinander einmal darin, dass sie die Entstehung und Fortbildung der menschlichen Sprache *nativistisch* oder *empiristisch* erklären, sodann, dass sie sie sich durch *Absicht* und bewusste *Wahl* oder *zwangsläufig* und durch zufällige Umstände bestimmt denken.

Der *Nativismus*, der die Sprachfähigkeit als eine unmittelbar gegebene, nicht weiter ableitbare, vor aller Erfahrung mitgebrachte Äusserungsform betrachtet (W. v. Humboldt, Steinthal, Max Müller, Renan, D. v. Lennep, Wundt usw.), steht im Gegensatz zu dem *Empirismus*, der schon beim Sprachanfang der Erfahrung, dem Willensimpuls und des Denkens, insbesondere der Analogiebildung eine entscheidende Bedeutung zuspricht. (Condillac, Hobbes, Darwin, Taylor, L. Geiger, Carus, Michelet, Madvig, Marty usw.) Die beiden Theoriegruppen haben tiefgehende Wurzeln: sie bringen erkenntnistheoretische Gegensätze zum Ausdruck, die in der Philosophie die Ideenentwicklung der Denker seit BACON und DESCARTES bis gegen Ende des 18. Jahrhunderts bestimmten, das theoretische Interesse der Sprachforscher sogar noch ein Jahrhundert länger in Anspruch nahmen.

Prüft man die bedeutendsten nativistischen Ursprungstheorien, so ergibt sich, dass ihre Vertreter sich in ihren Überlegungen auf die *Entstehung* der Sprache konzentrieren, während sie auf die Sprach*entfaltung*

Verständigung in dieser Sphäre nicht durch Worte erzielt wird. Eher könnte man das Gegenteil behaupten, dass nämlich Bezeichnungen für alltägliche Handlungen später in symbolischem Sinn für sexuelle Betätigungen angewendet werden, wofür in jeder Sprache zahlreiche Belege zu finden sind.

nicht eingehen. Hätten sie auch der Sprachentwicklung die ihr gebührende Achtung geschenkt — wie dies der Nativist WUNDT getan hat —
so hätten sie die Rolle der empiristischen Faktoren nicht unterschätzt.
Kein Nativist wird bestreiten können, dass an der Bildung der Sprachen
von ihrem Anfang an unzählige Generationen bewusst mitgearbeitet
haben. Dasselbe gilt auch für die Sprachentwicklung des Kindes. Die
Behauptung, dass beim Säugling die Sprache bereits in ihren Grund-
zügen vorhanden ist und bloss der unfertige Sprachmechanismus ihn
hindert, sich sprachlich auszudrücken, lässt sich mit unseren kinderpsychologischen Erfahrungen nicht vereinbaren. Andererseits wird sich
kein vernünftiger Empirist scheuen einzugestehen, dass das Menschen-
kind sich die Sprache niemals aneignen könnte, wenn es nicht mit einer
angeborenen Sprachfähigkeit ausgestattet wäre. In der Sprachentwicklung des Kindes spielt die Erfahrung, der Einfluss des Milieus, die persönliche Initiative und die sprachschöpferische Fähigkeit zweifellos eine
grosse Rolle, wenngleich den Kern zur Sprachtätigkeit das Kind ebenso
mit sich bringen muss wie die Disposition zum Laufen, Spielen, Nach-
ahmen und Denken. Es ergibt sich also, dass bei einer Sprachtheorie,
die sowohl die Entstehung wie auch die Fortbildung der Sprache — phylogenetisch oder ontogenetisch — berücksichtigt, der polare Gegensatz
zwischen nativistischer und empiristischer Einstellung sich aufhebt. Es
geht vielmehr um das Verhältnis des *Anteils* der nativistischen und empiristischen Faktoren in der Frühgeschichte bzw. Frühperiode der Sprachtätigkeit, dem nur Sprachtheorien mit einem gemässigten Nativismus
oder einem gemässigten Empirismus gerecht werden können. Ein reiner
Nativismus wie ein reiner Empirismus ziehen ausserdem Schwierigkeiten
nach sich, die kein Theoretisieren aus dem Wege schaffen kann. Bei
unserer Darstellung der Ursprungstheorien hatte sich gezeigt, dass reine
empiristische Lehren, wie z. B. die Theorie der Naturlaute oder der
Nachahmung, zu Unklarheiten und begrifflichen Verwirrungen führen,
die ohne Milderung des empiristischen Standpunktes nicht aufzuheben
sind. Dasselbe gilt auch für die reinen nativistischen Ursprungshypo-
thesen. Täusche ich mich nicht, so ist meine hier darzustellende Theorie
des Sprachursprungs und der Sprachbildung, die Kontakttheorie, die-

jenige Lehre, die eine Vermittlung zwischen diesen beiden Grundeinstellungen herstellt und die dementsprechend von den unhaltbaren theoretischen und praktischen Konsequenzen des reinen Nativismus und Empirismus frei bleibt.

Aus ererbter Anlage muss jedes menschliche Wesen in ständigem Kontakt mit der Umgebung die Sprache erwerben und bis zu einem gewissen Grad neu aufbauen.

Eine mit dem Nativismus und Empirismus zusammenhängende Frage ist, ob der *Sprachsinn* angeboren oder erworben ist. Die Beantwortung dieser Frage hängt davon ab, was man unter diesem Begriff versteht. Soll Sprachsinn die *formale Fähigkeit* bedeuten, Sprachen überhaupt zu erlernen und sie zu meistern, so ist sie ohne Zweifel angeboren [1]; verstehen wir indessen darunter die *innere Struktur* einer bestimmten Sprache oder Sprachfamilie, die die sprachliche Ausdrucksform einer Sprachgemeinschaft in weitestem Masse bestimmt und die innere Durchdringung der gesprochenen Sprache ermöglicht, so kann sie nur durch individuelle Erfahrung entstanden sein [2]. Ich nenne die angeborene Veranlagung zum Sprechen, also die formale Sprachfähigkeit, das Vermögen, die Worte in ihrer Bedeutung zu verstehen und sie aktiv zu verwenden, *Sprachsinn*, hingegen die konkrete Erfüllung dieser dispositionell bei jedem Menschen mehr oder weniger entfalteten Funktionsbereitschaft für die Sprache der Umgebung, *Formsinn*. Der Sprachsinn bezieht sich

---

[1] Ob ein Mensch ausschliesslich auf Grund seines Sprachsinnes ohne Mitwirkung einer sprechenden Umgebung zu einer selbstgefundenen Sprache, die dem Bau der menschlichen Sprachen entspricht, kommt, darüber sind die Meinungen geteilt. Trotz des Fehlens beglaubigter Fälle neigen einige Sprachpsychologen zur positiven Beantwortung dieser Frage (W. Wundt, H. Paul, McDougall usw.). Darüber siehe ausführlich bei FR. KAINZ in seiner Sprachpsychologie, II, S. 75 ff.

[2] Um jedes Missverständnis zu vermeiden, soll bemerkt werden, dass ich «innere Struktur» der Sprache mit der «inneren Sprachform» nicht identifiziere. Der Begriff «innere Sprachform» ist durch Humboldt, Steinthal, Wundt, Cassirer und am schärfsten durch Marty als das Bildhafte eines Sprachausdruckes formuliert, d. h. als die Vorstellung, die die Bedeutung eines Wortgebildes umkleidet und vermittelt. Über diese für die Sprachphilosophie wichtige Frage wird auf die Ausführungen von O. FUNKE in seinen Arbeiten «Innere Sprachform» (1924) und «Studien zur Geschichte der Sprachphilosophie» (1927) hingewiesen.

nur auf das allgemeine Gerüst der Sprache, der Formsinn indessen auf das Spezielle, das an eine bestimmte Sprache gebunden ist. Der Sprachsinn ist erblich gegeben, während für den Formsinn die Ontogenese verantwortlich gemacht werden dürfte. Wie weit das planmässig geordnete Werden der Ontogenese auch für die Sprachform und Sprachgestalten gilt, wieweit auch hier die ersten echten Sprachäusserungen biologisch bestimmt werden, lässt sich — wenn man innerhalb des empirisch Feststellbaren bleiben will — nicht beantworten.

Den Formsinn will ich etwa so auffassen wie den musikalischen Formsinn und die damit zusammenhängende konkrete musikalische Auffassungs- und Ausdrucksform. Der musikalische Formsinn eines musikalisch veranlagten Europäers bedeutet soviel, dass er in seiner Perzeption, Interpretation und Produktion an das gangbare Tonsystem der europäischen Musik gebunden ist. Schon in den «Urformen» der frühkindlichen Melodieimprovisation (zwischen dem 5. und 8. Lebensjahr) lassen sich die melodischen Grundlagen unserer abendländischen Musik, wie die allgemeinen Gesetze der Melodieführung, die Tonalität, die harmonische Akkordbildung und die Kadenzierung feststellen [1]. Das in europäischer Umgebung aufgewachsene Kind singt zwangsläufig in unserem diatonischen Tonsystem, während ein kleines Kind aus Siam sich in seinen Melodien unwillkürlich nach dem gleichgeteilten siebenstufigen siamesischen richtet. Auch uns Erwachsenen erscheint die exotische Musik zunächst ganz fremd, und es dauert lange Zeit, bis wir diese eigenartige Musiksprache begreifen, geschweige denn in dieser unsere musikalischen Stimmungen und Ideen auszudrücken vermögen.

Analoges gilt auch für die Sprache. Den sprachlichen Formsinn erwerben wir vermittels der Muttersprache, und diese Form ist es, die die Entwicklung unserer individuellen Sprache beherrscht. Auch die scheinbar freigeschaffene «eigene Sprache» mancher Kinder bzw. Kindergruppen (W. Stern, Delacroix, McDougall) und die Geheimsprachen primitiver Völker (Frazer, Bebrizhoffer, Lévy-Bruhl), ferner die eigenartigen Sprachen von Somnambulen (Flournoy) halten an der Wort- und Satz-

---

[1] G. Révész, Einleitung in die Musikpsychologie, A. Francke Bern, 1946.

bildung der Muttersprache fest. Bezeichnend dafür ist ein Satz eines Knaben, der im Alter von 2—3 Jahren sich ausschliesslich einer solchen eigenen Sprache bediente. Er sagte einmal: «Ich haja kokodach, mach olol kap-näh.» Wörtlich übersetzt lautet es: «Ich habe schönes Schokoladenhaus, das macht Rudolf kaputt; nein!» Wie fest die (innere) Sprachform trotz der ausschliesslichen Anwendung der Sondersprache wurzelt, zeigt sich darin, dass dieser Knabe zwei Jahre lang an seinem selbsterfundenen Wortschatz festhielt, bis er eines schönen Tages plötzlich mit seiner Sondersprache aufhörte und ohne Übergang verständliches Deutsch zu sprechen begann [1].

Dasselbe zeigt sich bei einem von FLOURNOY untersuchten Schreibund Sprechmedium [2]. Diese «Seherin von Genf» hat während ihrer sog. martialen Periode eine ganz eigenartige Sprache verwendet, von der sie in ihrem Wachzustand nichts wusste. Diese Sprache stimmt syntaktisch und grammatikalisch vollkommen mit der französischen Sprache überein. Ein Beispiel:

i modé, mété　modé, modé iné,

o mère, tendre mère, mère bien-aimée.

palette is　ché péliché ché chiré né ci ten ti　vi.

calme　tout ton souci,　ton fils　est près　de toi.

je: cé	ton: ché
tu: dé	te: chée
il: hed	tes: chi
nous: nini	son: bi
vous: sini	sa: bé
ils: hed	ses: bée

Bei der anderen Streitfrage handelt es sich um die *voluntaristische Betrachtungsweise* des Sprachursprungs, die man der *deterministischen, zwangsläufigen,* d. h. der unwissentlichen und unabsichtlichen Sprachentstehung und -bildung gegenüberzustellen pflegt. Es zeigt sich auch hier, dass diese beiden scheinbar gegensätzlichen Standpunkte sprach-

---

[1] C. STUMPF, Eigenartige sprachliche Entwicklung eines Kindes, Zeitschrift f. pädagog. Psychologie, 3, 1901.

[2] TH. FLOURNOY, Des Indes à la Planète Mars, Paris 1900, S. 202.

theoretisch nur miteinander verbunden und einander ergänzend verwertet werden können.

Am radikalsten wurden diese beiden Anschauungen in der neueren
Zeit durch WUNDT und MARTY vertreten. Nach Wundt ist die Sprache
ihrem Wesen nach und auf alle Stufen ihrer Entwicklung Ausdrucksbewegung; die Entstehung und Entfaltung der Sprache soll durchaus
der menschlichen Absicht entzogen sein. Die Sprache ist nach ihm nichts
anderes als diejenige Gestaltung der Ausdrucksbewegungen, die der Entwicklungsstufe des menschlichen Bewusstseins adäquat ist. Die Entwicklung des menschlichen Bewusstseins soll die Entwicklung der Ausdrucksbewegungen, Gebärden und der Sprache notwendig in sich schliessen
und auf jeder dieser Stufen sich das Vorstellen, Fühlen und Denken in
der ihm genau adäquaten Form äussern [1]. Wundt lehnt die voluntaristisch-teleologische Betrachtungsweise des Sprachursprungs, die bei
der Sprachbildung der Absicht der Verständigung und eine von ihr
geleiteten Wahl der Bezeichnungsmittel wirksam sein lässt, kategorisch
ab. Von seinem Standpunkt aus hat er Recht. Wenn vermöge einer
inneren Notwendigkeit das Denken auf jeder Stufe seiner Entwicklung
einen adäquaten Ausdruck fände — wie es sich Wundt vorstellt — dann
würde die Absicht in der Tat keine Rolle spielen, und die ganze Sprache
könnte sich unwillkürlich, unabsichtlich und ohne die geringste Mühe
entfalten; keine Form und kein Wort würde gesucht, alles entstünde
von selbst. Von diesem Standpunkt aus ist aber weder die strenge
Synonymie und die verschiedenen Idiome der Sprachen zu erklären
noch die sprachschöpferische Tätigkeit des Menschen zu verdeutlichen.
Auch das Verlangen und die geistige Aktivität der Sprechenden, sich
einander verständlich zu machen und die Mühe, neue Worte und Ausdrucksformen zu finden, lässt sich mit dieser extremen deterministischen
Auffassung nicht vereinigen. Es scheint, dass Wundt selbst von der
Geltung seines Prinzips, welches die Sprache auf Grund teils zufällig,
teils gesetzmässig wirkender «Naturkräfte» sich entfalten lässt, doch nicht
ganz überzeugt war, denn nur so lässt sich erklären, warum er neben

---

[1] W. WUNDT, Die Sprache, II, S. 605 ff., und 636.

der «regulären unwillkürlichen Wortschöpfung» noch eine «singuläre will-kürliche» annahm [1].

Einen ähnlichen, aber weit vorsichtigeren Standpunkt vertritt W. v. HUMBOLDT. Er führt im Anschluss der Behandlung der Wortlautgesetze folgendes aus: «Man muss sich aber wohl hüten, etwas eigentlich Ab-sichtliches hierin zu finden, so wie überhaupt das Wort Absicht, von Sprachen gebraucht, mit Vorsicht verstanden werden muss. Insofern man sich darunter gleichsam Verabredung oder auch nur vom Willen ausgehendes Streben nach einem deutlichen Ziele denkt, ist, woran man nicht zu oft erinnern kann, Absicht den Sprachen fremd [2].» Trotz der prinzipiellen Übereinstimmung stellt sich W. v. Humboldt die Sprach-bildung in anderer Weise vor als Wundt, und sein Angriff gegen die vo-luntaristische Betrachtungsweise scheint keinen anderen Grund zu haben, wie die Sprachforscher vor den Übertreibungen der Teleologie zu warnen. Das zeigt sich darin, dass er einerseits die Sprache aus einer Tiefe der Menschheit entspringen lässt, welche überall verbietet, sie als ein eigent-liches Werk und eine Schöpfung der Völker zu betrachten; dass er andererseits die Sprache genetisch als eine auf einen bestimmten Zweck gerichtete Geistesarbeit bezeichnet. Wenn aber die Sprache eine Äusse-rungsform bildet, die von der schöpferischen Tätigkeit des menschlichen Geistes abhängt, und wenn der Mensch von Natur aus danach strebt, die sprachliche Verständigungsform zur Klarheit und Bestimmtheit zu bringen, so lässt sich aus dem Entwicklungsvorgang der Sprache die mit willensmässigem Streben verflochtene Absicht nicht eliminieren. Man versuche sich eine Vorstellung zu bilden, wie die Mannigfaltigkeit der verbalen Formen, der Casusarten (singularis, dualis, trialis und pluralis), der Pronomina und Adverbia, der Lautbilder in den primitiven Sprachen, ferner die improvisierten andeutenden und beschreibenden Bewegungen und symbolischen Zeichen der Taubstummen entstanden sein mussten,

---

[1] Siehe MARTYS kritische Auseinandersetzungen mit Wundt in seinen «Unter-suchungen zur Grundlegung der allgemeinen Grammatik und Sprachphilosophie», 1908; ferner O. FUNKE, Studien zur Geschichte der Sprachphilosophie, 1927.

[2] W. v. HUMBOLDT, Über die Verschiedenheit des menschlichen Sprachbaues, 1836, S. 142.

um die Rolle der Absichtlichkeit, Initiative und Erfindung bei der Bildung und Anwendung der Sprache richtig einzuschätzen.

Die Sprache entsteht und entfaltet sich nicht wie eine biologische Funktion notwendig und unwillkürlich. Wie auch der Sprechmechanismus und die Anlage zum Sprechen biologisch vorgebildet sein mögen, die lebendige Sprache bedarf Willensimpulse und geistige Aktivität, die wiederum Absicht und bewusste Initiative voraussetzen. Von diesem Gedanken aus fasst die empiristisch-voluntaristische Richtung die Sprachbildung als einen bewussten, willkürlichen Vorgang auf, der zwar nicht nach einem bestimmten vorgezeichneten Plan aufgebaut, aber jedenfalls durch Absicht, Willkür und Wahl beherrscht ist. Allerdings ist MARTY — der scharfsinnigste Vertreter dieser Lehre — in seiner Darstellung nicht weniger übertrieben wie sein Gegner WUNDT in seinem nativistisch-deterministischen Gedankengang. Er stellt nämlich in einer seiner früheren Schriften die These auf, dass «jeder einzelne Schritt der Sprachbildung» ein bewusster ist [1]. Es ist daher nicht verwunderlich, wenn Wundt Martys Standpunkt als eine reine Erfindungstheorie bezeichnet. Marty erhebt dagegen Einspruch, indem er darauf hinweist, dass er die Sprache niemals im Sinne eines planmässig, auf das Ganze ihrer Mittel und Funktionen gerichteten Nachdenkens oder gar eine nach vorausgehender Verabredung festgelegte Verständigungsform dachte. Er will die Erfindung in der Sprachbildung bloss in dem Sinne gelten lassen, wie jede andere voluntaristisch-teleologische Lehre es tut, nämlich, die Sprache als ein zu Zwecken der Äusserung des Seelenlebens durch Absicht und geistige Arbeit gebildetes Werkzeug zu betrachten, ohne bei dieser ihrer Bildung planmässiges Nachdenken und in diesem Sinne erfinderischen Scharfsinn anzurufen. Dementsprechend mildert MARTY in seinem Hauptwerk [2] die Schroffheit seiner früheren Auffassung und findet zwischen den beiden einander gegenüberstehenden Lehren den richtigen Mittelweg. «In bezug auf jedes Wort und jede Form» — führt

---

[1] A. MARTY, Über den Ursprung der Sprache, 1875.
[2] A. MARTY, Untersuchungen zur Grundlegung der allgemeinen Grammatik und Sprachphilosophie, 1908.

er auf S. 628 aus — «wurde irgendeinmal von irgendeinem oder mehreren
Einzelnen zuerst der Versuch gemacht, sie zum Zwecke der Verständigung
mit anderen zu gebrauchen und in diesem Sinne sie einzuführen; gewiss
nicht mit dem Gedanken an die fernere oder gar an alle Zukunft und
an den weitesten Kreis, wohl aber mit dem Gedanken an den kleinen
Kreis der Mitunterredenden und die kurze Zeit des währenden Gesprächs.
Dieser Versuch, eben weil vom Versuch der Verständigung beseelt,
war im eigentlichen Sinne eine Willenshandlung, ja — da es sich meist
um ein tastendes Probieren und je nach dem Erfolg um ein unbefriedigtes
Fallenlassen oder approbierendes Festhalten eines Mittels handelte —
eine Wahlhandlung. Und nicht bloss der erste Schöpfer der Zeichen
übte eine tastende Auslese; ebenso taten es — der eine mehr, der andere
weniger — seine Genossen, und eben nur, was dem ganzen Kreis genehm
war und definitiv von ihm gewählt wurde, blieb ein relativ dauernder
Bestandteil der gemeinsamen Sprache und wurde Sache einer festen
Gewohnheit. Allein diese Auslese von brauchbaren Verständigungsmitteln
war eine völlig planlose. Jeder, der so zur Sprachbildung beitrug, dachte
nur an das gegenwärtige Bedürfnis, und von dem Ganzen und dem
endlichen Resultat, von der inneren Gliederung des Werkes und den
Funktionen seiner verschiedenen Teile hatte keiner von allen, die so
— der eine mit mehr, der andere mit weniger Geschick und Erfolg —
an seiner Vollendung mitgeholfen, irgendein Bewusstsein und noch weniger
von der Methode oder den Methoden, die bei dem Bau verfolgt wurden.
In diesem Sinne war die Sprachbildung eine unbewusste und unbeab-
sichtigte. Und im Sinne dieser Devise: nicht unwillkürlich und wahllos,
wohl aber unsystematisch und planlos will ich es denn auch verstanden
wissen, wenn ich z. B. bei der Stiftung von Äquivokationen und bei der
syntaktischen Weise der Zeichenbildung und dergleichen von einem
Streben nach Zeichenersparnis, von einer Tendenz nach Bequemlichkeit
und Kürze des Ausdrucks usw. spreche.»

In dieser endgültigen Auffassung Martys liegt eine Versöhnung der
beiden scheinbar entgegengesetzten Prinzipien der Sprachbildung, des
voluntaristischen und des deterministischen Prinzips. Weder das eine
noch das andere Prinzip beherrscht die Sprachbildung ausschliesslich.

Es gibt Worte, die durch den Verständigungstrieb gleichsam unwillkürlich, und solche, die durch Absicht und Überlegung erzeugt werden. In der ersten Periode der Sprache hat höchstwahrscheinlich das deterministische Prinzip, in der späteren Entwicklungszeit das voluntaristische, den stärksten Einfluss ausgeübt.

Aus diesen Ausführungen ist es nicht schwer zu erkennen, dass die ganze Aufmerksamkeit der voluntaristisch denkenden Sprachphilosophen und Sprachforscher (Marty, Herder, Bréal, Paul usw.) und nicht weniger die der Deterministen (v. Humboldt, Steinthal, Wundt, Mauthner usw.) auf die Sprachbildung und nicht auf den Sprachursprung gerichtet war. In der Frage des Sprachurpsrungs ist eine voluntaristisch-teleologische Betrachtungsweise natürlich unhaltbar. Es ist undenkbar, dass der «Urmensch» zu seinen *ersten* sprachlichen Äusserungen — mochten sie die Form oder den Wortschatz betreffen — durch Absicht gekommen ist. Viel wahrscheinlicher ist es, dass, als die ersten Sprachelemente unwillkürlich aus den primitiven lautlichen Verständigungszeichen bereits ausgewachsen sind, beim Menschen das Bedürfnis erwachte, seine Wünsche durch spezifische Lautgebilde zum Ausdruck zu bringen und diese Lautzeichen bei derselben Gelegenheit immer wieder zu gebrauchen. Mit dem Erfolg und der Entfaltung der sprachlichen Darstellung haben die Absicht und Wahl immer entscheidender die Sprachbildung beeinflusst.

Eine extreme Form der voluntaristischen Sprachhypothesen stellt die *Erfindungstheorie* dar, die bei beiden Vorgängen, beim Werden und beim Wachsen der sprachlichen Verständigung, den zielgerichteten selbsttätigen Schaffensdrang und die erfinderische Geistesgabe als die einzigen sprachschöpferischen Faktoren betrachtet.

Mit ihrer ersten Form begegnen wir in einer der Ursprungsfrage gewidmeten Schrift des durch seine Untersuchung zur Erkenntnislehre bekannt gewordenen Philosophen TIEDEMANN. Für ihn bietet das Ursprungsproblem keine Schwierigkeiten; man muss nach ihm nur voraussetzen, dass der Mensch eben immer vernünftig war und zu jeder Zeit richtig beurteilen konnte, wie sein Bedürfnis nach gegenseitiger Verständigung am zweckmässigsten zu befriedigen war. Die Menschen lebten nach Tiedemann zuerst glücklich im tierischen Zustand. Sie wurden nach und nach begierig, sich zu vereinigen, und dieses Streben hat das Bedürfnis eines Verständigungsmittels erweckt. «Man verfiel wahrscheinlich zuerst auf die Sprache der Gebärden. Allein es konnte nicht lange währen, so musste man die Unzulänglichkeit dieser Sprache einsehen. Die Menschen bemerkten, dass die Gemütsbewegungen ihnen Töne ablockten. Sie wurden auch gewahr, dass die Tiere derselben mit gutem Erfolg sich bedienen. Was war natürlicher — meint Tiedemann — als dass sie suchten, sich die Entdeckung zunutze zu machen und die Töne zu Zeichen ihrer Gedanken zu gebrauchen»[1].

Alle individualistischen Theorien des 19. Jahrhunderts haben denselben Grundton wie die simplifizistische Lehre Tiedemanns. Auch L. GEIGER stellt sich die Sprache als Erfindung, als persönliche Schöpfung eines oder mehrerer sprachbegabten Individuen vor[2], und HERDER scheint auch dieser Auffassung zu huldigen, wenn er zu zeigen versucht, dass der Mensch aus eigenen Kräften, in bewusster Arbeit, zu einer Sprache gelangte[3]. Soweit diese Anschauungen nur ein Gegengewicht gegenüber der voluntaristischen beabsichtigten, haben sie eine bestimmte Berechtigung; als eine die geistige Beschaffenheit des Urmenschen richtig einzuschätzende Ursprungstheorie schlugen sie fehl.

Eine besondere, gleichsam geläuterte Form der Erfindungstheorie vertritt FR. V. SCHLEGEL in seiner Philosophie der Sprache[4]. Er stellt sich die Sprache nicht als ein Entwicklungsprodukt vor, das allmählich entstanden, sondern sie soll aus dem vollen Inneren und lebendigen Bewusstsein, sozusagen in einem Guss und unmittelbar und «mit einem Male als eine Erfindung» aus dem Ganzen entsprungen sein. Er meint natürlich damit nicht, dass die Sprache sogleich überaus kunstreich und grammatisch gegliedert in Erscheinung trat, sondern dass selbst die allerälteste Menschensprache vom Anfang an als Sprache hervorgetreten ist, die wesentlichen Kennzeichen aller Sprachen in sich schliessend. Schlegel ist der Ansicht — und nicht mit Unrecht — dass die erste Aus-

---

[1] D. TIEDEMANN, Versuch einer Erklärung des Ursprungs der Sprache, 1772.
[2] L. GEIGER, Der Ursprung der Sprache, 1869.
[3] J. G. HERDER, Über den Ursprung der Sprache, 1770.
[4] FR. V. SCHLEGEL, Philosophie der Sprache, 1830.

bildung der Ursprachen nicht möglich war, bevor die Grundidee der Sprache überhaupt, nach unserer Terminologie, die Absicht der gegenseitigen Verständigung durch unveränderliche Lautgebilde symbolischer Art im Bewusstsein des Menschen Wurzel gefasst hat. «Wie aus einzelnen Linien und Farbenpünktchen niemals ein Kunstwerk entsteht, wenn nicht gleich von Anfang an das Gemälde, nach der Idee des Ganzen, im Geiste des Künstlers vorhanden ist, so setzte sich auch die Sprache nicht aus Bruchstücken atomistisch zusammen, sondern kam wie ein Kunstwerk oder ein Instrument aus der Idee des Ganzen, durch produktive Geisteskraft des Menschen zustande» (S. 80 ff.). Es würde uns zu weit führen, hier die interessanten und mit tiefem philosophischen Ernst ausgeführten Anschauungen Schlegels weiterzuverfolgen, die im Geist und Ton neben W. v. Humboldt und Renan zu stehen kommen, bloss möchten wir bemerken, dass es nicht allzu schwer wäre, die Schlegelschen Auffassungen mit unseren neueren Erfahrungen und entwickelteren Vorstellungen über die Sprache in Übereinstimmung zu bringen.

Es ist überraschend, dass auch ein so bekannter Sprachforscher wie JESPERSEN sich nicht von der Idee der ausschliesslich durch bewusste Absicht geleiteten sprachschöpferischen Tätigkeit des Menschen emanzipieren konnte und sich die Urschöpfung der Sprache nicht viel anders vorstellte als vor 150 Jahren Tiedemann [1]. Jespersen behauptete nämlich, dass Kinder in einer unbewohnten Gegend, wo sie nicht gleich dem Hunger- und Erfrierungstode ausgesetzt sind, die Fähigkeit haben, eine Sprache zur gegenseitigen Verständigung zu entwickeln, die von der ihrer Eltern so verschieden sein kann, dass sie wirklich als Ausgangsform eines neuen Sprachstammes dienen kann. Untersucht man solche Kasper-Hauser-Fälle näher, so zeigt sich, dass ganz vernachlässigte Kinder höchstens zu einzelnen «Lautbildern» gelangen, die sie in Verbindung mit Gebärden zum Ausdruck ihrer allerwichtigsten Bedürfnisse gebrauchen; im besten Falle bedienen sie sich einer unverständlichen «Sprache», die aus verstümmelten Wörtern der zur Wahrnehmung gelangten Umgangssprache entstanden ist. Merkwürdigerweise hat selbst

---

[1] O. JESPERSEN, Progress in Language, 1894.

Jespersen einen solchen Fall untersucht, bei dem er die meisten Wörter als Glieder der Umgangssprache erkannte. Es musste ihm auch bekannt gewesen sein, dass die sämtlichen neuen Wörter von Kindern, die sog. Urschöpfungen, aus verstümmelten Worten der Muttersprache und aus onomatopoetischen Umbildungen bestehen, und dass eine völlig freie Worterfindung in den ersten Jahren der Sprachentwicklung so gut wie gar nicht vorkommt [1]. Dass er trotzdem bei seiner obigen Behauptung blieb, ist unbegreiflich. Jespersen sagt allerdings nicht ausdrücklich, dass der Urmensch in derselben Weise wie das vernachlässigte Kind zu seiner Sprache kam, aus dem konstruierten Beispiel aber kann man kaum etwas anderes schliessen.

Ausser diesen Theoriesystemen gibt es Sprachtheorien, die nicht unter die oben angegebenen allgemeinen Gesichtspunkte gebracht werden können. Unter ihnen müssen wir in erster Linie die Anschauungen zweier Sprachforscher ersten Ranges erwähnen, deren sprachphilosophische Werke durch einen Reichtum von fruchtbaren Gedanken ausgezeichnet sind. Dies sind W. v. HUMBOLDT [2] — der, wie wir sahen, nicht einfach wie üblich als Nativist betrachtet werden kann — und ERNEST RENAN [3]. Die beiden Forscher vertreten einen aprioristischen Standpunkt. In der Sprache soll gleichsam eine die menschliche Weisheit und Macht übersteigende Kraft liegen, die der Mensch im Prinzip von der Natur, ohne Einsetzen seiner bewussten schöpferischen Tätigkeit, erhielt. Demgemäss sind sie der Ansicht, dass bei der Entstehung der Sprache gleich von Anfang an *alle* wesentlichen Sprachfunktionen wirksam waren, dass also schon der sog. Urmensch über verschiedene sprachliche Ausdrucksformen verfügt hat. «Die Sprache ist» — so führt v. HUMBOLDT aus — «auch in ihren Anfängen durchaus menschlich und dehnt sich absichtlich auf alle Gegenstände zufälliger sinnlicher Wahrnehmung und innerer Bearbeitung aus. Die Worte entquellen freiwillig und es mag in

---

[1] W. STERN, Psychologie der frühen Kindheit, 1930; H. DELACROIX, L'enfant en le langage, 1934; W. PREYER, Die Seele des Kindes, 1904, usw.

[2] W. v. HUMBOLDT, Über das vgl. Sprachstudium, Abh. d. k. preuss. Akad. d. Wiss. Berlin 1820; insbesondere «Über die Verschiedenheit des menschlichen Sprachbaues», 1835.

[3] E. RENAN, De l'origine du langage, 1859.

keiner Einöde eine Horde gegeben haben, die nicht schon ihre Lieder
besessen hätte, was eine beträchtliche Anzahl von Worten und grammatischen Formen voraussetzt.» Man könnte diese Auffassung einigermassen
mit den Sprachen kulturell sehr tief stehender Völker unterstützen,
deren Sprachformen vermutlich von Anfang an durch die gleichen sprachbildenden Tendenzen bestimmt waren. Die Sprache fasst W. v. Humboldt in ihrer Totalität als etwas unmittelbar Gegebenes auf. Sie muss
nach ihm als «Erscheinungsweise der Geisteskraft» ein aus dem inneren
Sprachsinn, aus einem die Sprache von innen heraus beherrschenden
Prinzip, begriffen werden. Der innere Sprachsinn ist nach ihm das innerlich gegenwärtige, die Sprache zeugende Prinzip, sozusagen das Urbild
der Sprache. Von der Humboldtschen Dialektik führt kein Weg zum
genetischen Problem; daher schaltet sich seine metaphysisch fundierte
Sprachphilosophie von den Betrachtungen des Sprachursprungs von
selbst aus. Sein Interesse richtet sich auf die Frage nach der Verschiedenheit der Sprachen, und bei dieser Fragestellung hat das Ursprungsproblem
nur eine peripherische Bedeutung.

Dieselbe Auffassung vertritt Humboldts treuester Anhänger, H. STEIN-
THAL, der der Sprachforschung eine schärfere psychologische Wendung
gibt [1]. Mit Recht betont Steinthal die Unabhängigkeit der Sprache von
der Logik (Grammatik), eine Auffassung, zu der sich in der neueren Zeit
auch BENEDETTO CROCE bekannt hat [2]. Wenn Croce dagegen die Ursprungsfrage damit beantworten will, dass er die Sprache einfach für
eine geistige Schöpfung erklärt, so entnimmt er dem Begriff «Ursprung»
— übereinstimmend mit seinen Vorgängern — seinen eigentlichen Inhalt,
indem er ihn nicht mit der Vor- und Frühstufe der Sprache, sondern
mit der sprachschöpferischen Tätigkeit des bereits sprechenden Menschen
im Sprachakt verbindet. Die Vernachlässigung der Unterscheidung
zwischen Rede und Sprache (parole et langue) versperrt ihm, wie vielen
anderen, den Zugang zu dem genetischen Problem der Sprache.

---

[1] H. STEINTHAL, Der Ursprung der Sprache, 1851; ferner: Grammatik, Logik
und Psychologie, 1855.

[2] B. CROCE, Ästhetik als Wissenschaft vom Ausdruck und allgemeine Sprachwissenschaft, 1930.

RENANS Ansicht über die Sprache öffnet wohl einen Zugang zu einer Betrachtung über die Fortbildung der Sprache aus bereits vorhandenen primitiveren Formen, nicht aber zu dem eigentlichen Ursprungsproblem, zu der Entstehung und Vorgeschichte der Sprache. RENANS Auffassung kommt sehr deutlich in den folgenden Sätzen zum Ausdruck: «Il serait absurde de regarder comme une découverte l'application que l'homme a fait de l'œil à la vision, de l'oreille à l'audition: il ne l'est guère moins d'appeler invention l'emploi de la parole comme moyen expressif. L'homme a la faculté du signe ou de l'interprétation, comme il a celle de la vue et l'ouïe; la parole est le moyen qu'il emploi pour exercer la première, comme l'œil et l'oreille sont les organes des deux autres. L'usage de l'articulation n'est donc pas plus le fruit de la réflexion que l'usage des différents organes du corps n'est le résultat de l'expérience. Il n'y a pas deux langages, l'un natural, l'autre artificiel; mais la nature, en même temps qu'elle non rélève le but, nous rélève les moyens qui doivent servir à l'atteindre» [1]. Diese Ansicht von der Sprache, die noch dadurch ergänzt werden kann, dass Renan die Sprache gegenüber J. GRIMM (1852) schon «vom ersten Tag» ihrer Entstehung an als ein ausdrucksreiches und in ihrer Grundstruktur fertiges Mittel der Verständigung und Formulierung ansieht, schliesst jede weitere Erörterung über die Vorgeschichte der Sprache aus. Seine Ausführungen über die Onomatopoeie haben keine Beziehung zur Ursprungsfrage; die Naturlautnachahmung war für ihn — und mit Recht — nicht eine vorsprachliche Lautäusserung, sondern eines der Reservoirs, woraus der sprechende Mensch sein erstes Wortmaterial schöpfte. RENANS ganzes Interesse richtete sich, seiner linguistischen und kulturhistorischen Einstellung entsprechend, auf die Entfaltung und Umwandlung der Sprache, die er mittels allgemein sprachphilosophischer und linguistischer Gesichtspunkte zu lösen versuchte. Es ist daher nur natürlich, dass wir ihn bei unserer Forschung ebensowenig berücksichtigen können wie W. v. HUMBOLDT. Dessen ungeachtet sichern der weite Horizont, die Gedankenfülle und nicht zuletzt die unvergleichliche sprachliche Darstellungs-

---

[1] E. RENAN, De l'origine du langage, 1859, S. 90 ff.

fähigkeit, verbunden mit der Wahrheitsliebe dieser beiden Männer, ihren sprachphilosophischen Werken eine hohe belehrende und erzieherische Bedeutung.

Die philosophisch-anthropologische Sprachtheorie von GEHLEN vermeidet es, auf das Problem des Sprachursprungs einzugehen [1]. Er versucht, die Wurzeln der Sprache anzugeben, aus denen die Natur und Sonderstellung der Sprache zu erklären sei, wobei er anschliessend an PALÁGYIS [2] und NOIRÉS [3] Ausführungen die motorische Seite des Sprechens in den Vordergrund rückt. Zu einem tieferen Verständnis der Sprachanfänge gelangt man seiner Meinung nach nur dann, wenn man die Sprachleistungen innerhalb des Systems Auge-Hand, also optisch-haptisch, erfasst. Dem Ursprungsproblem geht Gehlen aus dem Wege, indem er sich damit begnügt, auf die Ursprünglichkeit und den anthropologischen Charakter der Sprache hinzuweisen und sie als eine aus sich selbst entwickelte Kommunikationsform zu betrachten. Ähnlich stellt sich auch FRITZ MAUTHNER das Sprechen vor. Seiner Meinung nach sind das Sprechen genau wie das Gehen und Atmen ursprüngliche biologische Tätigkeiten, die aus diesem Grunde keiner Erklärung bedürfen. Wenn einmal die Sprachorgane vorhanden sind, so entsteht nach ihm die Sprache von selbst. Verfolgen wir die Entwicklung der Sprache in unendliche Zeiträume zurück, so gelangen wir niemals an einen Punkt, «wo wir die Vorstellung konkreter Sprachlaute verlassen müssten, wo wir nach dem Ursprung des Abstraktums Sprache fragen müssten» [4]. Es ist durchaus richtig, dass, wenn wir in der Lage wären, die Entwicklung der *Sprachen* historisch bis auf die ältesten Formen zurückzuverfolgen, wir niemals zu einem Stadium gelangen würden, wo die *Sprache* aufhört. Es hängt indessen alles davon ab — wie wir eingangs ausgeführt haben —, was wir unter «Ursprung» verstehen. Wenn Mauthner ein Urzustand der Menschheit vorschwebt, in welchem der Mensch noch nicht gesprochen hat, dessen ungeachtet über die sprachbildenden Kräfte bereits verfügte,

---

[1] A. GEHLEN, Der Mensch, 1940.

[2] M. PALÁGYI, Naturphilosophische Vorlesungen, 1924.

[3] L. NOIRÉ, Der Ursprung der Sprache, 1877.

[4] FR. MAUTHNER, Kritik der Sprache, I, 1921, S. 14.

so wird dieser Zustand durch Rekonstruktion der *Sprach*entwicklung selbstverständlich niemals erreicht. Soweit ist er im Recht. Ob aber über das Sprachstadium hinaus doch nicht sinnvolle Hypothesen aufzustellen sind, die eine Vorstellung über die mutmassliche Vorgeschichte der sprachlichen Verständigungsformen zu bilden gestatten, hat Mauthner nicht in Erwägung gezogen; er begnügte sich mit der an Sophisterei grenzenden Identifikation von Organ (Sprachwerkzeug) und Funktion (Sprechen), wodurch er den Schwierigkeiten aus dem Wege zu gehen hoffte, und überliess die Lösung des Ursprungsproblems den vergleichenden Physiologen und Anatomen. Übrigens scheint es mir, dass Mauthner seinen Gesichtspunkt GOETHE zu verdanken hat, der dieselbe Idee in viel würdigerer und naturphilosophisch tiefer fundierten Weise aussprach. Er führte aus, dass «wenn Gott den Menschen als Menschen erschaffen hatte, so war ihm so gut die Sprache als der aufrechte Gang anerschaffen; so gut er gleich merken müsste, dass er gehen und greifen könnte, so gut musste er auch gewahr werden, dass er mit der Kehle zu singen und diese Töne durch Zunge, Gaumen und Lippen noch auf verschiedener Weise zu modifizieren vermöge. War der Mensch göttlichen Ursprungs, so war es ja auch die Sprache selbst, und war der Mensch, in dem Umkreis der Natur betrachtet, ein natürliches Wesen, so war die Sprache gleichfalls natürlich» [1].

Die *theologischen* Ursprungstheorien, die die Sprache, wie die Menschennatur überhaupt, mit all ihren angeborenen Gaben als Gottes Werk betrachten, nehmen vielfach eine Zwischenstufe zwischen der Erfindungslehre und den biologisch orientierten philosophischen Theorien ein. Auf diese Theorien, denen zufolge die Sprache als ein vom Gott dem Menschen verliehenes Geschenk anzusehen ist, oder die der Natur in ihren gesetzlichen Wirken von vornherein eine Art unbewusster Weisheit zusprechen, vermöge deren sie Zweckmässiges schafft, das später dem Menschen in der Sprache zum Bewusstsein kommt, gehen wir nicht ein. Diese Lehren weisen jede Art der genetisch-psychologischen Betrachtungsweise ab, folglich schalten sie den Sprachursprung als Problem der

---

[1] GOETHE, Dichtung und Wahrheit, Buch X.

wissenschaftlichen Forschung aus. Das bezieht sich sowohl auf die An-schauung von JACOB GRIMM [1], der als Anhänger von SÜSSMILCH [2] die Sprache als Gottes Gabe betrachtete, die dem Menschen ohne seine Mitwirkung zuteil wurde, als auch auf die übrigen theologischen Lehren, wie die von ABÉLARD, DUNS SCOTUS, PUFFENDORF, WHITNEY, JOLLY, BEATTIE usw.

Alle Gegensätze, die sowohl in den empiristischen und nativistischen wie in den voluntaristischen und deterministischen Theorien, schliesslich in den metaphysischen und theologischen Lehren des Sprachursprungs zum Ausdruck kommen, lassen sich harmonisch auflösen, wenn man die Mühe nimmt, auf die methodische Grundlage dieser Hypothesen zurück-zugehen. Mit besonderer Deutlichkeit zeigt sich in diesem Falle, dass die verschiedenen Lehren immer wieder nur *einen* der Faktoren oder der Umstände, die im Leben der Sprache vorübergehend oder andauernd wirken oder wirkten, hervortreten lassen. Man versucht die Bedeutung gewisser sprachbildenden Faktoren und Umstände auf Kosten anderer hervorzuheben, man bekämpft Ansichten, die durch ihre Einseitigkeit gegenüber der anderen eigentlich nicht zurückstehen. Man beachtet nicht, dass, was sich im Bereich der Erfahrung als richtig erweist, sich unter dem Gesichtspunkt des ganzen Problems als eine wichtige, jedoch nicht entscheidende Einzelheit darstellt.

So führt die einseitige Beachtung des nativistisch-dispositionellen Faktors zu den aprioristischen Lehren und gibt auch der theologischen Auffassung ihren sachlichen Grund; so liefern die in der Sprachentwick-lung nachgewiesenen allgemeinen und speziellen Gesetze das Beweis-material für die deterministischen Theorien; so begünstigt der bewusste Drang nach adäquatem Ausdruck in der Umgangs- und dichterischen Sprache, ferner die Möglichkeit einer universalen Zeichensprache die Aufstellung voluntaristischer Theorien, während die Vielgestaltigkeit der zeitlichen und regionalen Ausdrucksformen und dazu noch die Assimi-lation der Sprachen wie die Aufnahme fremden Sprachmaterials und

---

[1] J. GRIMM, Über den Ursprung der Sprache, 1852.

[2] SÜSSMILCH, Beweis, dass die erste Sprache ihren Ursprung allein vom Schöpfer erhalten habe, 1767.

die mundartigen Verschiedenheiten der Zufallstheorie einen gewissen Realitätswert verleihen.

Fasst man die Sprache als etwas Organisches auf, so gelangt man zu der Annahme einer vom Beginn an bestehenden *Kernstruktur*, aus der sich die Sprachen nach autonomen Gesetzen entwickelten, wobei die allerverschiedensten Faktoren, wie u. a. die Absicht, die Analogie, die spontane Erfindung, der Zufall mitwirkten. Von diesem Standpunkt aus hat W. v. HUMBOLDT recht, wenn er behauptet, dass die Sprache sich nicht erfinden liesse, wenn nicht ihr Typus schon in dem menschlichen Verstand vorhanden wäre (Über das Sprachstudium, S. 247).

Ob wir nun behaupten, dass die Sprachen ein durch Absicht und schöpferische Tätigkeit hervorgegangenes Werkzeug der Menschheit darstellen oder dass sie sich aus der Kernstruktur im Sinne der logischen Natur der Ordnung durch universelle Gesetzmässigkeit sich selbst aufbauten, indem jeder Bestandteil den anderen ihn ergänzenden und analogen hervorrief, kommt — naturphilosophisch gesehen — auf dasselbe hinaus. Die Sprache ist das Produkt des menschlichen Geistes vom Beginn an bis zum heutigen Tag. Sie entsprang unabsichtlich als Funktion der sozialen Gemeinschaft und entfaltete sich zweckmässig und mit Absicht, durch die zwingende Kraft der allgemeinen Gesetzlichkeit des menschlichen Geistes von Form zu Form getrieben, unter Mitwirkung der bewusst und unbewusst wirkenden schöpferischen Tätigkeit des Menschen. Der ursprüngliche Antrieb war ein gemeinsamer, die Mittel die gleichen und das Grundsystem durch die logische Ordnung vorbestimmt.

In dichterischer Form kommt diese naturphilosophische Auffassung in einem der Gedichte von GOETHE sehr plastisch zum Ausdruck, in welchem er das Geheimnis der Individualität der Person, der lebendigen Kraft des Einzelnen, zu entschleiern sucht:

> Wie an dem Tag, der dich der Welt verliehen,
> Die Sonne stand zum Grusse der Planeten,
> Bist alsobald und fort und fort gediehen,
> Nach dem Gesetz, wonach du angetreten.
> So musst du sein, dir kannst du nicht entfliehen,
> So sagten schon Sibyllen, so Propheten;
> Und keine Zeit und keine Macht zerstückelt
> Geprägte Form, die lebend sich entwickelt.

Diese synthetische Ansicht, die eine Versöhnung der voneinander abweichenden Sprachtheorien vermittelt, schliesst keineswegs ein vorbereitendes und Anfangsstadium noch eine Entwicklungsgeschichte der Sprache aus, deren Stadien wir frei von der Fessel einer extremen Evolutionsauffassung in den späteren Kapiteln aufzuzeigen versuchen.

V. PRINZIPIELLES BEDENKEN
GEGENÜBER DEN URSPRUNGSTHEORIEN

Aus den vorangehenden Erörterungen hat sich ergeben, dass die bisher über den Ursprung der Sprache aufgestellten Theorien in ihrer ursprünglichen Fassung entweder unhaltbar sind oder das eigentliche Problem umgehen. Keine von ihnen ist weder theoretisch noch empirisch hinreichend begründet, und keine ist imstande, die Lücke zwischen einem vorsprachlichen und vollsprachlichen Stadium zu überbrücken und den Spracherwerb als Endpunkt einer allmählichen Entwicklung darzustellen, an die sich offenkundig die Studien der Entwicklungsgeschichte der Sprachen in ihrer spezifischen Eigenart anschliessen.

Werfen wir nun die Frage auf, warum die bisherigen Theorien über den Ursprung der Sprache so ergebnislos geblieben sind, so finden wir, dass sie an bestimmten Unzulänglichkeiten leiden, die die Forschung und Theoriebildung in sehr nachteiliger Weise beeinflusst haben.

Auf die Zweideutigkeit der Problemstellung, ob es sich nämlich um die Frage nach der Entstehung (Vorstufe) oder nach der Fortbildung (Frühstufe) handelt, ferner auf die Nichtbeachtung prinzipieller Voraussetzungen bei der Hypothesenbildung, haben wir schon im Kapitel 2 hingewiesen. Es kommt noch hinzu, dass es den erörterten Theorien nicht gelang, die beiden miteinander in engstem Zusammenhang stehenden Probleme, das Problem des Ursprungs und das der Frühform der Sprache, unter einen gemeinsamen Gesichtspunkt zu bringen, folglich jene inneren Kräfte zu entschleiern, die den ganzen Entwicklungsprozess bestimmt haben müssen. Meiner Ansicht nach verdient eine Ursprungstheorie erst dann eine besondere Beachtung, wenn es ihr gelingt, sowohl über die der Sprachtätigkeit zugrunde liegenden psychischen Kräfte wie über Genese und Wachstum der Sprache eine psychologisch fundierte und logisch berechtigte Anschauung zu entwickeln. Keine von den geschilderten Theoriegruppen scheint dazu fähig zu sein. Die biologischen Theorien stellen Hypothesen über die Quelle, über das Reservoir auf, woraus der bereits sprechende Mensch in der ersten Zeit der Sprachentwicklung seinen Wortvorrat entnahm. Die Nachahmungstheorien beschäftigen sich mit demselben Problem, nämlich wie der Mensch aus onomatopoetischen Lautbildungen Worte prägte. Die empiristischen und nativistischen Theorien behandeln die Frage, ob die Herkunft der Sprache auf Erfahrungen beruht, die der hypostasierte, prälinguale Mensch machte und die ihn zur Bildung einer symbolischen Sprache veranlassten, oder ob die erzeugende und gestaltende Kraft in einer a priori vorhandenen Veranlagung zu suchen ist, die aus eigener Kraft die Sprache zur Entstehung brachte und weiterbildete. Die theologischen Ursprungslehren versuchen, die Entstehung auf den Eingriff eines höheren Wesens zurückzuführen, alles andere, also die Bildung und Entfaltung der Sprache, den historischen und vergleichenden Sprachwissenschaften überlassend. Die voluntaristischen und deterministischen Auffassungen berühren das Ursprungsproblem eigentlich nicht, ihr ganzes Interesse richtet sich auf die Sprachbildung, auf die Vermehrung und Differenzierung des Wortschatzes und der grammatischen Kategorien. Nicht nach dem Ursprung der *Sprache*, sondern nach der Entstehung der *Wörter* fragen sie.

Weitere Mängel liegen an *methodologischen* wie auch an *inhaltlichen* Momenten.

Zunächst versäumte man, von einem auf eine genaue Analyse gegründeten *Begriff der Sprache* auszugehen. Man hätte wissen müssen, dass zunächst einmal Klarheit darüber zu schaffen ist, was man unter Sprache verstehen will. Erst dann, wenn man sich von der Sprache eine wissenschaftlich berechtigte Auffassung gebildet hat, wird man an die Aufgabe herantreten können, Gedanken über die mutmasslichen Vorstufen und Urformen der Sprache zu entwickeln. Eine klare, wenn auch nur vorläufige Begriffsbestimmung der Sprache ist vor allem erforderlich, um zu entscheiden, was man zu den Ausdrucksbeständen der Vorstufe und was man zu den eigentlichen sprachlichen Äusserungen zu rechnen hat. Der geringeren Sorgfalt bei der Analyse und Begriffsbestimmung der Sprache ist es zuzuschreiben, dass man die Sprache auf Verständigungsformen zurückführte, die bereits selbst Spracharten sind, wie z. B. die Gebärdensprache und die Sprachäusserungen der Primitiven, oder selbst auf solche, die zu der Sprache in keiner Beziehung stehen, wie z. B. die reinen Ausdrucksbewegungen und Lautimitationen.

Eine definitorische Festlegung wird immer erforderlich sein, wenn man Vermutungen über die Vorgeschichte von menschlichen Tätigkeiten aufstellen will. So muss man auch bei der Frage nach dem Ursprung der Musik von vornherein wissen, was man unter Musik zu verstehen hat. Sehen wir schon in der monotonen Klangerzeugung die ersten Regungen der Musik, dann werden wir die monotonen Trommelschläge exotischer Völker zur Musik rechnen. Wollen wir indessen erst da von Musik reden, wo feste Intervalle und ihre Kombinationen auftreten, dann müssen diese monotonen Trommeltöne sowie die Lallmelodien kleiner Kinder und auch der sogenannte Vogelgesang aus den Betrachtungen über Musik ausgeschaltet werden [1]. Eine vorläufige Definition ist unter Umständen nicht nur nicht überflüssig, sondern geradezu notwendig. Dies zeigt sich u. a. bei der Frage nach dem Ursprung der bildenden Kunst. Auch hier wird die Hypothesenbildung davon abhängen, ob man gewisse ästhetisch anmutende Formen und Funde menschlicher Arbeit auch ohne Nachweis des Kunstwollens als «Äusserung der Kunst» gelten lässt oder nur solche, die von künstlerischen Absichten getragen sind [2].

---

[1] Siehe die Betrachtungen in meiner Schrift über den Ursprung der Musik im Intern. Archiv f. Ethnographie, Bd. 40, 1941, und in meiner Einleitung in die Musikpsychologie 1946.

[2] Der Auffassung, dass klare Definitionen nicht an den Beginn der Erfahrungswissenschaften gehören, wie O. KRAUS in seinen «Bemerkungen zur Gestaltpsychologie» (Lotos 1921) betont, stimme ich nicht bei. Mag vielleicht diese Ansicht bei manchen naturwissenschaftlichen Fragestellungen berechtigt sein, in der Psychologie richtet sie in der Regel nur Unheil an. Klar muss die Definition jedenfalls sein, wenn auch nicht erschöpfend.

Zahlreiche Sprachtheoretiker haben sich den Zugang zu der Erfor-schung der Ursprungsfrage dadurch selbst versperrt, dass sie ein sekun-däres Merkmal in den Vordergrund schoben, nämlich das *Medium* der Sprache, d. h. den *Laut* und die *Bewegung*. Ihre ganze Aufmerksamkeit wurde von dem Medium und nicht von dem *Zweck* und von den *treibenden und bildenden Kräften* der Sprachentstehung und Sprachentfaltung in Anspruch genommen. Da in der menschlichen Sprache der Stimmlaut das wichtigste Ausdrucksmittel bildet, ist es begreiflich, dass man die Sprache auf spontane Lautäusserungen zurückzuführen suchte, zumal die letzteren in ihrer Erscheinungsweise, in ihrem lautlichen Charakter gewisse Ähnlichkeiten mit den Sprachlauten aufweisen. So kam es zur Theorie der expressiven Lautäusserungen und Interjektionen und auch zur Theorie der imitativen Onomatopoeia. Man verwechselte hierbei irrtümlicherweise — wie immer — die Fortbildung der Sprache mit ihrer Entstehung. Es entging den Theoretikern, dass Ausdrucks- und Nachahmungslaute wohl bei der Bildung der Sprache eine beachtens-werte Rolle spielen können, nicht aber bei ihrer Entstehung. Sie ge-winnen erst Bedeutung, wenn die Sprachtätigkeit — also eine neue Funktion — bereits eingesetzt hat, wenn der Mensch im Verkehr mit seinen Artgenossen nach Wortgebilden sucht. Dasselbe gilt auch für die Ausdrucksbewegungen. Ihre Umwandlung zu Sprachgebärden setzte erst im Verlauf der Sprachtätigkeit ein, und zwar schon in der Früh-periode der Lautsprache, da bereits die ursprünglichsten Sprachhand-lungen notwendig mit Gebärden verknüpft waren. Man denke an die Befehlshandlung, an den Imperativ, der noch bei der hochentwickelten Sprachtätigkeit von Ausdrucksbewegungen begleitet wird. Sodann hat man auch nicht immer vergegenwärtigt, dass die Sprache erst mit der *Bedeutung* entsteht, die an die Laute geknüpft wird, mit der eigentüm-lichen Form der denkenden Auffassung, in die diese Bedeutung gebracht wird, wie dies schon HERMANN LOTZE so klar und deutlich zum Aus-druck brachte [1].

---

[1] H. LOTZE, Mikrokosmos, Leipzig, II, 1869, S. 223.

Wie bedeutungsvoll also auch das Stoffliche für die Fortbildung der Sprache sein mag, bei ihrer Entstehung kann es nur eine untergeordnete Rolle gespielt haben. Die Sprache bedarf allerdings eines Organs, analog wie die Werktätigkeit der Hand eines bedarf. Wie aber die Hand als solche ohne treibende geistige Kraft zu keiner Werktätigkeit imstande ist, wie dies die instrumentale Unfähigkeit der Hände der anthropomorphen Affen und Bären zeigt [1], so kann auch das Stimmorgan aus eigener Kraft die adäquaten Mittel zur Sprache nicht erzeugen. Darauf weisen die stimmgebenden Vögel und die lallenden, sprachunfähigen Idioten auf evidente Weise. Es ist also keineswegs überraschend, dass die auf das Stoffliche gerichteten Hypothesen bei der Rekonstruktion der frühesten Etappen für die Forschung keine fruchtbaren Gesichtspunkte zu liefern imstande waren.

Es kann daher nicht zweifelhaft sein, dass das Wesentliche der Sprache nicht in den äusseren Mitteln, mit deren Hilfe die Gedanken ihre Verkörperung finden, sondern im *Zweck* liegt. Vom teleologischen Standpunkt aus ist die Sprache ein reich ausgestaltetes Mittel zur Verständigung. Will man eine Vorstellung davon gewinnen, wie die Verständigungsmittel sich diesem Zweck immer mehr anpassen, will man somit die Vor- und Frühgeschichte der Sprache rekonstruieren, so muss man von jenen Kontakt- bzw. Kommunikationsformen ausgehen, die bereits im vorsprachlichen Stadium demselben Zweck gedient haben und von demselben Prinzip beherrscht wurden wie die Sprache. Die Sprachtheoretiker haben die Wichtigkeit eines Grundprinzips, das gleichsam das Bindeglied aller sprachlichen und vorsprachlichen Äusserungen zu bilden hat, nicht erkannt. Sie meinten, der Entwicklungsidee durch den Hinweis auf gewisse Lebensäusserungen Genüge zu leisten, die beim Menschen vorliegen und auch bei unseren hypothetischen Vorfahren anzunehmen sind. Sie bemerkten nicht, dass die Lebensäusserungen, die sie z. B. in den affektiven Lauten und expressiven Ausdrucksbewegungen zu finden meinten, niemals zu Sprachen führen konnten, einfach aus dem

---

[1] Meine Schrift: La fonction sociologique de la main humaine et de la main animale. Journ. de Psychologie, 1938. Ferner: Die Formenwelt des Tastsinnes, I, Den Haag 1937.

Grunde, weil sie anderen Zwecken dienen, andere Funktionen haben und anderen bildenden Prinzipien unterworfen sind.

Aus diesen Überlegungen folgt, dass man nach einem Prinzip suchen muss, das *alle* zum Zwecke der Kommunikation verwandten Äusserungsformen, einschliesslich der Sprache, in ihrer Entstehung, Ausbildung und Funktion bestimmt und aus dem sich auch jene Funktionen ableiten lassen, die die am weitesten entwickelte Verständigungsform, die menschliche Sprache, konstituieren. In der Aufstellung und Anwendung eines solchen Prinzips liegt der Grundgedanke der hier vorgetragenen *Sprachtheorie*, der eine neue Lehre der Sprachfunktionen (Funktionstheorie) und eine neue Lehre der Sprachentstehung und der Vorgeschichte der Sprache (Stufentheorie) zu entwickeln hat.

VI. DIE KONTAKTTHEORIE

Das Wort «*Kontakt*» soll die angeborene Grundtendenz gesellschaftsbildender Lebewesen zu *gegenseitiger Annäherung, Fühlungnahme, Zusammenarbeit und Verständigung* bedeuten. Es geht hier um ein *allgemeines Lebensprinzip* der den sozialen Verbänden angehörenden Individuen.

Die Kontakttheorie stellt sich zur Aufgabe, die Kontaktformen, insofern sie von Lebewesen zum Zwecke gegenseitiger Verständigung angewandt werden, von gemeinsamen Gesichtspunkten aus zu betrachten und entwicklungsgeschichtlich zu verwerten. Durch die Anwendung des Kontaktprinzips wird ermöglicht, die Hauptformen der Kommunikation festzulegen, ihre gegenseitigen Beziehungen anzugeben und sie in ein System einzuordnen. Die Kontakttheorie lehrt uns, wie die Kommunikationsformen, vom blossen Kontaktlaut ausgehend, immer differenziertere und funktionsreichere Formen annehmen, bis sie in der Sprache, morphologisch wie funktionell, ihre höchste Stufe erreichen. Im Grunde genommen ist diese Theorie nicht wie die oben dargestellten genetischen Theorien auf die Sprache zugespitzt; sie behandelt die einzelnen Kom-

munikationsformen als autochthone Verständigungsmittel, die trotz ihrer
Selbständigkeit durch das Kontaktprinzip verbunden sind und im Hinblick auf die allmähliche Erweiterung ihrer Funktionen eine steigende
Reihe bilden. So fügt sich die Sprache einerseits in den Gesamtkomplex
der Verständigungsmittel ein, andererseits erobert sie für sich unter
den Kommunikationsformen eine ganz besondere Stellung. Da die Kontakttheorie die Sprache sowohl als Entwicklungsprodukt wie auch als
kommunikatives Mittel sui generis behandelt, gerät sie weder zu den
Anschauungen in Widerspruch, die gegenüber der genetischen Auffassung
theoretische Bedenken äussern und die Sprache als etwas ganz Spezi-
fisches, ein aus sich heraus entfaltetes Gebilde betrachten, noch zu jenen,
die in der Sprache das Endstadium einer stetigen Entwicklung sehen,
folglich die genetische Betrachtungsweise als eine unerlässliche Forderung
für eine Sprachtheorie gelten lassen.

Die Kontakttheorie gehört weder zu den biologischen noch zu den
anthropologischen Ursprungstheorien, sondern sowohl zu den ersteren
wie auch zu den letzteren. Durch die Stufentheorie (Kap. 8) ragt diese
Lehre in das Biologische und durch die Funktionslehre (Kap. 6)
in das Anthropologische. So stellt die Kontakttheorie einen *Ausgleich*
zwischen beiden, bis zu einem gewissen Grade gegensätzlichen Theoriegruppen dar.

Die Kontakttheorie lässt sich als eine *Naturlauttheorie* im Sinne einer
aus Naturlauten sich stufenweise entfaltenden Sprache charakterisieren.
Von diesem Gesichtspunkt aus könnte man diese Lehre leicht zu der
von uns abgelehnten Gruppe der Ausdrucks-, Interjektions-, Tierlaut-
und Lalltheorien rechnen, die gleichfalls von Naturlauten ausgehen. Der
Unterschied besteht darin, dass während die letzteren die verschiedensten
Naturlaute ohne Rücksicht auf das *Soziale*, auf die *Verständigungsabsicht*
zum Ausgangspunkt der zur Sprache führenden Evolution wählen, sich
unsere Kontakttheorie auf Lautäusserungen beschränkt, die von derselben Tendenz beherrscht werden wie die Sprache. Eine Naturlauttheorie als solche hat den rein anthropologischen Hypothesen gegenüber
den Vorzug, dass sie im Geist der Entwicklungsidee vorgeht, indem sie
den Versuch macht, von einem hypothetischen sprachlosen Urzustand

zu der symbolischen Sprache vorzudringen. Innerhalb der Naturlaut-
theorien hat die Kontakttheorie den Vorteil, dass sie die Entstehung
der Sprache als einen allmählich vor sich gehenden, sich immer mehr
differenzierenden Vorgang darzustellen vermag und eine konkrete Vorstellung von der Vor- und Frühgeschichte der Sprache gibt, die zwangslos
in die Sprachgeschichte überleitet. Infolge ihrer Architektonik ist sie
auch fähig, die Sprachentwicklung einer logischen Betrachtung zugänglich zu machen.

4. DAS PROBLEM DER URSPRACHE

Im Zusammenhang mit dem Problem des Ursprungs der Sprache treten noch zwei Fragen auf, die wir kurz berühren möchten. Die erste ist die Frage nach der *Ursprache*.

Die Idee eines Stammbaums der Sprachen ist von der neueren Sprachforschung aufgegeben worden. Bereits für JOH. SCHMIDT hat sich die Ursprache zu einem Phantom verflüchtigt [1]. Wie *der* Urmensch, *das* Urvolk, so ist *die* Ursprache ein Phantasiegebilde, eine unbegründete Hypothese, die aus einer unberechtigten Interpretation des Entwicklungsbegriffes entstanden ist.

Die Ursprache, die sog. lingua adamica — um mit JACOB BÖHME zu sprechen — soll eine Sprache sein, deren sich die Menschen in der Urzeit bedienten, als sie gerade «anfingen», die Lautsprache zu Mitteilungszwecken zu gebrauchen. Für eine derartige Hypothese fehlen uns vollkommen die historischen und vergleichend-sprachwissenschaftlichen Belege. Will man die Idee der Ursprache, d. h. der primitivsten Form der Sprache, nicht aufgeben, so wäre es sinnvoller, von *mehreren* Ursprachen zu reden (Polygenese), von der indoeuropäischen, semitischen, malaiischen usw., d. h. von Sprachen, die voneinander nicht abzuleiten sind. Die Annahme einer einzigen Ursprache (Monogenese) setzt einen paradiesischen Urzustand voraus, da ein bestimmter, geographisch zusammenhängender Teil der Erde die Urheimat der Menschen bildete [2]. Diese Urheimat ist der Ansicht von zahlreichen Paläontologen und Prähistorikern zufolge Zentralasien; von da aus sollen sich die Menschen

---

[1] Zit. nach FR. MAUTHNER, Kritik der Sprache, II, 1912, S. 375.

[2] Am schärfsten trat A. TROMBETTI für die monogenetische Auffassung ein, während nach SCHUCHARDT Monogenese und Polygenese von Anfang an miteinander verbunden sind, und in ihnen soll sich alle Sprachentwicklung vollziehen.

über die ganze Erdoberfläche verstreut haben, wie dies ARLDT in seiner
Anthropogeographie darzustellen versucht hat [1]. Gegen eine solche Anschauung sprechen nicht bloss geographische Schwierigkeiten, sondern
sie will auch mit den paläontologischen Erfahrungen nicht übereinstimmen. Es ist nämlich bekannt geworden, dass Reste von Menschen
aus der frühen prähistorischen Zeit in allen Weltteilen zu finden sind.
Dazu kommt noch, dass selbst von den diluvialen Hominiden — die als
Übergangsform zwischen den diluvialen Anthropomorphen und dem
rezenten Menschen gelten — beinahe in allen Teilen der Erde fossile
Reste gefunden wurden. Will man an der Hypothese der Urheimat
und der Ursprache festhalten, so muss man den Zeitpunkt der angeblichen
prähistorischen Wanderungen in die ferne diluviale Zeit verlegen, vor
allem aber wahrscheinlich machen, dass sich die Hominiden, die an diesen
Wanderungen teilnahmen, bereits der Sprache, der angeblichen Ursprache,
bedienten. Von einer solchen Ursprache oder solchen Ursprachen wissen
wir aber nichts und haben auch keine Hoffnung, dass die historische
und vergleichende Sprachwissenschaft jemals imstande sein werde, darüber Aufklärung zu geben.

Der Versuch, aus den Tatsachen der primitiven Sprachen Aufschluss
über die Ursprache der Menschheit zu gewinnen, ist misslungen. Die
Ansicht von KLAATSCH, dass die Sprachen der australischen Urvölker
das Modell für die archaische Sprache angäben, beruht auf Fehlschlüssen
und auf unkritischer Interpretation ethnologischer Feststellungen [2]. Einen
anderen Weg zeigen die theoretischen Überlegungen über die Beschaffenheit der mutmasslichen Urlautgebilde. Auf Grund von kinderpsychologischen und linguistischen Erfahrungen und sprachphysiologischen
Überlegungen versuchte z. B. VAN GINNEKEN eine Theorie der Vorgeschichte der Sprachlaute bzw. die Ursprache aufzustellen [3]. Er stellte
sich die allererste Form der Lautsprache ähnlich wie die Lallworte des

---

[1] TH. ARLDT, Die Entwicklung der Kontinente und ihrer Lebewelt, 1907. Vgl.
dazu: A. J. P. v. d. Broek, Oudste Geschiedenis van den Mensch, 1936.

[2] H. KLAATSCH, Das Werden der Menschheit, 1936.

[3] J. v. GINNEKEN, La reconstruction typologique des langues archaïques de
l'humanité, 1939.

Kindes vor. Die orale Ursprache sollte ursprünglich aus «clics» bestanden haben, die sich später zu Konsonanten, Wörtern umformten und im Laufe der weiteren Entwicklung durch Einschiebung von Vokalen einen sprachmelodischen Charakter erhielten. Die ursprünglichen Schnalzlaute hätten nach van Ginneken das eigentliche Lautmaterial der frühesten Lautsprachen gebildet. Diese durch ein reiches linguistisches Material unterstützte Annahme steht wohl mit der phonetischen Struktur der ältesten Wörter in Beziehung, hat indessen mit der *Ursprache* nichts zu tun [1].

Eine andere Möglichkeit bieten jene Faktoren und Prinzipien anzugeben, die bei der Entstehung der Sprache und bei der Bildung der Frühformen wirksam waren. Hierher gehören die Rolle der Motorik bei der Ausbildung der Lautsprache, das allmähliche Überwiegen des Lautmomentes über das Motorische und vor allem die Festlegung der Grundfunktionen, die bei den Anfängen der Sprachtätigkeit massgebend gewesen sind [2]. In letzterem Falle handelt es sich nicht um Rekonstruktion der Ursprache, sondern um die Festlegung der psychologischen Bildungsprinzipien der Sprache im allgemeinen. Auf diesem Wege sind wir zu der sog. Imperativsprache gelangt (Kap. 8, III, C), die ihrer Struktur nach der hypothetischen Ursprache entsprechen dürfte.

Es scheint mir, dass über die Natur der Ursprache auf Grund der *vergleichenden* Sprachwissenschaft nicht viel mehr zu sagen ist, als was JESPERSEN schon im Jahre 1894 im Anschluss an seine kritischen Ausführungen über die prähistorischen Anschauungen von A. Schleicher, H. Möller, Max Müller und Sayce ausgeführt hat, nämlich: «The evolution of language shows a progressive tendency from inseparable irregular conglomerations to freely and regulary combinable short elements» (Progress in Language, S. 127).

---

[1] Eingehend behandelt diese Frage F. KAINZ in seinem Werk «Psychologie der Sprache», I, Leipzig 1941.

[2] W. P. PILLSBURY and CL. L. MEADER, The Psychology of Language, 1928.

5. DIE SPRACHE DES VERMEINTLICHEN URMENSCHEN

Anders steht es mit der Frage, ob die Sprachfunktion nur dem rezenten Menschen zugeschrieben werden darf oder ob man berechtigt ist, den angeblichen Vorfahren des rezenten Menschen, wie dem *Homo Neandertalensis* oder mindestens den frühesten Formen des sog. homo sapiens, die den Namen *Aurignac-Mensch, Crô-Magnon-Mensch* usw. führen, die Sprachfunktion zuzuerkennen.

Von biologischer Seite hat man versucht, diese Frage auf vergleichend-anatomischem Wege zu beantworten. Dass keiner von diesen Versuchen zu einem befriedigenden Resultat führen würde, war eigentlich zu erwarten. Der Hinweis auf die grosse Kapazität des Schädels, mithin auf das zu vermutende grosse Gewicht des Gehirns des Neandertalers, war irreführend (KEITH, BOLK, ANTHONY). Die relative Schädelgrösse (d. h. das Verhältnis der Schädelgrösse zu der Gesamtkörpergrösse) kann wohl als Zeichen eines durchschnittlich höheren intellektuellen Niveaus und daher als eine der Vorbedingungen für die höheren seelischen Funktionen, mithin auch für die Sprachtätigkeit, gelten; sie bietet aber für deren Vorhandensein keine Gewähr, ganz abgesehen davon, dass wir von der anatomisch-morphologischen Struktur des Gehirns dieser Fossilen nur sehr vage Aussagen haben. Es gibt Anthropologen, die sich in ihren Folgerungen durch den Körper- und Schädelbau des Neandertalers stark beeinflussen lassen. Beträchtlichen Wert hat für sie die Tatsache, dass der Gehirnraum des Neandertalers im Durchschnitt ebenso gross ist wie der unsrige. Obgleich diese Forscher einerseits davor warnen, hieraus Schlüsse auf das Intelligenzniveau zu ziehen, gehen sie andererseits so weit, ohne triftige Gründe dem Neandertaler Sprach- und Denkfähigkeit zuzuschreiben (z. B. H. WEINERT, Menschen der Vorzeit, 1930).

Es ist irreführend, solche Überlegungen über die Sprachfähigkeit ausschliesslich auf die vergleichende Anatomie zu begründen und zu meinen, dass der Hinweis auf den geringen Unterschied zwischen dem Schädelbau der früheren Menschentypen und des rezenten Menschen genügt, den Hominiden im Wesen dasselbe psychische Leben zuzuerkennen wie dem geschichtlichen Menschen. Man gerät damit in Phantastereien, welche die diluvialen Hominiden viel entwickelter erscheinen lassen, als sie es in Wirklichkeit gewesen sind. So kommt man leicht dazu, die uns bekanntgewordenen vormenschlichen Typen als ausgestorbene Menschenformen in die Systematik der heute lebenden Menschen einzureihen. Das zeigt sich in besonders auffälliger Weise bei ELLIOT SMITH [1] und A. KEITH [2], die trotz der kritischen Ausführungen von E. DUBOIS [3] schon dem *Pithecanthropus erectus* ein Sprachvermögen zuschreiben.

Ob Mensch oder Sprache früher entstanden ist, ist eine müssige Frage. Die beiden hängen aufs engste miteinander zusammen, das eine setzt das andere voraus. In diesem Sinne hat W. v. HUMBOLDT recht, wenn er meint, die Sprache sei «auf einen Schlag» entstanden. Durch diese Ansicht wollte er offenbar nicht die historische Sachlage darstellen, nur die Unzertrennbarkeit der Begriffe Mensch und Sprache zum Ausdruck bringen [4].

Die Frage nach der Sprachtätigkeit längst ausgestorbener Menschenarten lässt sich meiner Meinung nach nur von einem einzigen Standpunkt aus in Angriff nehmen und das ist der *kulturhistorische*.

In diesem Falle verzichtet man auf den Versuch, festzustellen, ob der diluviale Mensch gesprochen hat oder nicht; denn diese Frage lässt sich nicht direkt beantworten. Man trachtet das Problem indirekt zu lösen, indem man prüft, ob bei diesen angeblichen Menschenarten gewisse Voraussetzungen erfüllt waren, die mit der Existenz der Sprache *notwendig* verbunden sind. Eine von diesen Voraussetzungen ist meines Erachtens die Verfertigung, allmähliche Verbesserung und Überlieferung

---

[1] E. SMITH, The Search for man's ancestors, 1931.

[2] A. KEITH, The antiquity of man, 1920.

[3] E. DUBOIS, De beteekenis der groote schedelcapaciteit van Pithecanthropus erectus. Proc. Kon. Ned. Akademie van Wetenschappen Amsterdam 1920.

[4] Dieser Ausspruch Humboldts braucht nicht im Sinne der „Genesis" verstanden zu werden, da man auf Grund der Mutationstheorie prinzipiell zu derselben Auffassung gelangt (siehe S. 206 ff.).

von Werkzeugen und Geräten zur Ausführung von Arbeitsleistungen wie auch Steinzeichnungen [1]. Gelingt es uns, nachzuweisen, dass der Mensch des Jungpaläolithikums Werkzeuge herstellte und sie den allmählich entstehenden Bedürfnissen entsprechend modifizierte, so war er ein Mensch im eigentlichen Sinne, also ein *homo sapiens*, der als solcher die Sprache besass; denn das Herstellen von stabilen, zweckmässigen, der Arbeit adäquaten Werkzeugen setzt die Sprache voraus. Die konstruktive Einbildungskraft und Erfindungsgabe ist an die Sprache gebunden, schon darum, weil die bewusste Zielsetzung und der geistige Antrieb bei der Ausführung die Sprachtätigkeit erfordert. Werkzeuge kann der Mensch nur dann dem Zweck entsprechend konstruieren, wenn sein Streben auf ein deutliches Ziel gerichtet ist und er den auszuführenden Arbeitsvorgang zu überblicken bzw. sich zu vergegenwärtigen imstande ist. Da nun der Zielsetzung und der Werkzeugerfindung gedankliche Prozesse zugrunde liegen, deren Realisierung die sprachliche Fixierung erfordert, sind wir berechtigt, *homo faber* mit *homo loquens* zu identifizieren. Die Bezeichnung homo sapiens kann sich also nur auf sprechende und arbeitende Wesen beziehen. Es kommt demnach darauf an, ob die entdeckten fossilen Reste und die in denselben Ablagerungen gefundenen Kulturreste zueinander gehören oder nicht. Ist das der Fall, dann sind wir berechtigt, bei den betreffenden Menschenarten grundsätzlich das gleiche seelische Leben anzunehmen wie beim geschichtlichen Menschen, folglich ihnen auch die Sprachfunktion anzuerkennen. Da die gestellte Bedingung im Hinblick auf die jungpaläolithischen Menschen erfüllt ist, kann man mit grosser Wahrscheinlichkeit annehmen, dass sie sich einer Sprache bedienten, die mit der unsrigen im Wesen übereinstimmte. Damit setzen wir den Anfang der Sprache für eine Zeit an, die mehrere 100 000 Jahre zurückliegt, nach einer weitverbreiteten Ursprungstheorie des Menschen sogar mindestens eine halbe Million Jahre [2].

---

[1] Diese Auffassung wird auch von BERGSON in seiner «L'évolution créatrice» vertreten.

[2] Vgl. hierzu A. PORTMANNS Ausführungen in seinem Büchlein «Vom Ursprung des Menschen», Basel 1944.

6. DIE LEHRE VON DEN SPRACHFUNKTIONEN
(DIE FUNKTIONSTHEORIE)

I. TELEOLOGISCHE BETRACHTUNGSWEISE
DER SPRACHE

Es liegt nicht in unserer Absicht, die in der sprachwissenschaftlichen und psychologischen Literatur vorgeschlagenen Definitionen der Sprache wiederzugeben und einer Kritik zu unterwerfen. Das würde uns von unserem Problem zu sehr ablenken und zu unfruchtbaren Auseinandersetzungen führen. Andererseits ist es für unsere weiteren Untersuchungen erforderlich, eine Definition der Sprache zu geben, die über den Begriff Sprache insofern Klarheit schafft, als sie scharf bestimmt, was zu dem wesentlichen Bestand der Sprachleistungen gehört.

Nach der allgemeinen Auffassung lässt sich die Sprache sowohl ihrem Wesen wie ihrem Zweck nach definieren. Wenn wir auch die Unterscheidung der Wesensbestimmung und Zweckbestimmung im allgemeinen als notwendig erachten und zugeben, dass es zu Einseitigkeiten oder gar zu Verwirrungen führt, wenn die Essentialbestimmung durch Finalbestimmung oder umgekehrt ersetzt wird [1], scheint uns doch diese Auffassung hinsichtlich des Wesens der Sprache weiterer Erklärungen zu bedürfen.

Vergleicht man die Ansichten über das Wesen verschiedener Denkobjekte, so macht man die Erfahrung, dass die Bestimmungen untereinander überraschend grosse Differenzen aufweisen. Bei genauerer Prüfung zeigt sich, dass die Mannigfaltigkeit der Ansichten in erster Linie von dem von den Forschern eingenommenen *Standpunkt* abhängt. Je nach der Wahl des Ausgangspunktes wird der eine oder der andere *Wesenszug* des zu definierenden Gegenstandes hervorgehoben und als «*das*» Wesen dekretiert.

---

[1] FR. KAINZ, Psychologie der Sprache, I, 1943.

Nehmen wir als Beispiel die Wesensbestimmung des Menschen. Ein vergleichender Anatom wird das Wesensproblem schon als solches prinzipiell ablehnen, weil von seinem Standpunkt aus der menschliche Körper in keiner Richtung einen solchen Unterschied gegenüber dem tierischen, insonderheit dem anatomischen Bau der Anthropoiden aufweist, woraus ein prinzipieller Unterschied zwischen Mensch und Tier abzuleiten wäre. Für den Anatomen und Biologen ist der Mensch nur eine morphologisch und funktionell höher differenzierte Tierart, folglich hat für sie die Frage nach dem Wesen des Menschen keinen Inhalt. Ihr Streben geht nicht darauf hinaus, Wesensunterschiede zwischen Mensch und Tier zu statuieren, sondern im Gegenteil, die ins Auge fallenden Differenzen durch generelle Wachstums- und Variationsgesetze aufzuheben bzw. zu überbrücken. Demgegenüber ist dieses anthropologische Problem für die mit dem geistigen und sozialen Menschen sich beschäftigenden Forscher von entscheidender Bedeutung. Ein kollektivistischer Soziologe und Historiker wird das Wesen des Menschen z. B. in seiner Verbundenheit mit und in seiner Bedeutung für die Gemeinschaft sehen, während ein Individualist, der die Eingliederung des Individuums in eine Gemeinschaft nicht für so wesentlich hält, nach einem konstitutiven Merkmal suchen wird, das den Menschen als Persönlichkeit charakterisiert. Ein Metaphysiker wieder kann das Wesen des Menschen im Einheitsgefühl mit dem Kosmos, ein Theist in dem inneren Drang nach persönlichem Kontakt zur Gottheit sehen. Für einen Ethiker schliesslich, der die personale Freiheit und sittliche Verantwortlichkeit zur Grundlage seines Systems macht, wird die Ideenwelt des Menschen und dadurch auch seine Wesenheit einen ganz anderen Inhalt als für einen extremen Wirtschaftstheoretiker haben, für den der Mensch einen jederzeit ersetzbaren Teil des wirtschaftlichen Betriebes bedeutet.

Jede von diesen Bestimmungen schliesst einen Kern der Wahrheit in sich, da alle wenigstens *eine* Seite der Wesenheit des zu definierenden Denkobjektes hervortreten lassen: *das* Wesen des Menschen indessen legen sie nicht fest. Es scheint kein solches Wesensmerkmal zu geben, woraus die übrigen Wesensmerkmale abzuleiten wären und der Mensch theoretisch zu bestimmen wäre, oder ein solches, um welches die übrigen sich derart gruppieren liessen, dass sie eine Einheit höherer Ordnung bilden. Gewiss genügen einzelne Merkmale, den Menschen als eine besondere Spezies zu determinieren und von anderen Arten derselben Gattung zu unterscheiden, aber sie sind nicht imstande, den Menschen in seinem anthropologischen Gesamtcharakter festzulegen. Eine solche Begriffsbestimmung bleibt fragmentarisch; sie erhält ihren Sinn, sogar ihre Überzeugungskraft nur dadurch, dass die übrigen konstitutiven Merkmale gleichsam unausgesprochen mitschwingen. Obgleich in diesem Falle nur eine oder einige Eigenschaften scharf beleuchtet werden, während die übrigen im Schatten bleiben, verschwinden sie doch nicht, ja, sie ermöglichen erst die Heraushebung der am meisten charakteristischen Merkmale aus dem intuitiv erfassten Ganzen.

Ähnlich steht es mit der Sprache. Auch ihre Wesensbestimmung hängt von dem Gesichtspunkt ab, aus dem die Begriffsanalyse in Angriff genommen wird. Jede solche Definition hebt einen bestimmten Wesenszug der Sprache oder der Rede hervor, vernachlässigt dabei andere wichtige, die Sprache ebensosehr konstituierende Merkmale, ohne letztere dadurch aus der realen Apperzeptionsmasse auszuschalten. Ein Logiker wird andere Merkmale der Sprache als wesentlich erachten als ein Linguist, für den der grammatikalisch-syntaktische Bau der Sprache massgebend ist. Der Phonologe wird das Gewicht auf Funktionen legen, die der Psychologe vernachlässigt, und unter den Psychologen wird der Phänomenologe einen anderen Standpunkt wählen als der Entwicklungspsychologe, dessen Aufmerksamkeit vornehmlich durch die zwischen den verschiedenen Verständigungsformen bestehenden Relationen in Anspruch genommen wird. Die Verschiedenheit der gewählten Gesichtspunkte bei der Feststellung der konstitutiven Merkmale der Sprache geht aus den Definitionen bekannter Forscher deutlich hervor (S. 153).

Will man die Wesensbestimmung der Sprache nicht der Willkür oder der persönlichen Vorliebe der Forscher überlassen, so ist es erforderlich, jene Ausgangspunkte festzulegen, von denen aus die Aufstellung einer wissenschaftlich berechtigten Definition möglich ist und die zugleich imstande ist, der Forschung neue Wege zu zeigen. Hierbei stösst man sogleich auf die Frage nach dem *Sinn der Sprache.*

Die Sprache ist ihrem Wesen nach, wie dies schon ARISTOTELES richtig erkannte, ein *Organon*, ein Mittel, demzufolge liegt ihr eigentlicher Sinn in ihrem *Zweck*, d. h. zwischen Menschen einen geistigen Kontakt, einen Gedankenaustausch herzustellen, Erfahrungen, Gedanken, Wünsche, Bestrebungen in adäquater Weise kundzugeben bzw. zur Kenntnis zu nehmen [1]. Es geht hier wie bei allen anderen Mitteln oder Organen lediglich um eine notwendige Verbindung von Zweck und Mitteln, kurz um den *Zweckmittelzusammenhang*. Die Sprache als Organon kennzeichnet sich dadurch, dass sie *bestimmten* umschriebenen *Zielen* dient und dass sie ihre Ziele durch *bestimmte*, nur ihr zur Verfügung stehende Mittel zu erreichen vermag [2]. Die Zweckbestimmtheit hebt den instrumentalen Charakter der Sprache hervor und schliesst ein Gerichtetsein auf mehr oder weniger bestimmte Personen in sich [3]. Man spricht mit jemand, man richtet sein Ansinnen an jemand, man redet mit sich selbst. Die «angesprochene» Person kann demnach entweder in concreto vorhanden sein oder nur in der Phantasie des Sprechenden (z. B. wenn ein Schriftsteller sich an einen Leserkreis wendet), oder sie kann mit dem Sprechenden identisch sein (z. B. beim Selbstgespräch) [4].

---

[1] Vgl. dazu die Ausführungen von ARISTOTELES über die vier formalen Prinzipien in seiner Metaphysik und Psychologie, wo er das Wesen mit dem Zweck identifiziert, da der Zweck eines jeden Objektes und Vorganges seiner Ansicht nach in dessen eigener vollentwickelter Form selbst liegt.

[2] Die Auffassung, dass die Sprache, wie etwa die Musik, die Ornamentik und die Lyrik aus dem blossen Bedürfnis heraus entstand, das Lebens- und Naturgefühl in irgendeiner Weise zum Ausdruck zu bringen, ist psychologisch unhaltbar. Man kann sich wohl vorstellen, dass der «Urmensch» ohne praktischen Zweck zu singen und tanzen anfing und noch mehr, dass er aus blossem ästhetischen oder spielerischen Drang seine Werkzeuge mit Ornamenten verzierte, nicht aber, dass er ohne Verständigungsabsicht, ohne sozialen Zweck Worte und Sprachgebärden prägte. Die Wortsprache entstand aus ursprünglichen Lautäusserungen, die bereits dem Zwecke des gegenseitigen Kontaktes dienten.

[3] Die Unterscheidung zwischen «Sprecher» und «angeredeter Person» stimmt im wesentlichen mit der Unterscheidung zwischen der «Sprechbedeutung» und «Hörbedeutung» einer Sprachhandlung überein, welche von den holländischen Signifikern, insbesondere von G. MANNOURY, wiederholter Malen und mit Nachdruck betont worden ist.

[4] Dem Anreden von Tieren, Säuglingen, Gegenständen, Naturerscheinungen liegt eine Personifikation zugrunde: man redet sie an, als ob sie die Sprache ver-

Machen wir uns deutlich, welchen Zielen die Sprache dient und über welche Mittel sie verfügt.

Man kann hinsichtlich der Sprache zwischen *primären* und *sekundären* Zielen unterscheiden. Es bedarf keiner weiteren Erläuterung, dass das ursprüngliche Ziel, worauf die Sprache sich richtet und dem sie ihre Existenz und zum Teil auch ihre Entfaltung zu danken hat, die Herstellung eines geistigen Kontaktes ist, einer interindividuellen Verständigung mittels *Gedankenaustausches* und *Willensübertragung*. Von den Sprachforschern wird dieses Ziel nicht nur für das ursprüngliche und wichtigste gehalten, sondern geradezu für das einzige. Damit erklärt sich, dass die Sprache immer wieder ausschliesslich durch die sog. *Mitteilungsfunktion* als das allgemeine und am meisten charakteristische Merkmal bestimmt zu werden pflegt.

Nun zeigt sich, dass ausser diesem primären Ziel die Sprache auch andere Ziele hat, die der Wichtigkeit nach keineswegs hinter der Verständigungsfunktion zurückstehen, ja bis zu einem gewissen Grade ihre Voraussetzung bilden.

Die sekundären Ziele der Sprache beziehen sich auf verschiedene Gebiete der geistigen Tätigkeit, insonderheit auf das *Denken, Wahrnehmen, Selbstbesinnen* und auf den *Ausdruck*.

Die *denkfunktionelle* Seite der Sprache ist uns bekannt. Man weiss, welche Rolle die Sprache bei den Denkoperationen spielt, welche Aufgabe sie bei der Formulierung von latenten, gerade in Entfaltung begriffenen Gedanken und bei der Interpretation der Traumbilder zu erfüllen hat, welchen Anteil sie am geordneten und produktiven Denken besitzt und wie sie aus eigener Kraft denk- und sprachschöpferisch wirkt [1]. Schon W. v. HUMBOLDT sagt in einer seiner Schriften, dass die Sprache nicht eigentlich Mittel ist, die schon erkannten Wahrheiten darzustellen, son-

---

stehen würden. Die Tendenz einer Verständigung liegt auch in diesen Fällen potentialiter vor.

[1] O. SELZ, Über die Gesetze des geordneten Denkverlaufes, Stuttgart 1913; Zur Psychologie des produktiven Denkens und des Irrtums, Bonn 1922.

dern weit mehr, die vorher unerkannten zu entdecken [1]. Diese Aussage von Humboldt wollen wir nicht so eng verstehen, wie die von Humboldt beeinflusste sprachphilosophische Schule es getan hat, also die Sprache weder als das «bildende Organ der Gedanken» auffassen noch sie mit dem Denken identifizieren, sondern nur als Ausdruck der denkfördernden und denkschöpferischen Tätigkeit der Sprache betrachten. Denn einerseits ist das Denken reichhaltiger und differenzierter als die Sprache, vor allem als die Umgangssprache, andererseits erhalten die Gedanken durch die sprachliche Fixierung einen allgemeinen Charakter, festere Konturen, durch den grammatischen Bau und die sprachlich-logische Gestaltung und durch Anwendung der Analogien und Metaphern eine weit über das Individuelle hinausgreifende Bedeutung [2].

Die Rolle der Sprache bei der *Wahrnehmung* kommt bei der äusseren Wahrnehmung als gestaltende, formmodifizierende und formergänzende Tätigkeit, bei der Erinnerung als eine die Wahrnehmung fixierende Kraft zum Vorschein. Zur Erläuterung dürfte der Hinweis genügen, dass bei sprachlicher Formulierung des Wahrgenommenen Relationen entstehen, die den Inhalt und die Form des Wahrnehmungsbildes zu bereichern und zu beeinflussen vermögen. Eine Landschaft wird anders gesehen, je nachdem man sie ohne Selektion und kategoriale Ordnung auf sich wirken lässt oder die kategorial zusammengehörigen Wahrnehmungsgegenstände miteinander verbindet und diejenigen voneinander trennt, die anschaulich oder begrifflich zueinander nicht passen [3]. Die kategoriale

---

[1] W. v. HUMBOLDT, Über das vergleichende Sprachstudium, Berichte d. k. preuss. Akad. d. Wissenschaften, Berlin 1820, S. 255.

[2] Bei diesen Erörterungen setzen wir als bekannt voraus, dass nicht jedes Denken ein *sprachliches* Denken ist. Die denkschöpferischen Prozesse in der darstellenden Kunst, in der Musik, im Schachspiel und in zahlreichen Fällen der praktischen Tätigkeit haben meistens keinen verbalen Charakter; Phantasie, Anschaulichkeit, unmittelbares Erfassen der räumlich-zeitlichen Beziehungen, Bewegungsmöglichkeiten, ferner zielgerichtetes Handeln, sind hier bestimmend. Wie weit bei Taubstummen das Verbale durch Sprachgebärden und Bewegungsimpulse ersetzt wird, muss noch näher untersucht werden. Welche Nachteile indessen die mangelhafte Begriffssprache bei Stocktauben nach sich zieht, ist wohl allgemein bekannt.

[3] Vgl. hierzu meine Schrift: Die Sprache, Proc. Kon. Akademie van Wetenschappen, Amsterdam, Vol. LXIII, 1940. Ähnliche Auffassung begegnen wir bei

Ordnung der wahrgenommenen Gegenstände geschieht in der Regel durch sprachliche Fixierung, die ihrerseits eine sinnvolle Gliederung in der Aussenwelt bringt. Es wird uns nicht gelingen, über eine Ruine einen sinnvollen Eindruck, eine abgeschlossene Gesamtform zu erhalten, wenn wir den optischen Wahrnehmungsinhalt einfach passiv auf uns wirken lassen. Der allgemeine Begriff der Ruine und der spezifische Begriff «Ruine eines griechischen Tempels» werden bei der Wahrnehmung ergänzend-gestaltend wirken. Fehlende Säulen werden vorstellungsmässig aufgerichtet, zerbrochene Architraven ergänzt, abgetragene Bauteile rekonstruiert, so dass endlich die architektonische Einheit eines griechischen Tempels in seiner unvergänglichen Schönheit und Würde vor uns gleichsam entsteht. Wenn jemandem der Begriff «Tempel» fehlte, könnte er diese anschauliche Vorstellung in sich nicht erwecken.

Nirgends tritt die Bedeutung der Sprache bei der Wahrnehmung so deutlich in Erscheinung wie bei dem haptischen Formeindruck. Wir konnten zeigen, dass der strukturelle Aufbau eines etwas komplizierten, dem Beobachter nicht bekannten Gegenstandes haptisch erst dann in seiner Formmannigfaltigkeit und in seinem architektonischen Aufbau erfasst wird, wenn die Formelemente des Dinges *begrifflich* fixiert werden. Es hat sich dabei herausgestellt, dass das endgültige haptische Formbild durch eine begriffliche, verbalisierte Verkettung der Strukturteile im Rahmen des schematischen Formbildes entsteht [1].

Die gestaltende Funktion der Sprache tritt auch in der *inneren Wahrnehmung* in Wirkung. Die anschaulichen und unanschaulichen Gegenstände der inneren Wahrnehmung, wie die Denkakte, Intentionen, Relationen, Abstraktionen, Apperzeptionen, ferner Trieb- und Gefühlsregungen oder wie die Gegenstände und Vorgänge der inneren Wahrnehmung auch sonst heissen mögen, werden teilweise durch die Sprache erzeugt, teilweise durch sie bewusst gemacht, in die Begriffswelt eingefügt und so zum Gegenstand der Reflexion erhoben.

HERDER, FR. V. SCHLEGEL und W. V. HUMBOLDT. Der letztere sagt: «Der Mensch umgibt sich mit einer Welt von Lauten, um die Welt von Gegenständen in sich aufzunehmen und zu bearbeiten.» Für Herder und v. Humboldt ist die Sprache die geistige Tätigkeit, die die Welt gestaltet und benennt.

[1] Siehe meine Schrift: Die Formenwelt des Tastsinnes, I, 1937. S. 204.

Dass auch die Wiedervergegenwärtigung, die treue *Reproduktion* des Wahrgenommenen und des Erlebten in den meisten Fällen nur durch vorherige sprachliche Festlegung des Eindruckes möglich ist, steht ausser Zweifel. Von einer Fahrt lassen sich meistens nur jene Eindrücke zu einem späteren Zeitpunkt ohne ins Gewicht fallende Veränderungen reproduzieren, die während des Wahrnehmens sprachlich fixiert worden sind.

Ferner setzt auch die *Selbstbesinnung* (ein besonderes Anwendungs- gebiet des Denkens) die Sprache voraus. Die Sprache wirkt mit beson- derem Erfolg mit, die Geheimnisse unseres Inneren zu belauschen und uns in die Welt des Verborgenen und Verdrängten zu versenken. Ohne sprachliche Formulierung der inneren Erlebnisse und der von der Moral geforderten Haltung ist Selbstbesinnung und damit auch die Selbst- erkenntnis und Selbstkontrolle sehr unvollkommen. Sich auf sich selbst zu besinnen, seine Bestrebungen, Motive, Entschlüsse und Handlungen einer Prüfung zu unterwerfen, setzt notwendig die Sprachfunktion voraus.

Schliesslich würden wir einem übersteigerten Intellektualismus anheim- fallen, wenn wir die Rolle der Sprache ausschliesslich auf die Sphäre des Denkens und der Vermittlung beschränken würden. Die Sprache besitzt ausser einer intellektuellen auch eine ursprüngliche *Ausdrucks- seite*. Die inneren Erregungen treten nicht bloss durch Ausdruckslaute und Ausdrucksbewegungen, ferner durch Intonation, Modulation und Rhythmus, sondern auch durch ausdruckstragende symbolische Laut- zeichen, also Worte — eine korrelative Verflochtenheit von Laut und Sinn — in Erscheinung. Nicht bloss die Lautmelodik und -rhythmik der lebendigen Sprache, sondern die Verbindung des Sprachlautes mit einem Sinn verleiht den Sprachgebilden ihren physiognomischen Cha- rakter. Die Ausdrucksfähigkeit der Sprache als Darstellungsmittel des ästhetischen Erlebnisses und der künstlerischen Produktion findet ihren Niederschlag in den Werken der Literatur und in den Leistungen der Rede- und Schauspielkunst.

Die Ziele der Sprache lassen sich inhaltlich nicht so scharf wie theo- retisch trennen. Es ist nicht schwer zu zeigen, in welch enger Beziehung sie zueinander stehen und wie oft sie einander durchkreuzen. So liefern die sprachlich formulierten Denk- und Wahrnehmungsinhalte und Ge- fühls- und Willensäusserungen den Stoff für die Verständigung, so werden sprachliche Ausdrucksphänomene und Gebaren zum Objekte des Denkens, und so lässt sich die Selbstbesinnung als Produkt des Denkens und der inneren Wahrnehmung erkennen. Vom Standpunkt der Einstellung und des Gerichtetseins der sprachlichen Aktivität erweisen sich die genannten Ziele indessen so verschieden, dass die Berechtigung einer begrifflichen Trennung zwischen ihnen unbestreitbar ist.

Eine Zweckbetrachtung der Sprache führt uns also zu der Aufstellung des Satzes, dass die Sprache ein besonders ausgebildetes und hinsicht- lich ihrer Erscheinungsweise und ihres Baues einzigartiges *Mittel der Verständigung, des Denkens, des Gestaltens, der Deutung, der Selbstbesinnung und des Ausdruckes des Inneren* darstellt. Diese Definition schliesst alle Sprachsituationen in sich, nämlich den Dialog, den Monolog und das einseitige Sprechen bei doppelseitiger Beziehung.

Das Aneinanderreihen dieser sprachlichen und sprachbezogenen Mani- festationen findet seine logische Rechtfertigung darin, dass sie alle im Grunde genommen demselben allgemeinen Zweck dienen, nämlich der Ermöglichung und Entfaltung der sozialen Betätigung des Menschen und dem des geistigen Kontaktes unter den Menschen. Möge auch das Denken, das Gestalten und der Ausdruck gegenüber der Verständigung eine logische Priorität haben, so widerspricht dies nicht der Annahme, nach der diese Sprachanwendungen im Leben der Sprache zeitlich nicht getrennt, sondern vom Beginn an miteinander in engster Wechselbezie- hung gestanden haben.

Der zweite Gesichtspunkt, den wir bei der Wesensbestimmung der Sprache verwenden können, geht von dem *Mittel* aus, mit dessen Hilfe die Sprache die gestellten Ziele verwirklicht. Das Mittel, das die Sprache zu so mannigfaltigen Aufgaben geeignet macht und ihre fortschreitende, niemals versiegende Entfaltung garantiert, liegt in ihrem *laut- und bewegungssymbolischen Charakter. Die Sprache ist ein Gefüge sinnvoller Zeichen, welches Gegebenheiten der Aussenwelt und Zustände des Innen- lebens gemäss einer festgelegten Sinn- und Zeichenzuordnung darzustellen vermag.* Die menschliche Sprache unterscheidet sich von allen anderen Verständigungsmitteln durch die symbolische Darstellungsform, und gerade durch dieses Mittel war ihre Entwicklungsmöglichkeit versichert und kraft dessen erwarb sie eine überragende Bedeutung für die Entwicklungs- und Geistesgeschichte der Menschheit.

So führt uns die Mittelbetrachtung zur Aufstellung eines zweiten Satzes, der besagt, dass *die Sprache ihrem Wesen nach die laut- und bewegungssymbolische Repräsentation von Tatbeständen der äusseren und inneren Welt darstellt.* Konkreter ausgedrückt: Die Sprache bedient sich zur Vermittlung der Erlebnisse, Urteile, Ziele und Willensansprüche des Kundgebenden phonetischer Zeichen und Zeichenverbindungen, die durch zusätzliche Gebärden unterstützt werden [1]. Von diesem Standpunkt aus ist es irrelevant, welchem speziellen Zweck die Sprache dient und unter welchen Bedingungen sie sich betätigt, ob es sich also um Kundgabe, Selbstbesinnung, Fixierung von Gedanken usw. handelt und ob die Umsetzung der Erlebnisse in sprachlicher Form bei dialogischer oder monologischer Sprachsituation erfolgt [2].

Die symbolische Funktion der Sprache wird von zahlreichen Autoren als *das* Wesen der Sprache bezeichnet [3]. Diese Auffassung lässt sich einigermassen rechtfertigen, wenn man sich bewusst macht, dass die Realisierung der Sprache sich gerade durch die symbolische Darstellung der Bewusstseinsinhalte vollzieht. Die Sprache — wie mit ihr viele andere geistige Funktionen — verkörpert sich in ihren spezifischen *Leistungen,* und diesen Leistungen — nämlich der Rede und der Schrift — liegen symbolische Zeichensysteme akustischer, motorischer und op-

---

[1] Absichtlich haben wir uns auf den symbolischen Charakter der *Sprachgebilde* beschränkt, weil die Ausdruckslaute und Ausdrucksbewegungen in ihrer Sprachbezogenheit wohl Bestandteile der Rede, nicht aber der Sprache bilden.

[2] Die Bildsprache der alten Kulturvölker, wie die der Ägypter, Chinesen und der Altkreter und die der Naturvölker, ferner die bildhafte Erscheinungsweise der Trauminhalte und Visionen sind ihrem Inhalt nach an die lautsprachlichen Aussagen gebunden und folgen meistens der Gliederung der Lautsprache. Ihr Sinn wird erst durch Übertragung in die Lautsprache verständlich: man *liest* die Bilderreihe bzw. *interpretiert* die Traumbilder und die Visionen.

[3] Vgl. dazu die Ausführungen von E. CASSIRER in seiner «Philosophie der symbolischen Formen», I, 1923.

tischer Art zugrunde. Und gerade aus diesen Zeichensystemen schöpft die ganze Sprachwissenschaft, die Grammatik, die Syntax, die Bedeutungslehre, die Phonologie, ja selbst die Logik ihr Material. Da die sprachwissenschaftliche und logisch-grammatische Forschung im allgemeinen keine Rücksicht auf die Ziele der Sprache zu nehmen hat, ist es begreiflich, dass Forscher, die die sprachlichen Gegebenheiten, wie Begriff, Satz, Urteil, Aussage in den Mittelpunkt ihrer Betrachtungen stellen, in der symbolischen Form das Wesen der Sprache sehen [1]. Dieser Standpunkt wird durch den Hinweis auf die fundamentale Bedeutung der Symbolik in der Sprache unterstützt. Es steht nichts im Wege, die symbolische Funktion sogar als die *Grundfunktion* der Sprache anzusehen. Ihre zureichende Begründung findet diese Auffassung in dem Abhängigkeitsverhältnis der Spezialfunktionen von der Grundfunktion. Es ist unschwer zu zeigen, dass von dem Dasein und der Entwicklungshöhe der Grundfunktion das Bestehen und die Entfaltung aller übrigen Funktionen abhängen. Man kann sich die Grundfunktion als eine Art von Urfunktion vorstellen, die den Spezialfunktionen das nötige zu bearbeitende Sinnes- und Vorstellungsmaterial verschafft.

---

[1] Es wäre verfehlt, daraus auf die Existenz einer «reinen Sprache» zu schliessen, die als Objekt für sich, unabhängig von den menschlichen Bedürfnissen und Betätigungen, sich behaupte. Daher müssen wir die Auffassung von N. ACH ablehnen (XII. Kongress d. deutschen Gesellschaft für Psychologie, 1932), der gegenüber den wechselnden Zweckbestimmungen der Sprache «die Sprache selbst, d. h. die Sprache unabhängig von einer besonderen Zweckbestimmung» als bleibend und dauernd betrachtet. Allerdings lässt sich die Sprache als Gegenstand wissenschaftlicher Forschung objektivieren und ohne Rücksicht auf die Finalität behandeln, wie dies durch die Linguisten auch geschieht. Das Ergebnis einer solchen Objektivierung hat aber mit der lebendigen Sprache, die wir zu definieren haben, wenn wir uns vom Sinn der Sprache eine richtige Vorstellung bilden wollen, nichts zu tun. In Wirklichkeit gibt es keine «reine Sprache», im Gegensatz zu der Mathematik, in der es eine «reine Mathematik» sehr wohl gibt. Mit demselben Recht könnte man wie von einer «reinen Sprache», die nur um ihrer selbst willen vorhanden ist, von einer «reinen Zange» sprechen, die nur für sich existieren und nichts davon wissen will, dass sie eine Zange ist. «Zange sein» bedeutet, einem bestimmten Zweck dienen, und ebenso bedeutet «Sprache sein» ein Mittel zur gegenseitigen Verständigung. Abstraktionen, wie «reine Sprache», können den müssigen Geist unterhalten, nicht aber die Forschung fördern.

Die symbolische Darstellung als Grundfunktion bringt das Wesentliche der Sprache in dem Sinne zum Ausdruck, dass sie — mit Ausnahme des Gerichtetseins, das einen integrierenden Bestandteil der kommunikativen Absicht bildet — die Grundmerkmale der Sprache, nämlich den *Laut* und die *Bedeutung*, in sich schliesst.

Wie bedeutungsvoll die symbolische Funktion für die Sprache auch sein mag, kann sie dennoch den ausschliesslichen Inhalt des Begriffes Sprache nicht ausmachen, schon darum nicht, weil die symbolische Darstellung nicht als *artspezifisches* Merkmal der Sprache in Erwägung kommt. Denn viele andere Tätigkeiten und Objektivationen des menschlichen Geistes, wie Kulthandlungen, Zeremonien, Grussakte und in erster Linie die darstellenden Künste, bedienen sich ebenfalls symbolischer Zeichen. Beabsichtigt man also die Sprache *eindeutig* zu bestimmen, so ist es erforderlich, in der Definition den Zweck *und* das Mittel deutlich und klar hervortreten zu lassen, was zu der folgenden Formulierung führt:

Die Sprache als laut- und bewegungssymbolische Darstellung von Bewusstseinsinhalten präsentiert sich als Mittel der gegenseitigen Verständigung, des Denkens, des Gestaltens, der Selbstbestimmung und des Ausdrucks.

Durch diese Definition ist die Sprache zwar eindeutig, aber noch immer *nicht erschöpfend* bestimmt. Wollen wir zu einer Definition vordringen, die alle Kategorien der Sprachhandlungen berücksichtigt, so müssen zunächst jene Funktionen, die das Fundament eines logisch wie psychologisch und sprachwissenschaftlich hinreichend begründeten Funktionssystems der Sprache bilden, erfasst und klargelegt werden.

Die Auswahl dieser *Hauptfunktionen* ist nicht der Willkür anheimgegeben. Sollen sie die Sprache fest umgrenzen und soll ihr psychologischer Bestand zur Grundlage der Gesamtheit der Sprachhandlungen dienen, so müssen sie folgenden Anforderungen genügen.

In erster Linie fordern wir von ihnen, dass sie, wie die Hauptfunktionen eines jeden Organs biologischer oder psychologischer Natur, unabhängig voneinander sind, und zwar in dem Sinne, dass ihnen auch einzeln *reale Existenz, Autonomie* und dazu noch ein mehr oder weniger selbständiger *Wirkungskreis* zuerkannt werden kann. Aus der realen, unabhängigen Natur der Hauptfunktionen folgt, dass das Ausfallen oder die Regression der einen das Ausfallen oder die Regression der anderen nicht notwendig nach sich zieht. Als Beispiel können wir auf die Funktionen des Gesichtssinnes weisen. Das Gesichtsorgan besitzt zwei voneinander unabhängige, miteinander aber in engster Beziehung stehende Funktionen, nämlich den Farben- und den Raumsinn. Raum- und Farbenwahrnehmungen treten stets miteinander auf, so dass sie unzertrennlich verbunden zu sein scheinen; doch kann der Farbensinn unter besonderen Umständen partiell oder total ausfallen, ohne die Raumperzeption zu stören, und ebenfalls kann der Raumsinn stark zurückgehen, ohne dadurch die Funktion des Farbensinnes zu beeinträchtigen.

Für die Hauptfunktionen ist ferner bezeichnend, dass sie verschiedenen Spezialzwecken dienen, was nicht ausschliesst, dass sie sich zu einer höheren Einheit verbinden und einem allgemeinen Prinzip unterordnen. Eine weitere Eigentümlichkeit der Hauptfunktionen mag sein, dass sie einer entwicklungsgeschichtlichen Betrachtung zugänglich sind. Es wird im allgemeinen vorausgesetzt, dass Einzelfunktionen in verschiedenen Perioden der Entwicklung auftreten und unter Führung eines leitenden Prinzips allmählich ein in sich geschlossenes Funktionssystem bilden.

Diesen Anforderungen entspricht meines Wissens keine der bekannten Funktionstheorien [1]. Daher wollen wir auf die Behandlung dieser Lehren verzichten, zumal die Ansichten so grosse Verschiedenheiten aufweisen,

---

[1] Hierher gehören: H. MAIER, Psychologie des emotionalen Denkens, 1908; K. VOSSLER, Die Sprache als Schöpfung und Entwicklung, 1905; FR. MAUTHNER, Kritik der Sprache, 1921; K. OGDEN und I. A. RICHARDS, The Meaning of Meaning, 1930; G. STERN, Meaning of Chance of Meaning, 1931; W. B. PILLSBURY and CL. L. MEADER, The Psychology of Language, 1928; H. DEMPE, Was ist Sprache? 1930, und: Die Darstellungstheorie der Sprache. Indogerm. Forschung, 53, 1935; O. DITTRICH, Die Probleme der Sprachpsychologie, 1904; H. DELACROIX, Le langage et la pensée, 1930; A. H. GARDINER, The Theory of Speech and Language, 1932; G. A. DA LAGUNA, Speech, its Functions and Development, 1927; A. REICHLING, Het woord, 1935. Aber auch: A. MARTY, Untersuchungen zur Grundlegung der allgemeinen Grammatik und Sprachphilosophie, 1908; E. HUSSERL, Logische Untersuchungen, I und II, 1922 und: Meditations Cartésiennes, 1931; R. HÖNIGSWALD, Philosophie und Sprache, 1937.

dass die Differenzpunkte schwerlich Gegenstand aussichtsreicher Erörterungen bilden können. Eine Ausnahme machen wir mit der psychologisch begründeten Sprachtheorie von K. BÜHLER.

Die Grundlage der Sprachtheorie von Bühler wird durch ein Trias:
Kundgabe, Appell und Darstellung, gekennzeichnet. Im allgemeinen
nimmt man an, dass Bühler durch seine Trias die die Sprache konstituierenden Einzelfunktionen zum Ausdruck bringen wollte. Dieser Eindruck wurde noch dadurch verstärkt, dass Bühler selber seine Theorie
gelegentlich als Funktionstheorie bezeichnete. Dringt man indessen in
die Bühlersche Lehre etwas tiefer ein, so zeigt sich, dass Bühler mit
seinen Begriffen: Kundgabe, Auslösung, Darstellung, oder nach einer
späteren Version: Ausdruck, Appell, Darstellung, nicht die Sprachfunktionen, sondern nur das allgemeine Begriffsschema des «konkreten
Sprachereignisses» charakterisieren wollte.

Die konkrete Sprachhandlung, die *Rede*, stellt Bühler in einem drei-
gliedrigen Beziehungssystem dar: A, der Sender, wendet sich an B,
den Empfänger, und gibt ihm mittels eines bestimmten Lautes etwas
kund [1]. In dieser Weise gelangt man zu drei Bestimmungen der sprachlichen Äusserung, nämlich zu dem in einem lautlichen Ausdruck in
Erscheinung tretenden Kundgabeakt (Bühler nennt sie Kundgabe, später
Ausdruck), dann zu einer an eine andere Person gerichteten Aufforderung
(Auslösung, später Appell) und schliesslich zu der Darstellung des mitzuteilenden Sachverhaltes. Anschaulichkeitshalber stellt Bühler seine
Dreifundamentenlehre schematisch in einem Dreieck dar, in dessen Mitte
sich ein Punkt befindet, der das blosse akustische Phänomen, den Stimm-
laut, repräsentiert und zu dem die erwähnten drei Faktoren in engster
Relation stehen (Organonmodell).

Die Feststellung, dass in jedem Sprachakt ein bestimmter Sprecher,
ein bestimmter Angesprochener und ein bestimmter kundzugebender
Sachverhalt vorhanden sind, ist eine allgemein anerkannte Tatsache.
Schon PLATON in seinem Kratylos nennt die Sprache ein Organon,
kraft dessen einer dem anderen etwas über Dinge mitzuteilen vermag:

---

[1] K. BÜHLER, Sprachtheorie, 1934. Vgl. dazu seine Schrift: Die Axiomatik
der Sprachwissenschaften (Kant-Studien, 36, S. 19).

ὄνομα ἄρα διδασκαλικόν τί ἐστι ὄργανον καὶ διακριτικόν [1]. Dass Bühler seine Analyse am Sprechakt ausführte, ist zu verdanken FERD. DE SAUSSURE, der als erster auf den prinzipiellen Unterschied zwischen Sprechakt (parole) und Sprachgebilde (langue) mit Nachdruck hingewiesen hat [2]. Bühlers unzweifelhaftes Verdienst ist, dass er erkannte, dass *jede* Sprachhandlung die drei von ihm genannten Faktoren in sich schliesst. Selbst beim Monolog und bei lautloser Sprache fehlt keine dieser drei Merkmale, da im Selbstgespräch das Ich seine Gedanken an das zweite «Ich» richtet (anstatt «ich» wird oft «du» gesagt). Dass in der Schriftsprache die Kundgabeintention und der Appell nicht immer mitschwingt, erklärt sich einfach dadurch, dass die Sprachbeziehungen der Rede in der Schrift nicht immer zur Geltung kommen [3].

Die Richtigkeit der Analyse Bühlers hinsichtlich der *Relationsfundamente der Rede* zeigte sich später u. a. darin, dass die relative Selbständigkeit der Beziehungsmerkmale auch phonetisch in Erscheinung tritt. Schon ein aus einem einzigen Wort bestehender imperativer Satz, wie z. B. «Komm!», weist alle drei Merkmale auf. Im lautlichen Charakter des volitionalen Kundgabeaktes tritt die Zugehörigkeit des Sprechers zu einer bestimmten Menschengruppe (Geschlecht, Alter, soziale Stellung, Berufsgruppe, örtliche Bestimmtheit) und auch seine Persönlichkeit phonetisch hervor. So wird der Befehl im Munde eines einfachen Arbeiters anders klingen als im Munde eines hochgebildeten Mannes, und innerhalb derselben Gruppe wird man hinsichtlich des phonetischen

---

[1] PLATONS Kratylos, 388 *a*, wo er die Frage aufwirft, ob die Namen der Dinge (physei) durch eine Naturangepasstheit oder (thesei), durch willkürliche Bestimmung und Übereinkunft entstehen.

[2] F. DE SAUSSURE, Cours de linguistique générale, 1916.

[3] In einem an mich gerichteten Brief weist Kollege O. FUNKE darauf hin, dass Bühler bei seiner Funktionstheorie auf das Verhältnis Sprecher-Hörer kein Gewicht legte, sonst hätte er die «Kundgabe» und die «Bedeutung», d. h. den Gehalt der Mitteilung, nicht unter den Namen «Darstellung» zusammengefasst. Die «Darstellung» als Redeinhalt ist im Sinne Bühlers dem Umfang nach zu eng, weil er darunter nur Gegenstände im Sachverhalte, d. h. Nennwörter und Aussagen versteht. Das Gebiet der volitionalen und emotionellen Äusserungen, die im Befehlsakt, Wunschakt usw. zum Ausdruck kommen, finden im Bühlerschen System keinen Platz.

Phänomens sehr deutliche und für die Einzelpersonen sehr charakteristische Unterschiede wahrnehmen. Auch der Appell, der die Haltung und den Gefühlszustand des Sprechenden gegenüber dem Angesprochenen andeutet, weist phonetische Unterschiede bezüglich der Verschiedenheit der Intention auf. Der Satz: «Das hast du gut gemacht!» kann, je nach seiner phonetischen Struktur, verschiedenes bedeuten. Durch Überbetonung des ersten Vokals *a* in «das» oder *u* in «gut» lässt sich Anerkennung oder Vorwurf ausdrücken. Schliesslich hat die blosse Darstellung des Sachverhaltes ihre eigene *phonologische* Bestimmtheit, deren Erforschung eine der wichtigsten Aufgaben der Phonologie bildet [1].

Gegen die Bühlersche Auffassung bezüglich der Relationsfundamente der Rede haben wir prinzipiell nichts einzuwenden. Doch möchten wir nicht versäumen, auf einige Mängel in seiner Darstellung hinzuweisen, die übrigens leicht zu korrigieren sind. Die erste Bemerkung bezieht sich auf den Geltungsbereich seines Organonmodells, die zweite auf den Begriffsapparat.

Bühler meint, durch die genannten drei Faktoren die Sprache als eine spezifische Kommunikationsform eindeutig bestimmt zu haben. Das lässt sich aber mit unseren, an den Kommunikationserscheinungen gemachten Erfahrungen nicht vereinigen. So besitzen z. B. die noch später ausführlich zu behandelnden spontanen Ruflaute alle drei Relationsfundamente der Sprache, obgleich sie nicht zu den *sprachlichen* Verständigungsmitteln gehören. Man muss also dem Organonmodell ein grösseres Geltungsgebiet zuerkennen, als Bühler es tat, es auch auf bestimmte nichtsprachliche Kommunikationsformen ausdehnen, wodurch seine Bedeutung für die *Sprache* allerdings beträchtlich verringert wird. Das für die Sprache Spezifische käme bei diesen Beziehungsgliedern der Rede nur dann zum Ausdruck, wenn man an Stelle des Begriffes «Darstellung» den der «*sprachlichen* Darstellung» setzte, wodurch auch die symbolische Natur der Sprachgebilde hervorträte. Sodann möchten wir noch darauf

---

[1] N. S. TRUBETZKOY, Grundzüge der Phonologie, 1939. Vgl. dazu den Aufsatz von J. v. LAZICZIUS, Probleme der Phonologie, in den Ungarischen Jahrbüchern, 15, 1935, und A. W. DE GROOTS Abhandlung: Phonologie und Phonetik als Funktionswissenschaften, Travaux du Cercle linguistique de Prague, 7, 1939.

hinweisen, dass keiner der von Bühler eingeführten Begriffe das für die Sprache Spezifische scharf umschrieben zum Ausdruck bringt. Kundgabe kann nämlich auch ohne Sprache zustande kommen, wie z. B. der tierische Ruf oder die an bestimmte Personen gerichteten Anrufe und weisenden Gebärden. Darstellung und Ausdruck beschränken sich nicht nur auf die Sprache, denn alle Gebiete der Kunst, insbesondere der Tanz und die Pantomime, zeigen ausgeprägte Darstellungs- und Ausruckswerte. Was den Appell anbelangt, so kann er sowohl durch symbolische Sprachzeichen wie durch Signale erfolgen. Schliesslich ist die Auslösung geradezu eine allgemeine Folgeerscheinung der Wahrnehmungsreize, die unter den verschiedensten Bedingungen bei allen lebenden Wesen in Erscheinung tritt. Dieser Mangel der Terminologie könnte aufgehoben werden, wenn man die von Bühler vorgeschlagenen Begriffe, Kundgabe und Appell, durch andere, die Tatbestände der Sprache genauer beschreibende Begriffe ersetzen würde. Der Begriff «Darstellung» wird sich allerdings nicht eliminieren lassen [1].

Wir wären auf eine Kritik der Bühlerschen Sprachtheorie nicht eingegangen, wenn seine Ausführungen bei seinen Anhängern nicht den Eindruck erweckt hätten, dass es sich hier auch, sogar in erster Linie, um Festlegung der Grundfunktionen der Sprache handelt, ein Eindruck, wozu die Bezeichnungen, wie Kundgabe und Darstellung — die in den Funktionslehren eine so grosse Rolle spielen — beitrugen [2].

Nach diesem Exkurs wollen wir auf die Dreifunktionstheorie übergehen. Unsere Theorie ist auf das vornehmlichste Ziel der Sprache, auf die gegenseitige Verständigung, gerichtet, ihre Geltung erstreckt sich aber — wie wir sehen werden — auf alle Anwendungsgebiete der Sprache.

---

[1] Eine kritische Auseinandersetzung mit der Bühlerschen Sprachtheorie findet sich bei H. DUYKER, Extralinguale elemente in de spraak, 1946.

[2] Eine Analyse der Begriffe Zeichen, Bedeutung und Symbol führt H. SCHMALENBACH in seinem Werk «Geist und Sein» (Basel 1939) zu drei «sekundären Bedeutungsrichtungen», nämlich zu der Anzeige, Kundgabe und Ansprache. Auf diese Begriffe gehen wir nicht ein, weil es sich bei Schmalenbach nicht um Funktionen der Sprache oder um Manifestationen des Sprechens, sondern um das Prinzip der Symbolik überhaupt handelt. Dementsprechend setzt er konsequenterweise bei der Kundgabe und Anzeige eine Sprache bzw. einen sprechenden Menschen nicht voraus.

II. DIE DREIFUNKTIONSTHEORIE

Täusche ich mich nicht, so ist es mir gelungen, jene Hauptfunktionen der sprachlichen Verständigung festzustellen, die von dem Sprechenden ausgehen und sich an den Angesprochenen richten, die sich in allen Sprachsituationen und in allen Spracharten manifestieren, ferner sich in ihrer strukturellen und intentionalen Selbständigkeit deutlich voneinander abheben, Licht auf neue, bisher unbekannte Zusammenhänge werfen, eine entwicklungsgeschichtliche Betrachtung zulassen und schliesslich mit den Ergebnissen der Kinderpsychologie, der allgemeinen Sprachwissenschaft und der Sprachgeschichte in voller Übereinstimmung stehen. Es bedarf keines Beweises, dass der Mensch im sozialen Verkehr im wesentlichen von zwei Intentionen beseelt bzw. beherrscht ist, nämlich: einerseits, um seine Artgenossen zu einer Handlung aufzufordern, andererseits, um ihnen etwas anzuzeigen, mitzuteilen. Es kann also darüber kein Zweifel bestehen, dass diese beiden sozialen Bedürfnisse die mächtigsten Triebkräfte bei der Entstehung und Entfaltung der Sprache gewesen sind, zumal jede Mitteilung von Sachverhalten — direkt oder indirekt — notwendig an die Sprache gebunden ist.

Diesen beiden grundlegenden Handlungen, dem *Aufforderungsakt* und dem *Mitteilungsakt*, müssen in den verschiedensten Sprachen eine Anzahl auf Tätigkeiten sich beziehende Worte entsprechen, von denen unter anderen im indo-europäischen Sprachgebiet das Zeitwort, das *Verbum*, eine zentrale Stellung einnimmt. Die lebendige Sprache hat sich im Laufe der Differenzierung den Anforderungen der Verständigungsabsicht angepasst. Daraus ergab sich, dass das Verbum nicht allein die «Regierung» über die blossen Nomina, Namen, übernehmen musste, sondern versuchte, in den Modi auch die näheren Bestimmungen der Tätigkeit zum Ausdruck zu bringen. Von allen Modusformen kommt bei Erwägungen bezüglich der Frühgeschichte der Sprache zweien eine grundlegende Bedeutung zu: dem *Imperativ*, d. h. der *Aufforderungs-* bzw. Befehlsform, und dem *Indikativ*, d. h. *der Anzeige-* bzw. Mitteilungsform.

Um jedes Missverständnis von vornherein auszuschliessen, wollen wir mit Nachdruck betonen, dass wir die Begriffe Imperativ und Indikativ (auch Vokativ und Optativ) in zwei voneinander scharf unterscheidbaren Bedeutungen verwenden. Einmal bezeichnen wir mit diesen Worten *psychologische Kategorien*, d. h. befehlende, rufende, anredende, anzeigende, anweisende *Intentionen und Handlungen der Menschen*, unabhängig davon, in welcher Weise diese Absichten zum Ausdruck gebracht werden, also ob durch Worte, Gebaren, Signale oder andere Zeichen. Das andere Mal beziehen sich diese Begriffe auf *linguistische Kategorien*. Schon H. PAUL weist in seinen «Prinzipien der Sprachgeschichte» (S. 263) auf den Unterschied der psychologischen und grammatikalischen Kategorien hin. Er betont, dass sich jede grammatikalische Kategorie auf Grundlage einer psychologischen erzeugt und dass die Schöpfung der grammatikalischen Kategorie die Wirksamkeit der psychologischen nicht aufhebt, denn diese ist von der Sprache unabhängig; wie sie vor jener da ist, wirkt sie auch nach deren Entstehen fort. Die grammatikalische Kategorie bindet sich an eine feste Tradition, die psychologische dagegen bleibt immer etwas Freies, Lebendiges, Wirkendes.

Die Notwendigkeit dieser Unterscheidung zeigt sich einmal darin, dass imperative und indikative Intention auch ohne grammatikalische Form in Erscheinung treten kann, z. B. in vielen Primitivsprachen und in der Gebärdensprache der Taubstummen, da dort für die Modi keine besonderen Zeichen zur Verfügung stehen, aber auch in der natürlichen Gebärdensprache, deren sich in weitem Umfang selbst Vollsinnige zur Unterstützung und Ergänzung der Lautsprache bedienen. Der Befehl bzw. das Gebot wird in diesen Fällen durch sprachbezogene Handbewegungen und Blicke, die Indikation durch hinweisende, zeichnende oder nachfahrende Bewegungen der Hand ausgedrückt. Die Trennung des Psychologischen vom Grammatikalischen bekundet sich auch genetisch: die imperative und die indikative Verhaltungsweise tritt nämlich ontogenetisch, wahrscheinlich auch phylogenetisch, früher auf als die imperativen und indikativen grammatischen Formen. Auf eine Diskrepanz zwischen Akt und Darstellungsform weist ferner der Umstand hin, dass z. B. der imperative Akt mit voller Freiheit verschiedene grammatikalische Formen (Infinitiv,

Indikativ und die syntaktische Form der Frage) annehmen kann, z. B.: «Du wirst es mir bringen», «Fest auftreten», «Kommst Du nicht her?» Man beachte, in welcher Weise im Deutschen und Italienischen der Substantiv «Weg!» = «via!» die Bedeutung des Ortsadverbs mit imperativer Bedeutung annimmt. Dasselbe gilt auch für den Indikativ. Ferner kann man auf Sprachen weisen, die keine Modi besitzen, folglich gezwungen sind, diese Sprachinhalte in einer anderen Weise darzustellen. Das gilt u. a. für die chinesische Sprache. Obgleich diese bekanntlich keine Grammatik in unserem Sinne hat, kann sie dennoch alle grammatischen Verhältnisse syntaktisch, also durch die Stellung der Wörter oder durch besondere Ausdrücke, angeben. Auch die Mbayasprache kennt keine imperative Form: der Imperativ und Optativ wird durch das Substantiv und das Besitzpronom ausgedrückt. «L'emani» bedeutet: «er wünscht», ist aber durch «er» (L) und «Wunsch» (emani) angedeutet. (Allerdings weiss man nicht, wie es ursprünglich gewesen ist [1]).

Abgesehen von diesen Ausnahmen bildet das *Verbum* das adäquate sprachliche Ausdrucksmittel der genannten beiden Hauptfunktionen und stellt zugleich psychologisch die ursprünglichste Sprachhandlung und historisch die älteste grammatische Kategorie dar. Seine Ursprünglichkeit und seine in die Urzeit verlegte Entstehung lässt sich unschwer durch psychologische Erwägungen und sprachhistorische Feststellungen erhärten.

Das erste, was die Aufmerksamkeit des Menschen jederzeit in Anspruch nahm, war unbestreitbar das *Geschehen* in allen seinen Manifestationen, in erster Linie die mit Bewegung, d. h. mit Ortsveränderung verbundenen Tätigkeiten, wie Laufen, Kommen, Bringen, Holen, Warten usw. Der im sozialen Verband lebende Urmensch war geradezu gezwungen, für diese vital wichtigen Tätigkeiten geeignete sprachliche Ausdrücke zu finden. Dieses Streben führte ihn zur Bildung von *Tätigkeitsworten* (Verben), die in der ersten Periode der Sprachentwicklung wohl das Grundelement der Sprache ausgemacht haben.

---

[1] Diese Verhältnisse drückt H. DUYKER in der Weise aus, dass die Sprache hinsichtlich der kommunikativen Intention morphologisch indifferent ist.

Der psychologische Vorrang des Tätigkeitswortes spiegelt sich in der Sprachgeschichte in seiner *lingualen Priorität* des Verbums ab. Die Ansicht, dass das älteste Sprachgebilde das Verbum ist, wird von zahlreichen Linguisten anerkannt. Schon J.G. HERDER hat im Jahre 1770 mit Entschiedenheit auf die Priorität des Verbums hingewiesen [1]. Er führte in seiner Schrift über den Ursprung der Sprache folgendes aus: «Tönende Verba sind die ersten Machtelemente der ältesten Sprachen. So sind z. B. die morgenländischen Sprachen voll Verba als Grundwurzeln der Sprache» (S. 82). Er ging sogar noch einen Schritt weiter, indem er behauptete, dass aus den Verbis Nomina wurden und nicht Verba aus den Nominibus. In der letzten Zeit ist besonders SCHUCHARDT für die Priorität des Verbums eingetreten [2]. Mit dieser sprachhistorischen Auffassung stimmt die Erfahrung der Ethnologen gut überein, dass in verschiedenen primitiven Sprachen, u. a. in den sog. einverleibenden Sprachen der Indianerstämme Nordamerikas, der Vorgang bzw. die Tätigkeit und damit zugleich das Verbum den Mittelpunkt der sprachlichen Verständigung bildet. In diesen Sprachen werden in das Verbum alle übrigen Bestandteile des Satzes durch eine Abwandlung des ursprünglichen Verbalwortes mit hineinbezogen. Ebenso oft kommt es vor, dass für dieselben Tätigkeiten bei verschiedenen konkreten Konstellationen verschiedene Verba ohne andere Redeteile gebraucht werden. In der Sprache der Huronen gibt es ein Verbum für Sehen eines Menschen und ein anderes für Sehen eines Steines. In beiden Fällen stellt das Verbum ein «Satzwort» dar, das viel mehr in sich schliesst als unsere Verba [3].

Mit der genetischen Priorität der Verba steht die Ursprünglichkeit und das hohe Alter der *imperativen und indikativen grammatischen Formen* in engstem Zusammenhang. Auch das spiegelt sich in der Sprachgeschichte wieder. Es ist bekannt, dass die indogermanischen und semitischen Sprachgebiete auf einen ursprünglichen Zustand der Verbalbildung zurückweisen, bei dem der Modus auf die einfache Aussage (Indikativ)

---

[1] J. G. HERDER, Abhandlung über den Ursprung der Sprache, 1770, I, 3.

[2] H. SCHUCHARDT, Das Baskische und die Sprachwissenschaft, Sitzungsberichte d. kaiserl. Akad. d. Wiss. Wien, 1925, S. 202—204.

[3] H. WERNER, Einführung in die Entwicklungspsychologie, 1933, S. 265.

und auf die ursprünglichste subjektive Betonung der Handlung, auf den Befehl (Imperativ) beschränkt war. M. BRÉAL erkennt die beiden Modi des Verbums, den Indikativ und den Imperativ, als die ältesten und ursprünglichsten an. Er sagt u. a.: «En toutes les langues où il existe une conjugaison, quelque pauvre et limitée qu'on la suppose, on trouvera une forme pour commander, une autre pour annoncer que la chose commandée est faite... Ces deux formes, dont l'une peut marquer à tour de rôle un ordre, un avertissement, un souhait, une prière, et dont l'autre exprime un fait, un état, une action, un sentiment, sont les deux pôles autour desquels gravite le conjugaison. Tout le reste est venu s'ajouter par-dessus [1].»

Lassen wir die linguistische Verschiedenheit der beiden Sprachhandlungen einstweilen ausser acht, so kann man zwischen ihnen in zwei Richtungen einen Unterschied machen, und zwar erstens in bezug auf die *Tatbestände*, auf welche sie sich beziehen, zweitens auf die *chronologische Folge* ihrer Entstehung.

Was den Funktionsbereich betrifft, so kommt der Unterschied im Umfang der Anwendung zum Vorschein. Bringt der Imperativ nur die Aufforderung zur Ausführung einer Tätigkeit zum Ausdruck, so ist der Funktionsbereich des Indikativs beträchtlich umfangreicher. Die Anzeigefunktion der Sprache bezieht sich nämlich sowohl auf die Mitteilung des inneren Zustandes des Sprechenden als auch auf die der äusseren Tatbestände, bezogen auf die Gegenwart, Vergangenheit oder Zukunft; die Imperativfunktion dagegen richtet sich ausschliesslich auf Vorgänge der Aussenwelt und wird in erster Linie auf die Gegenwart, nur gelegentlich auch auf die nahe Zukunft bezogen [2].

Für die zeitliche Priorität des Imperativs sprechen einerseits psychologische Erwägungen, andererseits schwerwiegende kinderpsychologische und sprachgeschichtliche Argumente, worauf wir bei der

---

[1] M. BRÉAL, Les commencements du verbe. Revue de Paris du 15 décembre 1899.

[2] Gebot und Verbot können sich auf unbestimmte Zeiten beziehen, sowohl auf die Gegenwart als auch auf die Dauer des Lebens bzw. der sozialen und religiösen Ordnung.

Frage nach der Frühform der Sprache auf S. 224 noch zurück-kommen.

Die übrigen sprachlichen Kategorien, wie der Optativ, Potentialis, Konditionalis, die zum Teil eigene grammatikale Formen besitzen, zum Teil durch die Multifunktionalität der Wortkategorien zum Ausdruck kommen, dienen lediglich dazu, die blosse *bedingte* Wirklichkeit des angezeigten Tatbestandes auszudrücken: der Optativ den blossen Wunsch («ich möchte schreiben»), der Potentialis die Möglichkeit eines Ereignisses («ich kann schreiben»), der Konditionalis die Voraussetzung der Möglichkeit des Geschehens («wenn ich schreibe»). Diese Modi lassen sich im Prinzip dem Indikativ und Imperativ unterordnen. Da sie bereits eine Unterscheidung zwischen Wirklichkeit und Möglichkeit voraussetzen, treten sie höchstwahrscheinlich erst auf einer verhältnis-mässig hohen Entwicklungsstufe der Sprache auf und können daher bei der Frage nach den Hauptfunktionen der Sprache ausser Betracht bleiben.

Soweit die Sprachphilosophie und Sprachpsychologie ausschliesslich von der menschlichen Sprache ausgegangen sind, haben sie dabei der Aufforderung (Imperativ) eine viel geringere Beachtung geschenkt als der Anzeige (Indikativ). Ja, HUSSERL verfällt sogar in den Irrtum, die Aufforderung in die blosse «Kundgabe» eines Wunsches, die Äusserung einer Aufforderung in die Anzeige eines eigenen Seelenzustandes, ein «du sollst» in ein «ich wünsche», also den Imperativ in einen Indikativ bzw. in einen sich an den Indikativ anlehnenden Optativ umzudeuten. Das ist durchaus begreiflich, wenn bei der Analyse der Sprachfunktion man hauptsächlich von der theoretischen Verständigungsweise ausgeht, die immer nur auf Grund von Anzeigen, Hinweisen und Aussagen, aber niemals von Aufforderungen möglich ist. Durch diese Überbetonung der indikativen Funktion wird zwar der Begriff der Sprache über Gebühr eingeengt, andererseits lässt sich nicht verkennen, dass eine Sprache nicht als solche gelten darf, bevor sie imstande ist, sich des Mittels der Anzeige, der Aussage in zureichendem Masse zu bedienen. Die Vernach-lässigung des Imperativs wird übrigens begreiflich, wenn man sich ver-gegenwärtigt, dass Sätze, die weder als wahr noch als unwahr gelten wie die imperativen, optativen und Fragesätze, nicht zu dem Gebiete der traditionellen Logik gehören.

Wie wichtig auch für die gegenseitige Verständigung die imperative und indikative Sprachhandlung sein möge, ist sie doch einseitig in dem Sinne, dass vom Angesprochenen nur die Ausführung des Befehls bzw. die Entgegennahme der Anzeige, aber keine Erwiderung erwartet wird. Ein *gegenseitiger sprachlicher Kontakt* entsteht bei der imperativen und indikativen Sprachsituation nicht notwendig. Nun aber kann von einer Vollsprache nicht die Rede sein, solange die gegenseitige Verständigungsabsicht nicht voll in Wirkung tritt, d. h. im *Zwiegespräch* ihre Verwirklichung findet. Diese Sprachsituation lässt sich aber weder durch imperative noch durch indikative Sprachhandlungen verwirklichen: hier muss die Frage einsetzen. So gelangen wir zu der dritten Hauptfunktion der sprachlichen Verständigung, zu der *Frage*.

Geht man von den konkreten Sprachhandlungen aus, dann stellt sich die Frage als eine besondere Art der sprachlichen Verständigung dar, die einen besonderen Zweck, eine eigene akustisch-phonetische Gestalt und eine für den Gedankenaustausch überragende Bedeutung besitzt. Dies alles rechtfertigt ihre Einbeziehung in die die Sprache konstituierenden Hauptfunktionen [1].

Die konstitutive Bedeutung der Frage für die Sprachtätigkeit kommt u. a. darin zum Ausdruck, dass wir bei einem Kind von der Beherrschung der Sprache erst dann reden, wenn es sich im sprachlichen Verkehr ausser der Befehls-, Wunsch-, Ruf- und Anzeigesätze auch noch der Fragesätze bedient, wenn es Fragen zu stellen und auf Fragen zu antworten imstande ist. Bezeichnend ist, dass Tierliebhaber, selbst wenn sie über die seltsamsten «Sprachhandlungen» der Papageien berichten, niemals behaupten, dass ihre Lieblinge jemals an sie Fragen gestellt haben. Wenn die letzteren dies täten, so müssten sie bei ihnen ein menschliches Bewusstsein an-

---

[1] In der griechischen Tragödie wurde dem singenden und tanzenden Chor ein Schauspieler gegenübergestellt, der auf Fragen des Chorführers (Koryphaios) antwortete. Das griechische Wort für Schauspieler, «Hypokrites», bedeutet: «Antworter» (H. LAMER, Wörterbuch der Antike, 1933).

nehmen, aber soweit geht denn doch selbst ihre Bewunderung nicht [1].
Die Überraschung JOHN LOCKES war also berechtigt, als ihm MAURITS,
Prinz von Oranien, von einem brasilianischen Papagei erzählte, der auf
seine Fragen sinnvolle Antworten gab [2].

Entwicklungsgeschichtlich, wenigstens ontogenetisch, scheint die Frage
eine spätere Sprachform zu sein als der Imperativ und Indikativ. Darauf
weist der Umstand hin, dass in der Sprachentwicklung des Kindes die
fragenden Sätze relativ spät auftreten, beträchtlich später als die imperativen und indikativen Satzbildungen. Während das Kind seine
dringendsten Bedürfnisse in imperativer Form bereits mit 9—12 Monaten, die Dinge der Umgebung durch mehr oder weniger artikulierte
Worte mit 14—15 Monaten bezeichnet, treten die allereinfachsten
ein- und zweigliedrigen Fragesätze frühestens am Ende des zweiten
und am Anfang des dritten Lebensjahres auf (W. STERN, CH. BÜHLER,
E. G. SCUPIN) [3]. Für ihr späteres Auftreten lässt sich noch geltend
machen, dass in jeder Frage zumindest der *Ansatz* zu einer Unter-

---

[1] Die äusserst naiven «Tierpsychologen» von Osten und Krall haben bekanntlich ihren «klugen» Pferden Denk-, Lese- und Rechenfähigkeiten zugesprochen,
aber niemals behauptet, dass ihre begabten Zöglinge an sie auch nur einmal eine
Frage gestellt haben.

[2] Der berühmte Prinz erzählte ihm, dass der Papagei, als er in das Zimmer, wo
er und noch einige andere Holländer sich aufhielten, gebracht wurde, spontan
ausrief: «Was für eine Gesellschaft weisser Männer ist hier?» Als man ihn mit
Hindeutung auf den Prinzen fragte, wofür er diesen Mann halte, antwortete er:
«Für einen oder den anderen General.» Der Prinz fragte ihn: «D'où venez-vous?»
Er antwortete: «De Marinnan.» «A qui estes-vous?» «A un Portugais.» «Que
fais-tu là?» «Je garde les poules.» Locke wollte an der Glaubwürdigkeit des
Prinzen nicht zweifeln, er frug den Prinzen nur, in welcher Sprache der Papagei
eigentlich geredet habe. Der Prinz erwiderte: «Brasilianisch». «Verstehen Sie
brasilianisch?» wandte er sich zum Prinzen, der die Frage verneinte und hinzu-
fügte, dass die Sprache des Papageien durch einen Brasilianer verdolmetscht
wurde. Von der «Ehrenhaftigkeit» dieses Herrn konnte sich Locke natürlich
nicht überzeugen. Unser Philosoph hätte noch seiner Verwunderung auch darüber
Ausdruck geben können, dass der Papagei ausser der brasilianischen auch noch
der französischen Sprache mächtig war (Treatise, II, Kap. 27).

[3] Besonders bei taubstummen Kindern tritt die Frage sehr spät auf. Es ist
eine ziemlich lange geistige Entwicklung erforderlich, bis taubstumme Kinder
zur Erfassung der Frage gelangen und einen Dialog zustande bringen.

scheidung von Wahrheit und Irrtum, von Wirklichkeit und Schein, eingeschlossen liegt, und diese Unterscheidung liegt dem ontogenetisch unreifen Menschen zunächst noch ferne [1]. Ob die syntaktische Frage*form* auch phylogenetisch in einer späteren Zeit als die imperative und indikative Form der sprachlichen Verständigung entstanden ist, lassen wir offen. Es scheint uns aber nicht gänzlich ausgeschlossen, dass man bei gewissen primitiven Sprachen, vielleicht auch in der historischen Grammatik hochentwickelter Sprachen, Hinweise auf das spätere Auftreten der Frage*form* finden könnte. Diese Feststellung würde mit der Annahme nicht in Widerspruch geraten, nach der die Frage*funktion* schon vor der Entstehung der sprachlichen Frage*form* wirksam war; denn es ist nicht möglich, sich eine primitive menschliche Gemeinschaft vorzustellen, die ohne Frage nach verborgenen oder ausserhalb des Gesichtskreises befindlichen Objekten und Personen hätte auskommen können. Für die Auffassung, dass die Frage prinzipiell eine höhere Sprachleistung als die übrigen beiden Funktionen darstellt, liesse sich der Umstand geltend machen, dass manche an Denk- und Sprachstörungen leidenden Kranken auf Fragen wohl antworten, ohne selbst Fragen stellen zu können [2].

Im Zusammenhang mit dem Problem nach dem Gedankenaustausch wollen wir noch auf eine ganz spezifische sprachgebundene Äusserungsform hinweisen, nämlich auf das *Schweigen*. Es ist zwar paradox, das Schweigen als eine sprachlose «Sprachhandlung» zu bezeichnen, und doch ist es so. Die Erscheinung des Schweigens hat seinen theoretischen Ort im Problembereich des Sprechens. Schweigen ist platonisch gewendet — wie HÖNIGS-WALD in seinem oben zitierten Werk erwähnt (S. 164) — nicht das οὐκ ὄν, sondern das μὴ ὄν des Sprechens. Dem Schweigen liegt das aktive Sprechen zugrunde; es ist nicht auf die Entgegennahme eines Befehls oder einer Mitteilung gerichtet, sondern stellt eine *positive* Reaktion auf eine Frage oder auf andere Sprachhandlungen dar, folglich ist es gleich-

---

[1] Dass man diesen Gesichtspunkt bei Fragen nach dem Namen einer Person oder eines Objektes nicht geltend machen kann, liegt auf der Hand.

[2] A. GELB, Zur medizinischen Psychologie und philosophischen Anthropologie. Acta Psychologica, 3. S. 241 ff.

sam eine Form des Dialogs. Nur ein sprechendes Wesen kann schweigen.
Schweigen lernen wir erst im Laufe des Lebens, nachdem wir früher
sprechen gelernt haben [1]. «Schweigen zu rechter Zeit ist klug und besser
denn alles Reden. Auch aus diesem Grunde haben, wie es scheint,
die Menschen der Vorzeit Mysterien eingeführt: durch sie sollten wir
uns gewöhnen, im rechten Augenblick schweigen zu können, und auch
lernen, um der uns anvertrauten menschlichen Geheimnisse willen uns
vor den Göttern zu fürchten [2].» Die schweigende Haltung ist nicht immer
eindeutig: sie kann zustimmend oder verneinend, befehlend oder be-
richtigend, aggressiv oder begreifend sein; meistens wird sie aber richtig
gedeutet. Mit dem Schweigen lässt sich vielfach mehr ausdrücken als
mit dem Reden; es vermag die geistige Haltung der Persönlichkeit
schärfer auszudrücken als die Sprache. Die schweigende Antwort Jesu
auf die Frage des Pilatus offenbarte die ganze Tragödie des Menschen [3].

Die dargelegten Hauptfunktionen stellen die Grundvoraussetzung für
die ursprüngliche und natürlichste Sprachsituation, den *Dialog*, und nicht
weniger für den *Monolog* dar, zumal die monologischen Ausdrucksweisen,
Formen, Redewendungen sich von denen der dialogischen grundsätzlich
nicht unterscheiden, unabhängig davon, ob das Selbstgespräch mittels
innerer Sprache (langage intérieure) oder Lautsprache (monologue à
haute voix) vor sich geht [4]. Die Übereinstimmung zwischen beiden

---

[1] H. LOTZE, Kleine Schriften, I, S. 231.

[2] PLUTARCHOS, Moralia.

[3] GOETHE sagte einmal, dass das Gespräch gebildeter Leute unterrichtend,
ihr Schweigen bildend ist.

Nach dem Upanishad wurde Bâhva gebeten, das Brahman, das Weltprinzip,
zu erklären. Bâhva schwieg stille. Als der Frager zum zweiten und zum dritten
Male fragte, sprach Bâhva: «Ich lehre es ja, du aber verstehst es nicht, dieser
Âtman ist stille» (Atman heisst das Selbst und das Wesen der Dinge). Nach
FR. MAUTHNER, Kritik der Sprache, I, S. 83.

Auf die literarische Bedeutung des Schweigens weist SCHILLER in dem folgenden
Ausspruch hin: «Jeden anderen Meister erkennt man an dem, was er ausspricht;
was er weise verschweigt, zeigt mir den Meister des Stils.»

[4] Der Monolog ist nicht notwendig ich-bezogen; in den meisten Fällen ist er
neutral, d. h. bloss die sprachliche Verkörperung der Denkinhalte. Demnach ist
es berechtigt, zwischen ich- und denkbezogenen Monologen zu unterscheiden,
wobei man das bekannte spontane Lautsprechen der Kinder während der spiele-

Sprachäusserungen zeigt sich besonders deutlich, wenn das Monologisieren in Flüstersprache oder halblaut stattfindet. In diesem Falle kommt im monologischen Phänomen die phonetische Seite der Rede und alles, was noch mit ihr zusammenhängt, wie Artikulation, Intonation, Modulation, Akzent, Rhythmus, genau so wie im Zwiegespräch zum Ausdruck [1].

Wie die durch K. Bühler sprachtheoretisch verwerteten drei Relationsfundamente das *Beziehungssystem*, so konstituieren die von uns festgestellten drei sprachlichen Funktionen das *Funktionssystem* der Sprache. Infolge ihrer Äquivalenz und Zusammengehörigkeit zu *einer* Begriffskategorie bilden die drei Hauptfunktionen eine psychologisch wie logisch fundierte *Trias*. Diese Dreiheit erfüllt die Bedingungen, die wir an ein logisch berechtigtes Funktionssystem, insbesondere das der Sprache, stellen müssen und die bei den früheren Funktionstheorien vernachlässigt wurden. Die Hauptfunktionen sind nämlich unabhängig voneinander, weder kreuzen noch überschneiden sie sich; ferner sind sie — zumindest der Indikativ und Interrogativ — für die Sprache *spezifisch*, d. h. *notwendig* an die Sprache, jedenfalls an die Sprachtätigkeit gebunden. Die Unabhängigkeit der drei Hauptfunktionen kommt auch in der interindividuellen Relation der miteinander in sprachlichen Kontakt tretenden Subjekte zum Ausdruck. Der Imperativ zeigt eine Abhängigkeit des Angesprochenen vom Sprechenden, der Interrogativ gerade das Umgekehrte, nämlich eine Abhängigkeit des Sprechenden vom Angesprochenen, während der Indikativ eine Gleichstellung zwischen den Partnern herstellt.

Im Laufe der Frühgeschichte der Sprache haben die beiden Hauptfunktionen, die imperative und indikative, in Verbindung mit der interrogativen, die Entstehung der vollwertigen Sprache eingeleitet. Eine konkrete Vorstellung über diese anfängliche Form der Sprache lässt sich nicht gewinnen; gewisse Hinweise aber können vielleicht die Sprachen der primitivsten Völker geben, wenn man diese Sprachen von unserer Dreifunktionstheorie aus einer Untersuchung unterwirft. Es ist sehr wahrscheinlich, dass man Sprachen findet, in denen die drei Funktionen

---

rischen Tätigkeit ausser acht lässt. Das Sprechen bei neutraler Einstellung nennt man nicht Monolog, sondern sprachliches Denken oder Sprachdenken.

[1] Vgl. dazu Fussnote 1 auf S. 152.

linguistisch sich in einer viel primitiveren Weise kundgeben als bei den entwickelten Sprachsystemen. Es ist sogar nicht unmöglich, dass auch die durch die Sprachgeschichte und vergleichende Sprachwissenschaft festgestellten archaischen Formen unserer eigenen Sprachen gewisse Anhaltspunkte für die Rekonstruktion dieser ersten Phase der Sprache zu liefern imstande sind.

Die erste Form der menschlichen Sprache muss also eine Verständigungsform gewesen sein, die die *drei J-Funktionen*, die imperative, indikative und interrogative nebst temporalen und lokalen Ausdrucksmöglichkeiten zuliess. Da indikative Angaben durch natürliche Gebärden nur äusserst umständlich und auch dann nur in sehr beschränktem Masse zum Ausdruck gebracht werden können, ist anzunehmen, dass schon im Vorstadium der Sprache der Laut eine entscheidende Rolle gespielt hat und dass daher die *Urform der Sprache eine Lautsprache mit imperativen, indikativen und interrogativen Ausdrucksformen gewesen sein muss*. Darauf weist u. a. der Umstand, dass die drei Hauptfunktionen der Sprache bei Kindern schon am Beginn ihres aktiven Sprechens auftreten. Schon am Ende des zweiten Lebensjahres gebrauchen Kinder mehrwörtige Sätze in drei Formen, nämlich als Anrufsätze (Papa, Stuhl! Geh!), als Aussagesätze (Brennt. Da ist er) und als Fragesätze (Wie hier? Apfel wo?).

Zur Unterstützung der Dreifunktionstheorie möchte ich noch auf zwei sprachwissenschaftliche Feststellungen hinweisen, und zwar auf eine grammatische und eine phonologische.

Die grammatische Feststellung bezieht sich auf die Klassifikation der *Satzkategorien*. Aus der Geschichte der griechischen Philosophie wissen wir, dass schon PROTAGORAS vier Satzformen unterschieden hat, nämlich Gebet, Frage, Antwort und Befehl. Diese vier Satzformen schliessen die von uns dargelegten Hauptfunktionen in sich: Gebet und Antwort die indikative und ein leises Anklingen der imperativen, Befehl die imperative und Frage die interrogative Sprachfunktion [1]. ARISTOTELES unterscheidet schon mehrere; die fundamentale Bedeutung schreibt er

---

[1] PRANTL, Gesch. d. Logik im Abendlande, I, S. 441.

indessen mit Recht dem Aussagesatz (Indikativ) zu, mit der Begründung, dass für die Logik allein diese Satzform bestimmend ist [1]. Bei den Stoikern tritt, trotz der Mannigfaltigkeit der von ihnen behandelten Satzformen, der Aussage- und Wunsch- bzw. Befehlssatz hervor, also der Indikativ und der Imperativ. Die Peripatetiker kamen funktionstheoretisch bereits etwas weiter als Aristoteles und die Stoiker. Sie behandeln genau so wie ihre Vorgänger in erster Stelle den Aussagesatz (λόγος ἀποφαντικός), der grammatisch dem Indikativ entspricht, dann den wünschenden Satz (εὐκτγκός), der dem Optativ, und den befehlenden Satz (προστακτικός), der dem Imperativ zugrunde liegt. Dazu fügen sie noch den rufenden und fragenden Satz [2]. In der neueren Philosophie bzw. formalen Logik wird im allgemeinen zwischen Aussage- und Aufforderungssätzen unterschieden, denen als dritte Klasse der Fragesatz zur Seite gestellt wird. Diese Auffassung finden wir bei den bekanntesten Sprachforschern, wie DELBRÜCK, PAUL, WUNDT.

Ebenso wichtig scheint es uns, dass die drei Hauptfunktionen der Sprache verschiedene *phonologische* Struktur besitzen, was so weit gehen kann, dass der eigentliche Sinn eines Satzes nur in der lautlichen Erscheinung der Satzgebilde zu erkennen ist. Bei Sprachen, die z. B. für die Frage weder besondere grammatische noch syntaktische Formen besitzen, lässt sich nur auf Grund der phonologischen Bestimmtheit, in erster Linie auf Grund der Intonation, ausmachen, ob es sich um interrogative oder indikative Form des Satzes handelt. Analoges gilt auch für die indikative Form des Satzes, der je nach der Intonation eine indikative, imperative oder interrogative Bedeutung erhalten kann.

Zum phonologischen Problem hat unlängst A. W. DE GROOT Beiträge geliefert, die zu unserer Funktionslehre in enger Beziehung stehen [3]. Anlässlich einer Auseinandersetzung mit den Sprach- und Redeelementen

---

[1] ARISTOTELES, de interp. 4, 17*a*, 2 ff.; poet. 19, 1456*b*, 8 ff.

[2] H. MAIER, Psychologie des emotionalen Denkens, 1908, S. 10.

[3] A.W. DE GROOT, De Nederlandsche zinsintonatie in het licht der structureele taalkunde. De Nieuwe Taalgids, 38, 1941. Französisch in den Cahiers Ferd. de Saussure, 5, 1946. de Groots Feststellungen beschränken sich auf die niederländische Sprache. Eine besondere Aufgabe wäre zu untersuchen, inwieweit diese Intonationsformen für andere Sprachen gelten. Für die ural-altaischen gelten sie meines Wissens auch.

wies er darauf hin, dass in der Sprache drei Intonationskategorien zu unterscheiden sind, die er mit den Begriffen: Ruf, Behauptung und Frage bezeichnete. Schon auf den ersten Blick tritt die auffallende Übereinstimmung zwischen den drei Intonationskategorien und unseren drei Sprachfunktionen hervor. Die beiden Termini von de Groot: Behauptung und Frage fallen mit unserem Indikativ und Interrogativ zusammen, was so viel heissen will, dass die Anzeige (Aussage, Mitteilung) und die Frage an ganz bestimmte phonologische Strukturen gebunden sind, die sich in der Rede durch bestimmte Intonationsgestalten, in der Schrift durch bestimmte Interpunktionen (Punkt und Fragezeichen) erkennen lassen. Demzufolge steht nichts im Wege, beide Gruppen von Gegebenheiten mit denselben Worten, mit Indikativ und Interrogativ, zu bezeichnen. Der Umstand, dass gelegentlich indikative Intention in der Form der Frage (z. B. «Wie konntest Du mir das antun?») und ebenso interrogative Intention in der Form der Anzeige (z. B. «Ich möchte gern dies von Dir erfahren») zur Äusserung kommt, steht der Einführung gleicher Terminologie nicht im Wege. Schwierigkeit bietet nur der dritte Begriff «Ruf», weil er ein grösseres Gebiet als der Imperativ umfasst. Die Intonation des sprachlichen Rufes bezieht sich nämlich sowohl auf Befehls-, Aufforderungs- und Wunschsätze wie auch Ausrufe, welch letztere darauf gerichtet sind, den jeweiligen Gemütszustand (Hérrlich! Wúnderbar!) zum Ausdruck zu bringen oder eine bestimmte Einstellung (Únerhört! Só ist gut!), gelegentlich eine emotionell fundierte Aussage (Er kómmt!) anzudeuten. Diese elliptischen Ausrufsätze gehören intentional dem Indikativ (Hérrlich! = Wie herrlich ist es hier! Unerhört = Ich finde es unerhört!), der Intonation nach dem Imperativ an.

Das wird wohl die Regel sein; da aber die Intonationen ebenso wie die Redeteile multifunktional sind — d. h. sie können verschiedenen Intentionen dienen — so kommt es vor, dass dieselbe Intonation einmal im imperativen, ein anderes Mal im indikativen Sinn gebraucht wird, und es wird dem Hörenden überlassen, aus der Situation die Absicht des Sprechenden zu erraten. Die Rufe «Hérrlich!» und «Únerhört!» in der angegebenen Intonation haben gewöhnlich eine indikative Bedeutung, unter Umständen können sie auch imperativ intendiert werden, wenn man z. B. mit dem Ausruf «Hérrlich!» eine begonnene Handlung weiterzuführen, bzw. mit «Unerhört!» eine sich gerade vollziehende Handlung einzustellen befiehlt.

Mit Rücksicht auf die Übereinstimmungen zwischen Intention und Intonation würden wir uns nicht scheuen, anstatt den Worten Ruf, Behauptung und Frage unsere Termini zu verwenden, wobei allerdings hinzuzufügen wäre, dass die imperative Intonation auch für den sprachlichen Ausdruck nicht-volitionaler Erlebnisse gebraucht wird. Die Einführung unserer Begriffe würde noch den Vorteil haben, dass dadurch die Heterogenität der von de Groot vorgeschlagenen Begriffe aufgehoben wäre.

III. DIE BEGRIFFSBESTIMMUNG DER SPRACHE

Durch die funktionelle Analyse der Sprachhandlungen sind wir zu dem Ergebnis gekommen, dass die Sprache sich in drei Hauptfunktionen spaltet, und zwar in die *imperative, indikative* und *interrogative.* Diese drei sprachlichen Ausdrucksformen umspannen und erschöpfen alle Formen der *Verständigung* unter Menschen. Soweit wir das Gebiet der der gegenseitigen Verständigung dienenden sprachlichen Äusserungen zu überblicken vermögen, finden wir keine einzige Sprachhandlung, die nicht einer der von uns aufgezeigten Funktionen zugeordnet werden könnte. Denn tritt der Mensch zu seinen Artgenossen in sprachlichen Kontakt, so bestehen für ihn keine anderen Möglichkeiten, als ihnen etwas zu befehlen, sie zu einer Handlung aufzufordern bzw. anzuregen (Imperativ, Vokativ, Optativ) oder ihnen etwas anzuzeigen, kundzugeben, sie auf etwas zu weisen (Indikativ) oder sie um etwas zu fragen (Interrogativ); andere Möglichkeiten innerhalb der *Verständigungsfunktion* gibt es meines Erachtens nicht.

Unter der Berücksichtigung ihrer Hauptfunktionen scheint es nun möglich, eine Begriffsbestimmung der vollwertigen Sprache zu geben, in der keines ihrer wesentlichen Merkmale fehlt, die aber auch kein unwesentliches Merkmal enthält und daher nicht mehr und nicht weniger umfasst als das, was der Sinn der Sprache notwendig fordert [1].

Unter Sprache wäre demnach jene Kommunikationsform zu verstehen, durch welche zum Zwecke gegenseitiger Verständigung — mit Hilfe einer Anzahl artikulierter und in verschiedenen Sinnverbindungen auftretender symbolischer Zeichen — Forderungen und Wünsche zum Ausdruck gebracht, Tatbestände der inneren und äusseren Wahrnehmung angezeigt und Fragen zur Veranlassung von Mitteilungen gestellt werden [2].

In der gegebenen Begriffsbestimmung wird die Sprache sowohl durch ihren vornehmlichen Zweck als durch ihr Ziel und Mittel zu seiner Erreichung eindeutig gekennzeichnet. Der vornehmste *Zweck* der Sprache ist die *gegenseitige Verständigung;* das *Ziel,* Tatbestände, Sachverhalte, Absichten, Wünsche *mitzuteilen* und andere zum *Handeln* und *Mitteilen zu veranlassen;* und die *Mittel* zur Erreichung dieser Ziele sind im wesentlichen *symbolische Zeichengebilde*, die in der Lautsprache, ferner in dem sprachgebundenen Gebärdensystem und in der Schrift ihren Niederschlag finden.

Die Definition der Sprache stellt eine Synthese zwischen äusserer Form und innerem Gehalt der Sprache dar, indem sie die Zeichenfunktion mit den spezifisch intendierten Sprachhandlungen verbindet. Sie bezieht sich auf alle Arten der Sprache (Lautwort-, Gebärden-, Zeichen- und Schriftsprache), deren jede ihre eigene sinnlich-anschauliche Ausdrucksform und ihre eigene Struktur hat. Ferner ist sie zwar von Sprechenden aus aufgestellt, jedoch mit Rücksicht auf die Hörenden. Auch umfasst sie alle Sprachhandlungen (Funktionen oder Leistungen der Sprache),

---

[1] Mit Sprache bezeichnen wir hier die ausgereifte, vollwertige Sprache der Erwachsenen; die Kindersprache, die Sprache der Apathiker und der Schwachsinnigen schliessen wir aus.

[2] Der eventuell zu erhebende Einwand, dass Anzeige, Hinweise auch durch andere Zeichen zum Ausdruck gebracht werden können, berührt den Wortlaut unserer Definition nicht; denn solche Zeichen gewinnen erst durch ihre *Sprachbezogenheit*, mithin durch ihre sprachliche Bedeutung, einen Sinn. Wegweiser, Verkehrssignale, Unfallverhütungszeichen, akustische Signale und dergleichen mehr, sind alle durch Konvention festgelegte Symbole für gewisse umschriebene *sprachliche* Mitteilungen. Sie werden erst verstanden, wenn sie sprachlich interpretiert werden.

die von anderen Forschern unter anderen Gesichtswinkeln unterschieden werden, wie den «Ausdruck» (HUSSERL) oder die «Darstellung» (KÜLPE, BÜHLER) als Mitteilung objektiver, im Gegensatz zur «Kundgabe» als Mitteilung subjektiver Tatbestände, und ebenso den «Appell» (McDOU-GALL) und die «Auslösung» (BÜHLER) als Verkopplung des Imperativs mit der darauf erfolgenden, nicht zur Sprache gehörenden Reaktion. Dagegen schaltet sie alle Äusserungsformen aus, denen die in die Definition aufgenommenen Merkmale abgehen, wie z. B. die unwillkürlichen Ausdrucksbewegungen und die Nachahmungslaute [1].

Im Laufe der Menschheitsgeschichte gewinnen die ursprünglich auf interindividuelle Verständigung gerichteten Funktionen eine stets wachsende *geistige* und *innerseelische* Bedeutung. Mittels der Sprache formulieren und entwickeln wir unsere Gedanken, drücken unsere Gefühle und Stimmungen aus, geben Richtlinien für unser Handeln, stellen

---

[1] In der so reichhaltig nuancierten Rede wird man leicht eine Anzahl von *Ausrufen*, Exklamationen finden, die sich nicht ohne weiteres diesen drei Hauptfunktionen unterordnen lassen. Von ihnen sind gleich diejenigen auszuschalten, die als spontaner Ausdruck des inneren Geschehens in Erscheinung treten. Die übrigen, wie Zeichen der Überraschung, Abweisung, Zustimmung, Freude, Warnung, des Mitleides (z. B. «Aber so was?! Unerhört! Schrecklich! Fürchterlich! Weh mir! Oh du Liebe! Reizend! Ach! Bah! Hallo! Hoch! Hopp!») sind bei näherer Prüfung ungezwungen einer der genannten Funktionen, meistens dem Indikativ, zuzuordnen, wodurch der Indikativ einen imperativen, optativen oder interrogativen Einschlag erhält.

A. H. GARDINER hat in seinem Werk «The Theory of Speech and Language» (1932 S. 187) anlässlich der Klassifikation des Satzes im Anschluss an den «Report of the Joint Committee on Grammatical Terminology (1917)» vier Satzkategorien unterschieden, nämlich die Aussage-, Frage-, Wunsch- und Ausrufsätze (statements, questions, desires, exclamations). Die ersten drei Satzformen stehen in enger Beziehung zu unseren drei I-Funktionen, zu den indikativen, interrogativen und imperativen. Die genannte vierte Satzkategorie, nämlich der Ausruf, die Exklamation, mag vielleicht als eine spezifische Satz*form* betrachtet werden, nicht aber als eine besondere Sprach*funktion*. Der Ausruf kann, braucht aber keineswegs an jemanden gerichtet sein (z. B. Ich Unglücklicher!), folglich gehört sie nicht notwendig zu den Kommunikationsformen, geschweige denn zu den Hauptfunktionen der gegenseitigen sprachlichen Verständigung. Sie stellen sprachlich symbolisierte Ausdrucksbewegungen dar, stehen mithin mit den Interjektionen auf einer Stufe. Die Überlegungen GARDINERS berühren das entwicklungspsychologische und -geschichtliche Problem nicht.

Forderungen an die Gemeinschaft und erkennen uns selbst. Der Funktionsbereich der ursprünglich nur der Verständigung dienenden Mittel erweitert sich, indem es auch ein Mittel des Denkens, des Gestaltens, des Entschliessens, der Selbstkontrolle und des Ausdrucks wird. Das Ich-Du-Verhältnis, das ursprünglich die Grundlage des Gedankenaustausches und der Willensübertragung bildete, wird in das Innere des eigenen Ichs verlegt. Neben das Zwiegespräch mit einem Gegenüber tritt das Selbstgespräch mit dem eigenen Ich. Auch diese Sprachäusserung vollzieht sich in indikativer und imperativer, gelegentlich in interrogativer Form (Gewissensfrage).

Wollen wir die Sprache so umfassend wie möglich bestimmen, ohne dadurch der Definition an Schärfe und logischer Geschlossenheit Abbruch zu tun, so müssen wir in der Definition ausser der Verständigungsabsicht auch noch die sekundären Ziele der Sprache aufnehmen. In diesem Falle erweitert sich der Begriffsumfang der Sprache und nimmt folgende Form an:

Unter Sprache ist das Mittel zu verstehen, durch welches zum Zwecke der gegenseitigen Verständigung, des geordneten Denkens, des sinnvollen Gestaltens der Wahrnehmungen, der Selbstbesinnung und des Ausdrucks des inneren Lebens — mit Hilfe einer Anzahl artikulierter und in verschiedenen Sinnverbindungen auftretender symbolischer Zeichen — Forderungen und Wünsche zum Ausdruck gebracht, Tatbestände der inneren und äusseren Wahrnehmung angezeigt, Denkinhalte formuliert und Fragen zur Veranlassung von Mitteilungen und der Selbstkontrolle gestellt werden [1].

---

[1] Zum Vergleich möge eine Auswahl von Definitionen der Sprache folgen: EBBINGHAUS: «Sprache ist ein System von konventionellen Zeichen, die jederzeit willkürlich erzeugt werden können»; DITTRICH: «Die Sprache ist die Gesamtheit aller Ausdrucksleistungen der menschlichen bzw. tierischen Individuen, sofern sie von mindestens einem anderen Individuum zu verstehen gemacht werden»; EISLER: «Sprache ist jeder Ausdruck von Erlebnissen eines beseelten Wesens»; B. ERDMANN: «Die Sprache ist nicht eine Art der Mitteilung von Gedanken, sondern eine Art des Denkens; das aussagende oder formulierte Denken. Die Sprache ist ein Werkzeug, und zwar das uns als Menschen eigene Werkzeug oder Organon des Denkens»; FRÖBES: «Die Sprache ist eine geordnete Folge von Worten, worin der Sprecher seine Gedanken ausdrückt in der Absicht, dass der Zuhörer sie kennenlernt»; J. HARRIS: «Words are the symbols of ideas both general and particular; yet of the general, primarily, essentially and immediately; of the particular, only

Diese Definition stellt den wesentlichen Inhalt der Sprache meines Erachtens erschöpfend dar. Setzen wir den Fall, dass es höhere, mit Denk- und Vorstellungsfähigkeit ausgestattete Wesen gebe, denen die Sprache zwar gänzlich unbekannt wäre und die trotzdem von dieser Definition in irgendeiner Weise Kenntnis nehmen könnten, so ist anzunehmen, dass diese Wesen auf Grund der vorliegenden analytischen Begriffsbestimmung eine Sprache rekonstruieren könnten, die mit der menschlichen Sprache im Wesen übereinstimmt. Demgegenüber würden diese fingierten Wesen auf Grund einer Definition, die das ganze Gewicht z. B. auf die Zeichennatur der Sprache legt, zu einer «Sprache» gelangen, die im besten Falle der mathematischen Symbolensprache entspräche, in der zwar manche Gedanken, Erfahrungen ausgedrückt werden können, ohne auch ein einziges Wort und eine einzige Form der Lautsprache zu verwenden.

Prinzipiell ist es möglich, der Sprache eine solche Definition zu geben, die weit mehr in sich schliesst, als was das Wort Sprache prima facie ausdrückt. Sie kann nämlich die Ausdruckslaute und Ausdrucksbewegungen, ferner die Nachahmungslaute und Rufe der Tiere, ja alle Kom-

---

secondarily, accidentally and mediately»; HEGEL: «Die Sprache ist die Tat der theoretischen Intelligenz im eigentlichen Sinne, denn sie ist die äusserliche Äusserung derselben»; JESPERSEN: «Die Sprache ist eine menschliche Handlung mit dem Zweck der Mitteilung von Gedanken und Gefühlen»; JODL: «Wortsprache heisst die Fähigkeit der Menschen, mittels mannigfach kombinierter, auf einer beschränkten Anzahl von Elementen beruhender Klänge und Laute die Gesamtheit seiner Wahrnehmungen und Vorstellungen in diesem natürlichen Tonmaterial so abzubilden, dass dieser psychische Verlauf bis in seine Einzelheiten anderen Menschen verständlich und deutlich wird»; KAINZ: «Die Sprache ist ein Gefüge von Zeichen, mit deren Hilfe sich eine Darstellung von Sinn- und Sachverhalten bewerkstelligen lässt, so zwar, dass sie nicht Gegenwärtiges, ja sinnlich überhaupt nicht Fassbares zu repräsentieren vermag»; DE LAGUNA: «Speech is the great medium through which human çooperation is brought about»; MARTY: «Die Sprache ist jede absichtliche Äusserung von Lauten als Zeichen psychischer Zustände»; PILLSBURY-MEADER: «Language is means or instrument for the communication of thought, including ideas and emotions»; DE SAUSSURE: «Die Sprache ist ein System von Zeichen, die Ideen ausdrücken»; SCHUCHARDT: «Das Wesen der Sprache liegt in der Mitteilung»; CROCE: «Die Sprache ist artikulierter, umgrenzter, für den Zweck der Expression organisierter Laut»; SAPIR: «Language is a purely human and non-instinctive method of communicating ideas, emotions and desires by means of a system of voluntary produced symbols.»

munikationsformen der Lebewesen umfassen. Gegen eine solche Erweiterung des Begriffes Sprache lässt sich vom biologischen Standpunkte aus
nichts einwenden. Es ist nur die Frage, ob damit etwas gewonnen wird.
Unserer Meinung nach ganz das Gegenteil: die Vernachlässigung der
differentiae specificae führt unvermeidlich zur Begriffsverwirrung, die
erst dadurch behoben wird, dass man schliesslich doch gezwungen wird,
zwischen *verschiedenen Arten* von «Sprachen» zu unterscheiden, was das
völlige Aufgeben des ursprünglichen Standpunktes bedeutet. Es wird
doch niemanden einfallen, welchen Standpunkt er auch hinsichtlich der
Definition der Sprache einnehmen möge, die inartikulierten Schmerzlaute des Menschen, den Warnruf des Elefanten, das Betrillern der
Ameisen oder die Ruflaute unserer Haushunde mit der menschlichen
Sprache zu identifizieren und zu behaupten, dass diese Tiere miteinander,
gelegentlich mit uns, «reden».

Das Wort Sprache ist ein historischer Begriff, der seit uralten Zeiten
für die Bezeichnung einer ganz bestimmten kommunikativen Äusserung
des *Menschen* verwendet wird. Dieser Begriff hat einen, wenn auch nicht
allzu scharf begrenzten, jedenfalls aber sehr positiven Inhalt, der durch
den Sprachgebrauch und die Sprachwissenschaft gleichsam sanktioniert
ist. Nun trat in der zweiten Hälfte des vorigen Jahrhunderts — wahrscheinlich unter dem Einfluss der Evolutionslehre — die Tendenz in
den Vordergrund, Erscheinungen, die *gewisse* Ähnlichkeiten mit einer
anderen Erscheinungsgruppe aufweisen, mit ein und demselben Begriff
zu bezeichnen. Statt nach einem neuen Begriff zu suchen, der als Oberbegriff hätte dienen können, wurde ein prägnanter Begriff auf fremde
Erscheinungen übertragen. HUIZINGA hat in einer seiner Schriften diese
Tendenz treffend als Inflation der Begriffe bezeichnet und hat an dem
Begriff «Renaissance» demonstriert, wie dieser für die Geschichtsforscher
so charakteristische Begriff auf geistige Strömungen aller Zeiten und
aller Völker angewandt wurde, die gewisse übereinstimmende Züge mit
der Zeit der Renaissance aufwiesen. Man begann von *der* Renaissance
im 13. Jahrhundert, von *der* Renaissance in der Karolingischen Zeit
und von *der* Renaissance im allgemeinen zu sprechen [1].

---

[1] J. HUIZINGA, De wetenschap der geschiedenis, 1937, S. 70.

Ganz analog verhält es sich mit der Erweiterung der Begriffe Sprache, Gesang, Werkzeug. Durch die verallgemeinernde Tendenz verlieren diese Worte ihren anschaulichen und prägnanten Inhalt. Diese dem Sprachgebrauch widersprechende Tendenz führte u. a. zu der Auffassung, den Anthropoiden die Erzeugung und Anwendung von Werkzeugen (Yerkes, Köhler), den Vögeln die Gesangskunst, Tieren bis zu den Insekten die Sprache (Garner, Buttel-Reepen, Wasmann) zuzuerkennen. Und all das soll das Tier als Geschenk der Natur erhalten, während wir dafür ein sehr hohes Schulgeld zu zahlen haben.

Bei der Übertragung prägnanter Begriffe auf fremde Gebiete beachtet man nicht, dass ein fest im Sprachbewusstsein verwurzelter Begriff dadurch leicht seine Lebensfrische und seinen Vorstellungsreichtum einbüsst und bald zur Schablone wird, die zuviel und zugleich zu wenig bedeutet. Man darf ferner nicht übersehen, dass man infolge der Erweiterung eines Begriffsinhaltes leicht in Versuchung kommt, alle unter diesem Begriffe untergebrachten Gegebenheiten zu identifizieren und daraus Konsequenzen zu ziehen, die zu Missverständnissen und Unklarheiten Veranlassung geben. Nichts ist natürlicher, als von der Identität der *Bezeichnung* auf die Identität der *Erscheinung* zu schliessen [1]. Diese Überlegungen haben uns dazu geführt, für die Sprache samt den mit ihr in bestimmter Hinsicht übereinstimmenden Äusserungen das Wort *Kommunikation* vorzuschlagen [2], während unter Sprache ausschliesslich die ausgereifte Verständigungsform des sprechenden Menschen zu verstehen.

Eine besondere Aufgabe wäre, die Sprache auch vom *Hörenden* aus eingehend zu untersuchen. Da diese Frage jenseits des Interessenkreises des Sprachforschers steht, fand sie bisher wenig Beachtung. Gewisse Ansätze findet man bei Kinder- und Tierpsychologen, ferner in der Taubstummenliteratur, die aber als Ausgangspunkt einer phänomenologischen und strukturellen Untersuchung der Sprache nicht dienen können.

---

[1] G. RÉVÉSZ, Gibt es einen Hörraum? Acta Psychologica, 3. 1937, S. 167.
[2] G. RÉVÉSZ, Die menschlichen Kommunikationsformen und die sog. Tiersprache, Proc. K. Ned. Akademie van Wetenschappen, Vol. 43, 1941.

Die Konsequenzen, die sich aus unserer Definition für das Problem der Ursprache ergeben, sind die folgenden:

Unserer Definition nach kann erst jene Kommunikationsform als *Sprache* im eigentlichen Sinne des Wortes gelten, die bereits mit imperativer, indikativer und interrogativer Funktion ausgestattet ist. Demzufolge musste auch die erste Form der Sprache diese grundlegenden Sprachfunktionen in sich schliessen, um die elementaren Verständigungsabsichten zur Darstellung bringen zu können. Da die Anzeige oder Aussage von Tatbeständen ohne Lautworte nicht oder nur sehr umständlich möglich ist, ist anzunehmen, dass die Urform der Sprache im wesentlichen eine in Lautwortgebilden und Wortverbindungen sich manifestierende Verständigungsform gewesen ist, was um so wahrscheinlicher ist, als die Zeichen-, Schrift- und Bildsprache und bis zu einem gewissen Grade auch die Gebärdensprache die Wortsprache notwendig voraussetzen. Es ist daher ausgeschlossen, dass einst Menschen existierten, die ihre Gedanken, Wünsche, Absichten nicht in Lautsprache, sondern etwa in Zeichen-, Bild- oder Schriftsprache zur Äusserung brachten. Alle diese symbolischen Sprachformen sind keine Sprachen in dem Sinne, dass sie sich aus eigener Kraft und nach eigenen Entwicklungsgesetzen entfalten könnten, sondern beruhen lediglich auf einer Übertragung (Zeichen- und Bildsprache) bzw. Fixierung (Schriftsprache) der lebendigen Lautsprache und sind überdies in viel späteren Zeiten entstanden als die Wortsprache.

Die Urform der Lautsprache lässt sich in der Wirklichkeit nicht aufzeigen, da — wie bereits erwähnt — die Sprachen der heutigen Primitiven längst über diese Stufe hinausgewachsen sind. Gewisse Anhaltspunkte mögen sich dennoch in den primitiven Sprachen und in den kindlichen Sprachäusserungen finden, welch letztere schon vor dem Ablauf des zweiten Lebensjahres die wichtigsten linguistischen Kategorien aufweisen. Die Beweiskraft dieser Parallelen hängt aber von der entwicklungsgeschichtlichen Bedeutung ab, die man den äusserst primitiven Sprachen im allgemeinen und der kindlichen Sprache im besonderen zuerkennt. Will man sich bei der Rekonstruktion der Ursprachen von diesen beiden Sprachäusserungen leiten lassen, so muss man versuchen, in der ontogenetischen und phylogenetischen Sprachentwicklung ein Stadium festzustellen bzw. zu postulieren, auf dem sie bei einer primitiven Beschaffenheit die in unserer Definition angeführten Wesensmerkmale der Sprache enthielten.

Nach diesen theoretischen Erläuterungen, die zur Grundlage unserer weiteren Überlegungen und Ausführungen dienen sollen, gehen wir zu unserer eigentlichen Aufgabe über. Wir wollen auf empirischem Boden bleibend *jene Stufen der Kommunikationsformen aufzeigen, die vermutlich der sprachlichen Verständigungsform vorausgingen* und die nicht nur bei sprachlosen lebenden Wesen, sondern auch bei den heutigen Menschen nachzuweisen sind. Diese Vorformen öffnen den Zugang zu den Frühformen der Sprache und über diese hinaus zu der vollwertigen Sprache.

Gehen wir bei unseren Überlegungen von der wohlbegründeten Annahme aus, dass die Laut- und Gebärdensprache ein Entwicklungsprodukt ist, das aus minder entwickelten Kommunikationsformen dank zweckmässiger Anpassung entstanden ist, und versuchen wir von diesem Standpunkte aus auf Grund unserer tier- und sprachpsychologischen Erfahrungen die zu der Sprache führenden Entwicklungsstufen zu rekonstruieren, so bietet sich uns dabei nur *ein* gangbarer Weg, nämlich der, der von den primitivsten Kommunikationsformen ausgeht und mit logischer Konsequenz zu der Sprache vordringt. Auf diese Weise gelangen wir zu den *Vorstufen* der Sprache, d. h. zu Kommunikationsformen, die zwar nicht den sprachlichen Äusserungen zugerechnet werden können, die aber mit ihnen mindestens die Tendenz nach gegenseitiger Verständigung gemeinsam haben, die als Grundbedingung aller Kommunikationsformen, einschliesslich der Sprache, zu gelten hat.

Grundsätzlich lässt sich auch der umgekehrte Weg einschlagen, indem man von der höchsten, d. h. am meisten spezifizierten Form der Entwicklungsreihe, also von der vollentwickelten Sprache auf dem Wege der logischen Generalisation zu den am wenigsten spezifizierten Arten innerhalb der Gattung der Kommunikationsformen gelangt. Dabei werden sich immer primitivere Formen der Kommunikation ergeben, je weiter sich die Mittel, die die Kommunikation verwirklichen sollen, von den Mitteln entfernen, welche die menschliche Sprache in Anwendung bringt.

Aus methodischen Gründen haben wir uns für die von den Vorstufen aufsteigende Richtung entschieden, wobei wir uns bewusst waren, dass bei der Erforschung der Vorformen der Sprache die entwickelte Sprache die leitenden Gedanken liefern muss, nämlich die Hauptfunktionen der Sprache.

Mit diesen Begriffsbestimmungen und Leitgedanken ist den folgenden Untersuchungen der Weg vorgezeichnet. Es wird sich darum handeln, zunächst jene Äusserungen aufzuweisen, die als erste Manifestation der Kommunikation zu gelten haben, sodann jene Verständigungsformen anzugeben, die mit der menschlichen Sprache bereits durch gewisse gemeinschaftliche Züge verbunden sind, um in dieser Weise durch die Frühformen der Sprache allmählich zu der vollentwickelten Sprache vorzudringen.

7. DIE MENSCHLICHEN
UND TIERISCHEN KONTAKTFORMEN

I. TRIEB UND BEDÜRFNIS

Wird in der somatischen oder psychischen Sphäre der Gleichgewichts-
zustand gestört, so entsteht reflektorisch das Bedürfnis, diese Störung
aufzuheben. Das triebhafte Bedürfnis entsteht unter der Einwirkung
treibender Kräfte, der *Antriebe*, die den Organismus direkt auf ein Ziel
hinsteuern. Die Zielstrebigkeit des Bedürfnisses und die Zielgerichtetheit
der Antriebe schliesst ein, dass bestimmte *Mittel* zur Erreichung des
Zieles angewandt, ein bestimmter Weg zur Befriedigung des Bedürfnisses
eingeschlagen wird. Dieser Vorgang lässt sich am deutlichsten in der
reinen Triebsphäre beobachten, da hier der Prozess ohne Mitbeteiligung
des Bewusstseins oder des bewussten Willens abläuft.

Entsteht bei einem Tier das Bedürfnis, seinen Hunger zu stillen, so
wird es infolge angeborener triebhafter Mechanismen imstande sein, dieses
Bedürfnis durch zweckdienliche Mittel in geeigneter Weise zu befriedigen.
Das Bedürfnis, das nach Wiederherstellung des gestörten Gleichgewichtes
strebt, veranlasst das Tier zwangsmässig zu motorischen Aktionen, die
zu dem erstrebten Ziel führen. Zielsetzung, Motivation und Entschluss,
diese konstitutiven Elemente einer jeden bewussten Willenshandlung,
fehlen hier gänzlich. Der ganze Triebvorgang, vom Auftauchen des
Bedürfnisses bis zur Ausführung der Tätigkeit, ist bei Tieren erbbiologisch präformiert und zwangsläufig determiniert: er kann als Ausfluss
des einheitlichen und autonomen Triebmechanismus betrachtet werden.
Alles läuft hierbei nach biologischen Gesetzen ab und stellt daher keine
Anforderungen an vernunftgemässe Entscheidungen des Individuums.
Die ineinandergreifenden Phasen dieses Prozesses, nämlich der den Organismus in Bewegung setzende Antrieb und die instinktive Regulierung

des Triebes, mit deren Hilfe der Organismus Wege und Mittel sucht und meistens auch findet, lassen sich bei jeder instinktiven Handlung konstatieren. Diese Anschauung lässt sich im folgenden Satz ausdrücken: *das Bedürfnis und der Drang zur Befriedigung des Bedürfnisses, ferner das Finden des zweckentsprechenden Mittels bilden eine unzertrennliche biologische Einheit.*

Auch bei Menschen lassen sich solche in ihrem ganzen Verlauf durch Triebe determinierte Handlungen feststellen. Im allgemeinen wird der Mensch freilich die Bedürfnisse und diejenigen Objekte und Verhaltungsweisen, die zur adäquaten Befriedigung seiner Bedürfnisse führen, erkennen und nach Maßstäben bewerten, die ihm nur der Verstand zu liefern vermag. Die Einschaltung des Verstandes, das Abwägen der Motive und die Beurteilung der Konsequenzen hat zur Folge, dass gewisse rein triebhafte Bedürfnisse und die damit unzertrennlich verbundenen Mittel zur Befriedigung einen ganz anderen Charakter und eine andere Bedeutung erhalten. Die ursprünglichen Triebe sublimieren sich im Laufe der Menschheitsgeschichte und der individuellen Entwicklung: sie gehen in andere, teilweise höhere, durch das Bewusstsein kontrollierte, teilweise in geistige Bedürfnisse über, ohne darum ihre ursprünglich triebhafte Natur gänzlich einzubüssen.

Die Erkenntnis der triebhaften Anlage der Bedürfnisse im allgemeinen berechtigt uns, die vergeistigten Funktionen ihren ursprünglich triebmässigen Formen gegenüberzustellen, sie entwicklungsgeschichtlich zueinander in Beziehung zu setzen und ihre zeitliche Aufeinanderfolge zu rekonstruieren.

So scharf dabei auch zwischen denjenigen Zielsetzungen unterschieden werden muss, die auf Grund einer Entscheidung durch Vernunft und Willen getroffen werden, und zwischen solchen, die dem Individuum ohne sein Zutun durch biologisch fundierte Antriebe aufgezwungen werden, so muss man sich doch vor einem Irrtum hüten, der seit Descartes die sogenannten exakten Wissenschaften beherrscht, durch die Psychoanalyse erheblich gefördert und im Behaviorismus Triumphe feiert, vor dem Irrtum nämlich, dass die tierischen Reaktionen schlechthin «unbewusst» verlaufen, weil ihre Bedürfnisse und Triebe nicht, wie die

Psychoanalyse sagen würde, der «Zensur» des Geistes unterliegen. Diese Beschränkung des Bewusstseinsbegriffes auf ein «Oberbewusstsein», das seine Entscheidungen nach geistigen Wertmaßstäben trifft oder wenigstens klare und deutliche Vorstellungs- und Gefühlserlebnisse zum Gegenstand hat, versetzt das Unbewusste in ein Zwischenreich, das zwar nicht mit dem Gebiet der rein körperlichen Erscheinungen zusammenfällt, aber auch nicht in das Gebiet der Bewusstseinserscheinungen hineinreicht. In Wirklichkeit verhält es sich so, dass Bewusstsein der übergeordnete Begriff ist, der sowohl die Bewusstseinserscheinungen im engeren Sinn, also das schlichte erlebnismässige Gegebensein von Gegenständen und Vorgängen umfasst, als auch die kategoriale Eingliederung und Beurteilung der Gegenstände und Vorgänge der Aussen- und Innenwelt nach allgemeingültigen Wertmaßstäben. Innerhalb der Bewusstseinserscheinungen im engeren Sinn kann, wie bereits Leibniz tat, wieder zwischen den klar und deutlich und den bloss unklar und undeutlich bewussten Erlebnisinhalten unterschieden werden. Da sich aber die nichtbewussten Erscheinungen im Normalbereich vielfach nur durch den geringeren Grad ihrer Klarheit und Deutlichkeit von den übrigen Bewusstseinsinhalten unterscheiden, mit denen sie in allen übrigen Wesensmerkmalen übereinstimmen[1], ist es ungerechtfertigt, einem Lebewesen das Bewusstsein schlechterdings absprechen zu wollen, wenn es nur über dunkle und verworrene Bewusstseinsinhalte verfügt, insonderheit Bedürfnis und Trieb nur als einen «dunklen Drang» zu erleben vermag.

Diese Anmerkung erschien deshalb erforderlich, weil die Ausdehnung der Kontakttheorie auf das Tierreich nicht zulässig wäre, wenn das Kontaktbedürfnis dem Tiere nicht wenigstens als dunkler Drang zum Bewusstsein käme.

---

[1] Hier sehen wir von jenen unbewussten Vorgängen ab, die keinen phänomenalen Inhalt haben, von deren Existenz wir nur auf Grund ihrer mittelbaren Auswirkungen oder ihrer symbolischen Vertretung z. B. im Traum Kenntnis nehmen, worauf die sog. Tiefenpsychologie mit Recht grosses Gewicht legt.

II. SOZIOLOGISCHE GRUNDLAGE DER KOMMUNIKATIONEN

Wenn wir die Formen der Gesellschaftsbildung in ihrer Gesamtheit überblicken, so zeigt sich, dass der soziale Kontakt den Einzelwesen grosse Vorteile bietet. Die Vorteile, die durch die Vergesellschaftung entstehen, lassen sich in sexuelle und asexuelle trennen. Aus der Tiersoziologie ist uns bekannt, dass die auf sexueller Grundlage entstandenen Verbindungen vorzugsweise in den verschiedenen Formen der Familie, ferner in den mehr oder weniger geschlossenen Ansammlungen, Herden und Schwärmen in Erscheinung treten. Die asexuellen Gemeinschaften sind weit mannigfaltiger: sie dienen der Sicherung des Individuums und der Gruppe, des Nahrungserwerbes und Unterkommens, gelegentlich auch der Ermöglichung körperlicher und psychischer Entfaltung. Die bekanntesten Formen der asexuellen Gemeinschaften bei Tieren sind die Platzgemeinschaften, Schlaf- und Wandergesellschaften, die den Zweck verfolgen, Schutz gegenüber dem klimatischen Wechsel, dem Nahrungsmangel usw. zu gewähren und passende Ansiedlungen für Brutstätten zu finden. Es genügt, wenn man auf die dichten Kolonien der solitären Wespen, auf die gemeinsame Überwinterung der Fledermäuse und der sonst äusserst ungeselligen Kreuzottern, auf die Massenwanderung der Krabben, Insekten und Fische zur Laichzeit, auf die Wandergesellschaften der Ratten, Wildpferde, Antilopen, Renntiere, Zugvögel hinweist. Zu asexuellen Verbindungen gehören ausserdem die Essgemeinschaften der Käfer und Raubvögel, die Jagd- und Beutegemeinschaften der Wölfe, die Spielgesellschaften junger Tiere [1].

Die Beziehung zwischen den Individuen innerhalb der verschiedenen Gemeinschaften kann wechselseitig (reziprok) oder einseitig sein. Wechselseitigkeit liegt vor, wenn der Verband einen Vorteil auf beiden Seiten gewährt, Einseitigkeit, wenn nur der eine Teil davon Nutzen zieht. Bei Einseitigkeit kommt es vor, dass die Verbindung dem einen Partner

---

[1] P. DEEGENER, Die Formen der Vergesellschaftung im Tierreich, Leipzig 1918.

sogar Schaden bringt, wie sich das bei den sog. Raubgastgesellschaften beobachten lässt, bei denen das Gastvolk die Eier des Wirtes auffrisst oder sein Blut abzapft. In manchen Fällen ist es schwer zu beurteilen, ob die Einseitigkeit eine vollständige ist oder ob durch die Gemeinschaft nicht doch gewisse Bedürfnisse befriedigt werden, die die Nachteile zum Teil aufwiegen. Dasselbe gilt auch für die «indifferenten» Verbände, in denen die beteiligten artgleichen bzw. artungleichen Individuen angeblich voneinander keinen Nutzen ziehen. In diesen Fällen muss genau untersucht werden, ob nicht aus der Zusammenrottung der Individuen doch gewisse Vorteile für beide Seiten erwachsen. So ist es z. B. mit der gemischten Gesellschaft der Strausse und Wildpferde. Sie grasen gemeinschaftlich und begleiten sich regelmässig, ohne sich umeinander zu kümmern. Geht man aber der Frage nach, was der eigentliche Grund ihrer «Freundschaft» sein kann, so zeigt sich, dass die Gesellung beider Arten ihre gemeinsame Sicherheit steigert. Die Strausse verfügen über einen besonders scharfen Gesichtssinn, während die Wildpferde vorzüglich wittern.

Die tierischen Gesellschaften zeigen hinsichtlich ihrer Struktur und ihrer Varietäten eine grosse Mannigfaltigkeit, die in der Verschiedenheit ihrer biologischen Organisation und ihrer Lebensumstände und Lebensgewohnheiten begründet liegt. Interessant und entwicklungsgeschichtlich bedeutungsvoll ist, dass nur bei einer einzigen Art der Lebewesen beinahe alle Hauptarten der gesellschaftlichen Verbindungen aufzuzeigen sind, und das ist der Mensch. Bei ihm finden wir die verschiedenen familiären Verbindungen, wie etwa die Vater- und Mutterfamilie, die verschiedenen sexuellen Gemeinschaften, wie die Monogamie, Polygamie, Promiskuität, ferner asexuelle Wander-, Kampf-, Jagd-, Ess- und Wohngesellschaften usw. Dies alles weist darauf hin, dass in den menschlichen Gemeinschaften die gleichen oder mindestens sehr verwandte kollektive Kräfte und Gesetze wirksam sind wie in den tierischen Sozietäten. Diese Übereinstimmung erlaubt uns aber nicht, die komplizierteren menschlichen Verbindungen und kollektiven Kooperationen mit den organisierten tierischen Verbänden zu identifizieren. Die ersteren sind nicht allein komplizierter, sondern weisen auch auf Lebensformen hin, die ihre Entstehung allein dem menschlichen Geist und der Initiative der Einzelnen zu verdanken haben. Dass trotz alledem die Grundformen der menschlichen und tierischen Gemeinschaften viele Übereinstimmungen zeigen und dass diese Übereinstimmungen auf allgemeinen, weit über die menschliche Willkür hinausreichenden biologischen Gesetzmässigkeiten beruhen, ist eine Grundtatsache.

Wenn wir nun die Frage stellen, ob es nicht ein Bedürfnis gibt, das für all die verschiedenen menschlichen und tierischen Ansammlungen und Gesellschaften — welchen sozialen und individuellen Zwecken sie auch dienen mögen — als unerlässliche Grundlage ihrer Entstehung, Entfaltung und Differenzierung zu gelten hat, so können wir auf das *Kontaktbedürfnis* hinweisen, das alle Gemeinschaften, kleinere und grössere, zeitliche und dauernde, beherrscht und regelt.

Wenn man das soziale Verhalten der lebenden Wesen verfolgt, so fällt es auf, dass bei Individuen zahlreicher Arten das unbezwingbare Bedürfnis besteht, miteinander in Kontakt zu treten. Dieser Kontakttrieb und die sich daraus ergebende gegenseitige und zielgerichtete Steuerung, sind im biologischen Plan der Lebewesen miteingeschlossen. Sie haben ihren Grund in der sozialen Natur der Menschen und Tiere. *Der Kontakt kann demnach als ein erbbiologisch fundiertes und zu den allgemeinen Lebensbedürfnissen gehörendes, vital notwendiges Verhalten zwischen artgleichen, gelegentlich auch zwischen artungleichen Individuen definiert werden.*

Von diesem Kontaktbedürfnis müssen wir ausgehen, wenn wir ein deutliches Bild von der Entstehung der tierischen und menschlichen Kommunikationsformen gewinnen wollen. Von dieser Grundlage aus lässt sich eine *Entwicklungsgeschichte der Kommunikationsformen*, einschliesslich der Sprache, rekonstruieren, eine Aufgabe, die mangels eines leitenden Grundgedankens bis jetzt noch nicht versucht worden ist.

III. DER KONTAKT UND DIE KONTAKTFORMEN

Liegt beim Begriff der Sprache die Gefahr nahe, ihn auf Erscheinungen auszudehnen, denen die wesentlichen Merkmale der Sprache noch nicht zukommen, so ist beim Begriff des Kontaktes die Gefahr grösser, ihn mit Kommunikationsformen zu identifizieren, die bereits über die Stufe des blossen Kontaktes hinaus gediehen sind, weil das Bild des Kontaktes, des In-Berührung-Kommens, auf alle Formen der Vergesellschaftung und Kommunikation anwendbar ist. Gibt es also ein Bedürfnis, das auf kein anderes Ziel gerichtet ist als auf das, einen *blossen räumlichen Kontakt* zu anderen Lebewesen herzustellen, so wird sich seine Eigenart am leichtesten durch die Verschiedenheit gegenüber verwandten Bedürfnissen bestimmen lassen.

Unter Kontakt im *engeren* Sinn verstehen wir das Bedürfnis zu einer blossen Annäherung, Fühlungnahme oder Berührung ohne Verständigungsabsicht, unter Kontakt im *weiteren* Sinn das Bedürfnis zu einer Verbindung aller Art, insofern sie dem gegenseitigen Interesse dienen, zu dem auch alle durch Verständigungsabsicht ausgezeichnete Kommunikationsformen gehören.

Die Einführung der Begriffe des *Kontaktes* und der *Kommunikation* ist vom entwicklungspsychologischen und entwicklungsgeschichtlichen Gesichtspunkt aus ein grosser Gewinn, da sie kraft ihres empirischen Umfanges solche Manifestationen umfassen, die bisher entweder nicht beachtet oder als voneinander unabhängige Verhaltungsweisen betrachtet wurden. Ein weiterer Vorteil dieser Begriffe liegt darin, dass sie nicht nur menschliche, sondern auch tierische soziale Äusserungen umfassen, wodurch das Kontaktprinzip eine weit über die menschlichen Verhaltungsweisen hinausreichende, allgemein biologische Bedeutung erwirbt.

Zu den *Vorstufen* des Kontaktes gehören die primitivsten Formen des Zusammenlebens, die sog. Kolonien, d. h. Gemeinschaften, von Individuen, die durch ungeschlechtliche Fortpflanzung auseinander hervorgegangen sind und miteinander in Verbindung bleiben, wie sie schon bei Protozoen, aber auch bei Schwämmen, Zölenteraten und Würmern vorkommen. Da hier die Ursache der Gemeinschaftsbildung eindeutig in der gemeinsamen Abstammung durch Sprossung gelegen ist, geht es nicht an, sie als Wirkung eines triebhaften Bedürfnisses anzusehen, und damit fallen diese «Tiergemeinschaften» aus der Reihe derjenigen sozialen Verbindungen heraus, deren Entstehung auf ein Kontaktbedürfnis zurückzuführen ist. Erst wenn die Gemeinschaftsbildung lediglich das

Mittel bildet, um ihren Angehörigen die Erreichung bestimmter biologischer Ziele zu ermöglichen bzw. zu erleichtern, kann man von den einzelnen Organismen sagen, dass sie zur Erreichung jener Ziele miteinander in «Kontakt» treten. Das Bedürfnis, das solche Kontaktbildungen zusammenschweisst, ist auf der ersten Stufe rein triebhaft fundiert, und da es ausschliesslich vitalen Bedürfnissen dient, kann man es als *vitales Kontaktbedürfnis* bezeichnen.

Gemeinschaftsbildungen, die diesem vitalen Kontaktbedürfnis entspringen, sind bereits die Ansammlungen und Zusammenrottungen von Tieren, die keinen anderen Zweck haben, als durch den sozialen Verband eine grössere Sicherung des Einzelnen gegen drohende Gefahren zu schaffen. Dieses Bedürfnis nach gemeinsamer Sicherung geht mit dem Kontaktbedürfnis eine sehr enge Verbindung ein. Denn sobald ein Tierindividuum aus einer solchen Sicherungsgemeinschaft isoliert wird, fühlt es sich bald unsicher und unbehaglich; die meisten innerhalb seines Wahrnehmungsfeldes auftretenden Reize, wie Geräusche, Gerüche, Bewegungen, lösen bei ihm panikartige Schreck- und Fluchtreaktionen aus, die erst dann aufhören, wenn sich das Tier wieder in seine Gruppe einfügt. In der Gruppe rücken wiederum die Einzeltiere um so näher zusammen, je drohender die Gefahr erscheint, und versuchen, durch diese massive Form der Gemeinschaftsbildung den Drohungen der Umgebung Trotz zu bieten oder ihnen zu entrinnen. Dieses Schauspiel bietet sich unzählige Male im Hühnerhof, bei Schafherden, bei Ansammlungen von Möwen, Pelikanen, Seeschwalben usw. dar.

Viele Reaktionen, die sich objektiv als ein Schutz*suchen* darstellen, wie etwa das Zusammendrängen der Küken unter den Flügeln der Bruthenne, entspringen oft genug einem Kontaktbedürfnis, das bereits durch ein blosses räumliches Zusammensein befriedigt wird. Dass zahme Tiere auch mit dem Menschen in Kontakt zu treten versuchen, leuchtet jedem ein, der sich mit ihren Lebensäusserungen und Gewohnheiten vertraut gemacht hat.

Nicht unwirksam ist auch das blosse vitale Kontaktbedürfnis bei allen übrigen triebhaft fundierten Gemeinschaftsbildungen, die unmittelbar auf Nahrungssuche, geschlechtliche Fortpflanzung und Spiel abgestellt sind. Die sog. Schwärm-, Wander-, Fress-, Schlaf-, Überwinterungsgesellschaften, Brutgenossenschaften und ähnliche vorübergehende oder lebenslänglich andauernden Vergesellschaftungen der Tiere sind von diesem Kontaktbedürfnis durchsetzt.

Die dem blossen Kontakt zugrunde liegenden vitalen Bedürfnisse werden durch gewisse Instinktmechanismen gesteuert, die in der biologischen Organisation der Lebewesen verankert und durch individuelle Erfahrung nur in geringem Masse modifiziert sind. Die Zielstrebigkeit des Bedürfnisses und die Zielgerichtetheit der Antriebe werden in diesen Fällen — ohne Mitbeteiligung des Bewusstseins und des Willens — durch das zur Erreichung des erstrebten Zieles erforderliche Mittel bestimmt. Alles spielt sich in der Triebsphäre ab; eine gegenseitige Verständigung wird nicht beabsichtigt, weil das zweckmässige Funktionieren der Triebkräfte durch die biologische Organisation gesichert ist und weil das Aufsuchen der Artgenossen, das Versammeln an einem Ort, durch instinktmässige Steuerung der Einzeltiere und der Gruppen erfolgt.

Dieser Bindung liegen in der Hauptsache drei Grundtriebe zugrunde, nämlich der Trieb, sich zu ernähren, sich fortzupflanzen und sich zu schützen bzw. verteidigen. Diese Grundtriebe der Ernährung, Fortpflanzung und Umwelteinstellung führen zur Bildung von Tiergesellschaften, die entweder auf eine bestimmte Art beschränkt sind oder deren Mitglieder mehreren Arten angehören, wie es bei den Brut- und Herdengesellschaften der Fall ist.

Es ist nicht schwer, analoge Fälle auch innerhalb der menschlichen Gesellschaft zu finden. Das überzeugendste Beispiel dieser Art des Kontaktes bietet das Bedürfnis, in Gefahrsituation menschliche Ansammlungen aufzusuchen. Man kennt einander nicht, erwartet voneinander nichts, auch beabsichtigt man nicht zueinander in persönlichen Kontakt zu treten; dennoch entsteht durch die Haltung eine Atmosphäre, die das Gefühl der Zusammengehörigkeit und der kollektiven Sicherheit zu steigern vermag. Hierher gehören die Fälle, in denen der Mensch sich aus dem Gefühl einer drohenden Vereinsamung in ein Zusammensein mit anderen Menschen zu retten sucht. Dieser «Herdentrieb» bildet die Vorbedingung der kollektiven Vorgänge, die sich bei Massenbewegungen

(Völkerwanderungen, Vereinigung der Nomadenvölker, Kolonisationserscheinungen) beobachten lassen. Selbst der Einzelgänger, der sich auf Grund schlechter Erfahrungen hütet, mit der «Masse Mensch» in allzu nahe Berührung zu kommen, wird wenigstens mit einem Haustier einen Kontakt herzustellen suchen, der ihn vor dem völligen Alleinsein bewahrt.

Indessen begnügt sich das Kontaktbedürfnis nur unter sehr bestimmten Umständen mit der Herstellung eines blossen räumlichen Kontaktes. Je mehr die vitale Schicht der menschlichen Persönlichkeit von der seelischen Schicht überbaut wird, in der sich die intentional gerichteten Gefühlserlebnisse abspielen, desto eher wird der Mensch auch im allgemeinen darauf ausgehen, den räumlich-vitalen zu einem *seelischen Kontakt* zu vertiefen. Dieser seelische Kontakt verfolgt nicht etwa den Zweck, eine gedankliche Verständigung, einen Gedankenaustausch mit dem Partner herbeizuführen; man beabsichtigt weder etwas mitzuteilen noch andere zu bestimmten Handlungen zu veranlassen, sondern man will sich lediglich der seelischen Nähe des andern vergewissern:

> «Es ist so schön, zu zweit zu gehn und nichts zu sagen,
> Ganz einfach nur sich zu verstehn und nichts zu fragen.»

Tiefer greift der Kontakt, wenn die seelische Beziehung eine *Gefühlsübertragung* beabsichtigt. Im seelischen Kontakt liegt nahezu immer ein intentionaler Akt miteingeschlossen, der Akt des Verstehens, Mitfühlens, Einfühlens in die *fremde Person*, aber zugleich die Absicht einer Übertragung der *eigenen* Gemüts- und Willensverfassung, die auf Schaffung einer *auf emotionaler Grundlage beruhenden interindividuellen Verbindung* abzielt. Selbst zwischen fremden Menschen kann gelegentlich ein seelischer Kontakt entstehen. Sie brauchen miteinander nicht zu sprechen, nicht einmal die Sprache des anderen zu verstehen, und dennoch kann durch Blicke, Mimik und Ausdruckslaute eine Verbindung seelischer Art zwischen ihnen zustande kommen. Es bildet sich dadurch keine soziale Einheit, die die Einzelnen zum Träger gewisser Absichten oder Ziele macht; es entsteht vielmehr nur eine unmittelbare seelische Beziehung von Person zu Person und zu der Gruppe, die auf das Gesamtverhalten der Einzelnen eine entscheidende Wirkung auszuüben vermag.

Die Relation innerhalb der Gruppe kann merkbar verschieden sein, aber die Relationsgrundlage ist und bleibt stets der *sprachlose seelische Kontakt.*

Da jener Gefühlsaustausch ein gegenseitiger sein muss, lässt sich streng genommen ein seelischer Kontakt mit Säuglingen nicht herstellen. Der seelische Kontakt mit kleinen sprachunfähigen Kindern, die wir berühren, liebkosen, denen wir artikulierte oder unartikulierte Laute zurufen, beruht auf einer Illusion: nicht zwischen uns und den kleinen Kindern bildet sich eine seelische Verbindung im obigen Sinne, sondern wir sind es, die unsere eigenen seelischen Erregungen in die Verhaltungsweise der Kinder hineintragen. Sehr bald, noch während der zweiten Hälfte des ersten Lebensjahres, zeigen sich beim Kind spontane Äusserungen und Reaktionen, die bereits auf das Vorhandensein seelischen Kontaktes weisen. Am deutlichsten zeigt sich dies in der Spielsituation mit Erwachsenen. Ist das kleine Kind fähig, zwischen Ernst und Spiel zu unterscheiden, eine und dieselbe Handlung (Stoss, Druck, Schlag, drohende Bewegung usw.) je nach der Situation und dem mimischen Ausdruck des Erwachsenen richtig zu deuten, dann ist es nicht zweifelhaft, dass zwischen dem Kind und seiner Umgebung ein seelischer Kontakt hergestellt ist. Die objektiven Gegebenheiten sind in beiden Fällen die gleichen, und trotzdem kann das Kind infolge Beachtung feiner Ausdrucksbewegungen und Ausdruckslaute der Erwachsenen die Situation richtig erkennen, ja sogar bei plötzlicher Veränderung der Situation — z. B. beim Übergang vom Spiel zum Ernst — seine Verhaltungsweise entsprechend verändern.

Diese Erfahrungen lenken unsere Aufmerksamkeit auf die Frage, ob es berechtigt ist, Tieren im allgemeinen die Existenz seelischen Kontaktes abzusprechen. Tierliebhaber und Ornithologen, die Gelegenheit haben, Tiere lange Jahre hindurch zu beobachten und ihre Reaktionen unter verschiedenen Bedingungen zu studieren, werden in dieser Frage einen positiven Standpunkt einnehmen. Dass bei der Interpretation tierischer Handlungen stets grosse Vorsicht und Zurückhaltung erforderlich ist, um nicht gewisse Ausdrucksweisen ohne gründliche Prüfung der Verhältnisse als Anzeichen seelischer Regungen, gleichsam als Antwort auf unsere Annäherung aufzufassen, ist zweifellos. Andererseits darf nicht übersehen werden, dass man bei gewissen hochorganisierten, im Familienverband lebenden Tieren bezüglich ihrer Verhaltungsweisen gegenüber ihren Genossen und Sprösslingen leicht den Eindruck gewinnt, als handle es sich hier um seelische Resonanz. Insbesondere macht sich dieser Eindruck geltend, wenn man junge Tiere, wie Hunde, Katzen, Affen, miteinander spielen sieht. Das ganze Schauspiel lässt sich mit dem blossen Bedürfnis nach vitalem Kontakt nicht erklären, schon darum, weil die mannigfaltigen, oft überraschenden Aktionen und Reaktionen der Tiere vollkommen aufeinander abgestimmt sind, ein Verhalten, das mit keiner mechanistischen Lehre oder Reflextheorie verständlich gemacht werden kann. Dazu kommt noch hinzu, dass die spielerische Tätigkeit nicht notwendig zu den vitalen Bedürfnissen der Tiere gehört. (Das Spiel ist nicht so allgemein im Tierreich, dass man es als eine biologische Notwendigkeit, wie dies die biologischen Theorien des Spielens vorstellen, gelten lassen könnte.) Noch weniger können wir uns von diesem Eindruck des seelischen Kontaktes beim Anblick des Spielens der Menschen mit domestizierten Tieren emanzipieren. Wie der Haushund zwischen Spiel und Ernst unterscheiden kann, wie er in einem Moment auf einen Schlag mit einem Gegenschlag antwortet, im folgenden Moment, wenn er bemerkt, dass es mit dem Spiel aus ist, auf denselben Schlag mit Flucht reagiert, bleibt eine schwer zu beantwortende Frage, insoweit man die Existenz des seelischen Kontaktes bei Tieren einfach leugnet [1]. Doch gibt es Gesichtspunkte und Tatsachen, die eine solche Annahme nicht befürworten.

Beim seelischen Kontakt geht es nämlich um Gefühls*übertragung* und nicht etwa um Gefühls*ansteckung*. Wenn es sich nur um die letztere handeln würde, dann dürften wir bei domestizierten Tieren, vor allem bei

---

[1] Bei Anthropoiden konnte ich mich allerdings bei meinen langjährigen Versuchen nicht überzeugen, dass zwischen jungen Schimpansen, Orangs, Gorillas und Menschen eine echte Spielsituation möglich ist. Jeder Tierkenner weiss, wie vorsichtig man mit jungen Anthropoiden umgehen und wie genau man ihre Bewegungen verfolgen muss, um jede peinliche Überraschung zu vermeiden. Ihre plötzlichen Angriffe gegen die Wärter weisen eher darauf, dass sie unsere Bewegungen und mimischen Ausdrücke nicht begreifen, was noch dadurch unterstützt werden kann, dass mit erwachsenen Anthropoiden ein Spiel so gut wie gänzlich ausgeschlossen ist.

Hunden, die Existenz des seelischen Kontaktes nicht ausschliessen. Da es aber hier um eine absichtliche Übertragung von Gefühlen und Stimmungen geht, wobei eine adäquate Reaktion erwartet wird und wobei, wenn diese ausbleibt, die Herstellung des Kontaktes auf eine andere Weise versucht wird, lässt sich schwerlich annehmen, dass Tiere an diesem Kontakt teilhaben. Dasselbe dürfte auch für ganz kleine Kinder und für den überwiegenden Teil der geistesgestörten Menschen gelten. Diese alle können gelegentlich auf unsere Gefühlsausdrücke reagieren, dafür ist aber eine seelische Resonanz nicht erforderlich. Das Anschwellen der emotionalen Bewegung im Tier und im Kleinkind scheint nicht die Bedingungen zu schaffen, die für die Entstehung des seelischen Kontaktes ausreichen.

Die Seelenverwandtschaft und Seelenfremdheit, Sympathie und Antipathie beruhen auf dem Vorhandensein oder dem Mangel dieses seelischen Kontaktes, der unmittelbare Beziehungen zwischen Menschen herzustellen vermag, ohne sich auf vorhergehende Erfahrungen zu stützen. Wir haben in solchen Fällen den Eindruck, als ob ein von dem Partner ausgehendes Fluidum uns mit unbezwinglicher Macht überflute und von uns auf ihn zurückströme. Der Verstand wird dabei nicht gefragt; wir lauschen vielmehr auf die Stimme des Herzens, die unser Gemüt in Mitschwingung versetzt. Durch eine Art von Gefühlsaustausch wird die seelische Persönlichkeit des anderen unmittelbar erfasst. Die echte Liebe und die echte Freundschaft wurzeln in dieser seelischen Gemeinschaft; ihr liegt auch der erste Eindruck zugrunde, den wir von einem Menschen durch «Intuition» erhalten. Damit lässt es sich erklären, warum es uns so schwer fällt, uns von der Wirkung des ersten Eindruckes zu emanzipieren, durch rationale Argumente den seelischen Widerhall zu korrigieren.

Der seelische Kontakt braucht jedoch nicht auf Sympathie zu beruhen, wenn es sich auch in jedem Fall um ein *Einfühlen* in das fremde Ich handelt. Auch dann, wenn man sich einem Feinde gegenüber befindet, wird man auf einen seelischen Kontakt Wert legen, um dadurch die Verhaltungsweise und Absichten des Gegners zu begreifen und dementsprechend die erforderlichen Gegenmassnahmen zu treffen.

Der kollektiv gerichtete seelische Kontakt ist nicht an eine bestimmte numerische Grösse der Gruppe gebunden. Er tritt zwar meistens innerhalb eines quantitativ begrenzten geschlossenen sozialen Gebildes auf, unter Umständen aber kann er auch in einer sich hin und her bewegenden Masse in Erscheinung treten. Dies lässt sich bei Volksfesten, im Karneval und bei ähnlichen gesellschaftlichen Veranstaltungen beobachten, wenn die reservierte Haltung der Einzelnen durch die gesteigerte Emotionalität der Gruppe durchbrochen wird und wenn sich im Rahmen der heterogenen Gruppe eine Atmosphäre bildet, die ihre Entstehung dem seelischen Kontakt verdankt.

Sowohl der vitale wie der seelische Kontakt lässt sich nur durch sinnlich wahrnehmbare Mittel herstellen. Veranlasst das vitale Kontaktbedürfnis die Lebewesen zu einer räumlichen Annäherung, so kann es offenbar nur durch die Ausführung körperlicher Bewegungen befriedigt werden, welche eine unmittelbare Berührung der Individuen zur Folge haben. Solche Bewegungen führt auch der Mensch aus, der z. B. in Not instinktmässig zu anderen in räumlichen Kontakt tritt, eine Äusserungsform, die vermutlich nur von der geschlechtlichen Vereinigung an Eindringlichkeit übertroffen wird. Mag dabei in den sexuellen Kontaktbewegungen das vitale Kontaktbedürfnis überwiegen, so lässt sich doch nicht verkennen, dass sie, ausser einem reinen sexuellen, immer zugleich einem seelischen Kontaktbedürfnis entspringen, und das gilt in erhöhtem Masse für alle Bewegungen, die, wie schon der freundschaftliche Händedruck, jedes sexuellen Einschlages entbehren. Neben der unmittelbaren sucht aber das seelische Kontaktbedürfnis auch noch «mittelbare» Berührungen herbeizuführen, und die Mittel, deren es sich zu diesem Zwecke bedient, sind das Winken, Hutschwenken, Anjodeln usw., die sich schliesslich zum gemessenen Gruss sublimieren und damit grundsätzlich auf jede körperliche Berührung verzichten können. Ja, man braucht nur den Händedruck zweier Liebenden mit dem Händedruck zu vergleichen, den man mit einem gleichgültigen Bekannten tauscht, um zu erkennen, dass dieser Sublimationsprozess noch weitergehen und die Bewegung, die ursprünglich auf die Herstellung eines unmittelbaren Kontaktes abzielte, zu einem blossen Symbol erstarren lassen kann, welches nichts weiter anzeigen soll als die Ergebenheit des Grüssenden, eben damit aber die Bewegung ihrem ursprünglichen Zwecke ganz und gar entfremdet.

Aus dieser Gegenüberstellung wird aber zugleich klar, dass die «*Kontaktreaktion*», wie wir sie jetzt ohne Gefahr eines Missverständnisses nennen können, eine eigentümliche Mittelstellung zwischen den Ausdruckszeichen und den Verständigungszeichen einnimmt. Sie hat mit den blossen Ausdrucksbewegungen gemeinsam, dass sie ein inneres Erlebnis, nämlich das Kontaktbedürfnis des Ausführenden, zum Ausdruck bringt; sie unterscheidet sich dadurch von ihnen, dass ihre Ausführung nicht unwillkürlich, sondern mit der Tendenz erfolgt, mit anderen Lebewesen Fühlung zu nehmen. (Sobald daher etwa das Kleinkind sein Lächeln, das ursprünglich nur den Ausdruck einer behaglichen Stimmung bildete, dazu verwendet, um mit seiner Umgebung Fühlung zu nehmen, ist auch die blosse Ausdrucksbewegung schon zur Kontaktbewegung geworden.) Hat die Kontaktreaktion mit dem Verständigungszeichen die «Absichtlichkeit» gemeinsam, so unterscheidet sie sich von ihm wiederum dadurch, dass ihre «Absicht» lediglich auf die Herstellung eines seelischen Kontaktes mit anderen Lebewesen, aber noch nicht auf eine Verständigung gerichtet ist. Wenn die Kontaktreaktion eine Aufforderungs- oder Anzeigefunktion annimmt, wie namentlich in den Grussformen, die zum grossen Teil auf Kontaktreaktionen zurückgehen, so hat sich damit eine wesentliche Änderung ihres Sinngehaltes vollzogen.

Wie der Mensch die Frage nach dem Wesen von Gegenständen und Vorgängen allzuoft durch die Angabe ihres Zweckes zu beantworten unternimmt, so hat auch die Soziologie geglaubt, das Wesen der Gemeinschaften ausschliesslich durch eine Klassifikation der praktischen Zwecke, die bei der Gemeinschaftsbildung bewusst oder «unbewusst» das Verhalten bestimmen, feststellen zu können. Beispiele solcher Zielsetzungen, die über die Gemeinschaftsbildung selber hinausgreifen und zu ihrer Verwirklichung eines organisierten Zusammenwirkens der Gemeinschaftsglieder bedürfen, sind uns bereits früher begegnet, als wir das Kontaktbedürfnis von den übrigen sozialen Bedürfnissen abzugrenzen versuchten.

Im Gegensatz zu ihnen zielt das Kontaktbedürfnis auf die Herstellung einer Gemeinschaft als Selbstzweck ab und wird daher nicht erst durch das Zusammen*wirken* der Gemeinschaftsangehörigen, sondern bereits durch das blosse Zusammen*sein* mit ihnen befriedigt. Da von einer solchen Gemeinschaft natürlich keine unmittelbare praktische Wirkung ausgeht, ist sie von der Soziologie völlig vernachlässigt worden. Wie jedoch ganz allgemein der Satz gilt «operari sequitur esse», so können Gemeinschaften, die ihre Zwecke erst durch ein Zusammenwirken ihrer Angehörigen zu verwirklichen imstande sind, nicht früher entstehen, als bis die Individuen durch das unmittelbare Bedürfnis nach einem schlichten Zusammensein zu einer Gemeinschaft vereinigt worden sind. Ist andererseits die gegenseitige Verständigung Voraussetzung alles Zusammenwirkens, so kann der blosse Kontakt nicht eine Vorstufe der Kommunikation darstellen, weil er die Individuen nicht veranlasst, sich miteinander zu verständigen, sondern lediglich miteinander «Fühlung zu nehmen», und das Kontaktbedürfnis daher vollauf befriedigt, sobald ein seelischer «Gefühlsaustausch» stattfindet.

Infolgedessen besitzen auch die Kontaktreaktionen eine andere Bedeutung als die Zeichen, deren sich das Kommunikationsbedürfnis bedient; denn sie weisen nicht, wie alle Zeichen, über sich hinaus, sondern bringen nur das Kontaktbedürfnis selber zum Ausdruck und bilden deshalb bloss eine *Voraussetzung* der sprachlichen Verständigung. Dabei ist noch zu berücksichtigen, dass ein stummer *sprachloser* Zustand selbst bei engster seelischer Verbindung nicht als Vorstufe eines *sprachlichen* Kontaktes gelten kann.

Die Frage, ob die seelische Kontaktform als Vorstufe der Sprache anzusehen sei, ist also falsch gestellt. Anders steht es, wenn man die Frage in der Weise stellt, ob die Sprache ohne seelischen Kontakt überhaupt *möglich* gewesen wäre. Diese Frage muss positiv beantwortet werden, denn es ist geradezu undenkbar, sich ein Bedürfnis nach sprachlichem Kontakt ohne vorangehende seelische Beziehung vorzustellen; undenkbar, dass bei Menschen das Bedürfnis, miteinander in sprachlichen Kontakt zu treten, aufgetaucht wäre, wenn eine auf seelischer Grundlage beruhende interindividuelle Beziehung nicht bestanden hätte. Ein Mensch ohne sympathische Einfühlung, ohne Verständnis für Erlebnisse anderer, ist ebenso widerspruchsvoll wie ein Mensch ohne Sprache. Ein Gespräch wird sich ohne seelischen Kontakt schwer vorstellen lassen. Fehlen die inneren Verbindungen zwischen Mensch und Mensch, so ist ein auf gegenseitiges Verständnis begründeter Gedankenaustausch nicht möglich. Man kann sogar behaupten, dass der reine sprachlose seelische Kontakt — der unter Umständen zwischen fremde Sprachen sprechenden Menschen entsteht — nicht ganz jenseits der Sprachfunktion steht. Die beiden Partner «monologisieren» still, lautlos, jeder in seiner eigenen Sprache, und dieses stille Sprechen wird durch Einfühlung und Verständnis aufeinander übertragen, von beiden erlebt und erraten. Während des laut- und wortlosen Kontaktes befindet sich die sprachliche Schicht in Bereitschaft, vielfach sogar geradezu aktiviert; die dem Subjekt innewohnenden Dispositionen und die im Aufsteigen begriffenen Vorstellungen strahlen auf sinnlich wahrnehmbarem Wege seelische Kräfte aus und bringen den einen Partner unter den Einfluss der aktiveren, kontaktsuchenden Person.

Es ergibt sich also, dass Sprachhandlungen erst ermöglicht werden, wenn zwischen den Sprachfähigen eine persönliche Beziehung, also ein seelischer Kontakt besteht. Wenn Menschen trotz gemeinsamer Sprache einander nicht begreifen können, so liegt diese Unfähigkeit nicht in der Mangelhaftigkeit des sprachlichen Ausdrucks begründet, sondern in erster Linie im Fehlen eines seelischen Verbandes, einer Stimmung unseres Gemütes, die sich in uns regt, wenn die Fäden der seelischen Beziehung sich verknüpfen und die Redenden hin und her tastend einander erraten, begreifen.

Die hier behandelte menschliche Kontaktäusserung und Kontaktreaktion bedeutet eine ausserordentliche Bereicherung für die *Semasiologie*. Sie umfasst ein Gebiet der menschlichen Verhaltungen, das bisher nicht die geringste Beachtung fand. Das erklärt sich dadurch, dass man die verschiedenen Formen der menschlichen Kontakte immer nur unter dem Gesichtswinkel der Sprache untersuchte und demzufolge unabsichtlich jene Äusserungen und Wirkungen vernachlässigte, denen zwar eine Absicht zur Annäherung, zum personalen Verständnis zugrunde liegt, nicht aber eine der gegenseitigen Verständigung. Uns aber, die die Sprache als eine besondere Form des Kontaktes gelten lassen, musste der sprachlose seelische Kontakt auffallen, und es lag auf der Hand, seine Bedeutung auch für die Bedeutungslehre zu erkennen [1].

Das kommunikative Bedürfnis strebt letzten Endes nach einem *geistigen Kontakt*. Wie der seelische Kontakt eine Gefühlsresonanz, so regt der geistige Kontakt zwischen den Menschen eine Verbindung geistiger Art an, eine von den Individuen getragene, auf dem Wege des unabsichtlichen Hineinwachsens und des bewussten Erarbeitens kollektiv zustande gekommene Verhaltungsweise. Es geht hier nicht wie beim seelischen Kontakt nur um eine *personale* Beziehung, sondern auch und im wesentlichen um einen *überpersonalen*, von der Kollektivität tradierten Inhalt des persönlichen Geistes. Wir richten uns zwar an das Individuum, in der Absicht, zu ihm in geistigen Kontakt zu treten; das geschieht aber immer mit Rücksicht auf eine Sphäre, die sich in weitgehender Unabhängigkeit von dem Individuum entwickelte, folglich weit über die Einzelperson hinausgreift. Wir wenden uns an eine Geistigkeit, die durch die *geistige Gemeinschaft* einer mehr oder weniger einheitlichen Gruppe (Sprach- oder Volksgemeinschaft, Nation, Gesinnung, moralisches Niveau, Weltanschauung usw.) entstand und von den Einzelpersonen bereits vorgefunden und übernommen wurde. So werden die überindividuellen Gehalte der menschlichen Gemeinsamkeit zur Grundlage des geistigen Kontaktes zwischen Menschen, zu Bestimmungen des *kollektiven Geistes* [2]. Zu den Manifestationen des kollektiven Geistes

---

[1] Bei der Feststellung des ersten Auftretens seelischen Kontaktes muss man vorsichtig sein. So geht z. B. CH. BÜHLER viel zu weit, wenn sie schon im «so warm anmutenden Lächeln des Dreimonatekindes bereits über das reflektive Verstehen (!) hinaus ein der eigenen Hinwendung des Erwachsenen entgegenströmendes positives Gefühl» annimmt. Ihre Interpretation der kindlichen Ausdrucksbewegungen wird noch fraglicher, wenn man berücksichtigt, dass sie bereits im «bettelnden» Blick des Hundes eine Handlung zu sehen meint, die dem Sprechen «greifbar nahe» steht (Kindheit und Jugend, 1931, S. 93).

[2] Den Begriff des «objektiven Geistes», den in die Philosophie HEGEL einführte, durch vage Spekulationen jedoch verdunkelte (Phänomenologie des Geistes, 1817), gelang am besten NICOLAI HARTMANN, für die Geisteswissenschaften brauchbar zu machen (Das Problem des geistigen Seins, 1933). Bemerkenswerte Beiträge zu dieser Frage lieferten H. FREYER in seiner «Theorie des objektiven Geistes», 1923, und K. MANNHEIM in seiner «Ideologie und Utopie», 1930).

gehört in erster Linie die Sprache und mit ihr der immanente Geist der gesprochenen Sprache, aber auch die Sitte, das Recht, die Moral, die Religion, die Bildung, die Kunst, die Wissenschaft, die Technik, also Manifestationen, die alle in verschiedenem Masse in der geistigen Sphäre der in Kontakt tretenden Personen zum Ausdruck kommen. Die unmittelbare Klarheit und Verständlichkeit der lebenden Sprache verdankt ihre Existenz dem von Individuen und Gruppen getragenen und durch dieselbe andauernd entfaltenden kollektiven Geist. Das ist der Geist, das Erbgut der früheren Generationen, das jedes Individuum dank seiner angeborenen geistigen Potentialität und Aktivität durch das Erlernen der Sprache übernimmt, verarbeitet und übermittelt, und das ist das geistige Gut, das die Grundvoraussetzung der gemeinsamen geistigen Arbeit bildet und mithin die des gegenseitigen Verständnisses.

Wie beim seelischen Kontakt um Gefühlsübertragung, so geht es beim geistigen Kontakt um *Gedankenübertragung* und *Gedankenaustausch*. Das Ziel des geistigen Kontaktes ist also das auf das ganze intellektuelle, soziale und moralische Leben bezogene Verständnis, verbunden mit einer gegenseitigen Verständigung und Beeinflussung. Dem Erfassen und Verstehen der Gedanken, Anschauungen und Absichten anderer liegt der immer wirksame und nie versagende geistige Kontakt zugrunde. Alles, was wir von unseren Vorfahren übernommen haben, die Rechtsordnung, die Religion, die Moral, die wissenschaftlichen und technischen Kenntnisse, die Geistesrichtung und Lebensführung, ebenso alles, was wir von unseren Zeitgenossen lernen, also all das, was eine vorübergehende Bedeutung hat oder ein bleibendes und unschätzbares Gut der Menschheit geworden ist, haben wir mittels des geistigen Kontaktes gewonnen. Selbst die Erkenntnis des eigenen Inneren, die gesteigerte Fähigkeit, Typen, Charaktere und Persönlichkeiten zu erkennen, die Seelengeheimnisse anderer zu erschliessen, verdanken wir dem Zusammenwirken des seelischen und geistigen Kontaktes.

Der geistige Kontakt setzt die Sprache voraus. Dass zahlreiche Sprachhandlungen ohne geistigen Kontakt vor sich gehen (Befehle, alltägliche Fragen und Mitteilungen), widerspricht dem Satz der Abhängigkeit der Sprache von dem geistigen Kontakt nicht. Denn es geht hier

nicht um den Nachweis des geistigen Kontaktes in jedem konkreten
Fall, sondern um die Existenz und Auswirkung des geistigen Kontaktes
bei sprechenden Menschen überhaupt. Das aber steht fest: ein Mensch,
der noch niemals zu anderen in geistigen Kontakt getreten ist, versteht
die Sprache, das geistige Mittel der Verständigung und Beeinflussung
nicht. Dasselbe wird wohl auch phylogenetisch gelten: die Sprache konnte
erst entstehen, als die Vorbedingungen für einen (seelischen und) geistigen
Kontakt bei den Mitgliedern der Urgesellschaft bereits vorhanden waren.

Die hier erörterten Eigentümlichkeiten der Kontaktreaktionen werden
besonders deutlich hervortreten, wenn wir uns nunmehr der Aufgabe
zuwenden, die Entwicklung der lautlichen Kommunikationszeichen von
ihren Vorstufen über ihre Frühformen bis zu ihrer Vollform zu verfolgen.

8. DIE ENTWICKLUNG DER LAUTLICHEN KOMMUNIKATIONSFORMEN

Wenn im folgenden die Entwicklung der lautlichen Kommunikationsformen dargestellt werden soll, so ist der Begriff der Entwicklung hier nicht so sehr im *historischen* als im *systematischen* Sinne zu verstehen. Es mag also dahingestellt bleiben, ob die einzelnen Glieder der Entwicklungsreihe in der angegebenen Ordnung aufeinanderfolgten, obwohl — wie wir sehen werden — vieles für diese Annahme spricht. Worauf es ankommt ist vielmehr, dass jedes folgende Glied der hypothetischen Entwicklungsreihe durch den Besitz eines wesentlichen Merkmales ausgezeichnet ist, das dem vorhergehenden noch abgeht, dass also im Verlauf der Entwicklung eine fortschreitende Vervollkommnung der Kommunikationsmittel entsteht, die in bestimmten Etappen verläuft. Es geht hier also nicht darum, wie die Entwicklung in der Wirklichkeit vor sich ging, denn dafür haben wir keine historischen Belege, *sondern wie sie gewesen sein könnte.* Wie man sich die zur Sprache führenden Mutationen vorstellen soll, ist heute noch eine offene Frage. Es sei noch bemerkt, dass entsprechend meiner auf S. 69 ff. dargelegten Ansicht hinsichtlich des Vorranges des Lautmomentes gegenüber dem Gebärdenmomente die Sprachentstehung und -entwicklung an der Hand der *Lautsprache* ausgeführt wird. Die Beschränkung auf die Lautsprache ist um so mehr berechtigt, als der Mensch zu einer vollentwickelten Sprache nur durch Um- und Fortbildung der Stimmlaute gelangen kann, wobei die Gebärden — mit einigen wenigen Ausnahmen — nur als die Sprache begleitende und unterstützende Hilfsmittel zu gelten haben.

I. AUSDRUCK UND KOMMUNIKATION

Nach den Erörterungen über die Ausdruckstheorien (S. 34 ff.) scheint es uns überflüssig zu sein, durch weitere Argumente die Ansicht zu unterstützen, dass den reinen Ausdruckslauten keine kommunikative Bedeutung zukommt. Sie ertönen nicht, um auf Artgenossen einzuwirken, sondern ausschliesslich, um sich von den Gefühlserregungen und -spannungen zu befreien; folglich stellen die Laute bloss einen reflektorischen Vorgang dar, der jenes eigentümliche, für alle Ausdruckserscheinungen kennzeichnende Deckungsverhältnis mit einem bestimmten seelischen Inhalt eingeht. Es ist auch deutlich geworden, dass der Ausdruckslaut deshalb nicht zu den Kommunikationsformen zu rechnen ist, weil er nicht nur nicht mit der Absicht einer Verständigung, sondern überhaupt nicht mit Absicht oder Tendenz nach einem interindividuellen oder kollektiven Kontakt hervorgebracht wird. Werden die gleichen Laute bzw. Bewegungen später zielbewusst erzeugt — wie etwa im Falle der Interjektion —, so verwandeln sie sich eben damit in ein Mittel der Kommunikation oder wenigstens des beabsichtigten Kontaktes. Wenn also Ausdruckslaute bei artgleichen und artfremden Individuen gelegentlich zweckmässige Reaktionen auslösen, so erfolgt dies *trotz* ihres unwillkürlichen und reflektorischen Charakters. Äusserlich liegt hier freilich die gleiche Situation vor wie bei der Verständigung; innerlich wird jedoch der Laut ohne jede Absicht der Verständigung erzeugt und besitzt auch für den ihn Hörenden keine durch Erfahrung vermittelte Zeichenbedeutung. So treiben etwa die Schrecklaute der Einzeltiere die Herde instinktiv auf die Flucht, so reizen die schrillen Laute und aufgeregten Bewegungen aufgestörter Vögel die anderen zum Auffliegen oder zu grösserer Wachsamkeit, so schreien Zugvögel, wenn sie geängstigt werden, und Kraniche, wenn Artgenossen in der Luft vorüberziehen, und so erfüllen Trupps von Affen die Luft mit einem chaotischen Geheul, ohne jede nachweisbare kommunikative Tendenz. Es gibt wohl zahlreiche Lautäusserungen, die wenigstens den Zweck haben, die Scharen zusammenzuhalten (Kontaktlaut), aber mindestens ebensooft begegnen wir Fällen, in denen eine derartige Interpretation nicht zutrifft. Der Mangel jeder Kontakt- oder Verständigungsabsicht bei der Erzeugung reiner Ausdruckslaute geht vielmehr schon daraus hervor, dass Tiere Laute ausstossen, ohne auf eine Reaktion seitens anderer eingestellt zu sein, ja, dass Tiere durch Laute nicht selten zu überflüssigen, ja unzweckmässigen, gelegentlich sogar gefährlichen Handlungen veranlasst werden, gleichgültig, ob die Laute von ihren Artgenossen oder von ihren Feinden oder aus der unbelebten Natur herkommen. Man vergesse nicht, dass auch das vorsprachliche Kind eine Anzahl von Lauten produziert (Schreien, Schnaufen, Gähnen, Räuspern, Seufzen), die nichts anderes zum Ausdruck bringen als innere Zustände, und dass auch die Interjektionen ursprünglich blosse vitale Ausdruckslaute gewesen sind und kommunikative Funktion erst erhielten, als sie in die Sprache Aufnahme gefunden hatten.

Wir legen auf diese Interpretation der Ausdruckslaute ein besonderes Gewicht, weil gerade diese Laute es sind, die von den Zoologen und Tierliebhabern als besonders eindrucksvolle Beispiele von gerichteten Signalen angeführt zu werden pflegen. Wo immer von der «Sprache der Tiere» die Rede ist, werden diese Laute als Beispiele der Verständigungsabsicht herangeholt. Jedem Laut, den ein Tier ausstösst, wird eine kommunikative Bedeutung zugesprochen, weil man es eben vom menschlichen Standpunkt aus für unwahrscheinlich hält, dass lebende Wesen auch ohne Kontaktabsicht Laute produzieren sollen. Sehr instruktiv dafür ist das folgende Beispiel. Als man bei unterirdischen Hummelvölkern beobachtete, dass in den frühen Morgenstunden, ehe noch das Hummelvolk seine tägliche Arbeit beginnt, eine Hummel sich an dem Nesteingang aufstellt und mit starken Flügelschlägen einen lauten Ton abgibt, war die Erklärung dafür sofort fertig, dass diese Hummel als eine Art von Nachtwache Dienst tue, mit dem Ruf die Genossen aus dem nächtlichen Schlaf aufwecke und den Beginn der Arbeit signalisiere. Später zeigte sich, dass der Verhaltungsweise des sogenannten «Trompeters» durchaus keine Signalbedeutung zukommt, sondern dass sie lediglich durch instinktives Bedürfnis veranlasst ist, dem Nest frische Luft zuzuführen [1].

---

[1] BREHMS Tierleben, II, 1915, S. 604. Vgl. KAFKA, Tierpsychologie, 1914, S. 203.

Zwischen dem Ausdruckslaut und den den kommunikativen Zielen dienenden Lautäusserungen besteht demnach keine funktionelle Beziehung. Der Hinweis auf die Gemeinsamkeit des *Mediums*, d. h. des Lautes, das man gelegentlich vorbringt, ist nicht stichhaltig, da die Rufe *notwendig* an den Laut gebunden sind, aus dem einfachen Grund, weil ihr Medium von Natur aus nichts anderes sein kann als eben der *Laut;* die lautliche Verwandtschaft beruht demnach auf einer biologischen Notwendigkeit. Das besagt aber nicht, dass die Ausdruckslaute bei der Entstehung der ursprünglichen Kommunikationslaute überhaupt keine Rolle spielen. Der Umstand, dass die kommunikativen Ruflaute ihrem Wesen nach wie die Ausdruckslaute emotionell fundierte Reaktionen der inneren Erlebnisse sind, lassen den blossen Ausdruckslaut gleichsam als materielle Vorbedingung des Kontaktlautes und der kommunikativen Rufe betrachten.

II. DER KONTAKTLAUT

Die Deutung der tierischen Lautäusserungen wurde besonders dadurch erschwert, dass man sich, von der in der menschlichen Psychologie üblichen Einteilung herkommend, vor die Alternative gestellt sah, sie entweder nur als unwillkürlichen Ausdruck eines inneren Erregungszustandes gelten zu lassen oder ihnen bereits eine Verständigungsabsicht zu unterschieben. Dass es keine zuverlässigen äusseren Kennzeichen zur Entscheidung dieser Alternative gibt, erklärt die grosse Verschiedenheit zwischen den Deutungsversuchen der einzelnen Forscher. Im allgemeinen überwiegt die Tendenz, den Tieren verhältnismässig weitgehende Verständigungsabsichten und -möglichkeiten zuzuschreiben; dass aber manche dieser Deutungen bei nüchterner Kritik über das Ziel hinauszuschiessen scheinen, hat seinen Grund vornehmlich in der Vernachlässigung der Möglichkeit, dass die Lautäusserungen der Tiere zwar absichtlich, aber dennoch nicht zum Zwecke der Verständigung, sondern lediglich zum Zwecke des blossen Kontaktes, der Fühlungnahme, hervorgebracht werden. Ist man aber erst einmal darauf aufmerksam geworden, dass auch der Mensch seine Stimme nicht bloss zum Ausdruck seiner Gemütsbewegungen oder zur Verständigung mit seinesgleichen erhebt, sondern sich oft genug damit begnügt, durch Lautäusserungen wie durch andere körperliche Bewegungen einen blossen Kontakt mit seinesgleichen herzustellen, so erhält damit auch ein grosser Teil der tierischen Lautäusserungen einen anderen Sinn.

Die Primitivität des Kontaktbedürfnisses, namentlich des Bedürfnisses nach einem vitalen Kontakt, ist schuld daran, dass dieses einer Laboratoriumspsychologie solange verborgen bleiben musste. Die Primitivität reicht so weit, dass es schlechterdings unmöglich ist, dem Kontaktbedürfnis eine angemessene sprachliche Formulierung zu geben. Von aussen gesehen scheint die Kontaktreaktion zu besagen: «Hier bin ich, ich nehme mit dir Fühlung!»; aber wenn wir die ihr zugrunde liegende Einstellung mit diesen Worten wiedergeben, so statten wir sie mit zwei Funktionen aus, die den Bereich des reinen Kontaktes bereits überschreiten, nämlich mit einer Art von Mitteilung und einem lokativen Hinweis, die — wie wir noch sehen werden — nur den echten Kommunikationsmitteln zugesprochen werden kann.

Es ist natürlich wiederum unmöglich, nach äusseren Anhaltspunkten die Entscheidung der Frage zu suchen, ob eine tierische Lautäusserung als Ausdruckslaut oder bereits als Kontaktlaut aufzufassen ist, aber es lässt sich schwer vorstellen, dass das verhältnismässig reichhaltige Register von Lauten, über das stimmbegabte Tiere verfügen, ausschliesslich zum Ausdruck der eigenen Erregungszustände und nicht auch zur Herstellung eines Kontaktes mit ihresgleichen bestimmt sein sollte. Das gilt insbesondere vom geselligen Lärm als Ausdruck des Gemeinsamkeitsgefühls, den wir bei Krähen, Spatzen beobachten, ferner vom Gesang der Vögel, vom Summen der Stockbienen, dem Piepen der Küken, aber auch vom Schnurren der Katzen, kurz, von vielen Lautäusserungen der in Gemeinschaft lebenden Tiere. So dürfte z. B. auch dem Heulen der jagenden Wölfe bereits eine Kontaktfunktion zukommen, die dem Brummen des Bären, dem Zirpen der Grillen und dem Wiehern und Schnauben der Pferde noch abgeht. Auch den imitativen Lauten der zahmen Spottvögel und Papageien wird kaum jede Kontakttendenz fehlen. Dasselbe lässt sich über die Lautreaktionen der Hunde beim Erscheinen fremder Menschen oder fremder Tiere sagen, nicht aber über die Lautreaktionen der Hunde auf das Gebell der Artgenossen oder über das Krähen als Reaktion auf die Krählaute eines in der Nachbarschaft befindlichen Hahnes. Denn in diesen letzteren Fällen handelt es sich um reflektorisch ausgelöste Reaktionen, also wiederum um blosse Ausdruckslaute, ähnlich wie bei Kindern, die beginnen zu schreien, sobald sie ihre Spielgenossen schreien hören.

Besonders unwahrscheinlich wäre es, dass ein Tier seine sexuellen Triebkomplexe rein autistisch in Lauten, Bewegungen und Haltungen zum Ausdruck brächte, ohne damit die Tendenz zu verbinden, mit seinem Geschlechtspartner in Kontakt zu treten. Wie vielmehr die Balzlaute und Balzstellungen des Männchens eine Wirkung des Sexualtriebes sind, so dienen sie doch zugleich der Herstellung jenes Sexualkontaktes, auf den das Sexualbedürfnis gerichtet ist, und sind daher geeignet, beim Weibchen auf dem Wege der «Gefühlsansteckung» den gleichen sexuellen Erregungszustand hervorzurufen. Sind solche Balzlaute oder Präsenzlaute keine blossen Ausdruckslaute mehr, so sind sie doch zunächst Kontaktlaute, weil ihnen fürs erste die Signalbedeutung abgeht; erst wenn das Männchen im Laufe der Entwicklung lernt, dass beim Ertönen des Balzlautes das begehrte Weibchen erscheint oder sich in irgendeiner Weise bemerkbar macht, kann der Balzlaut die Bedeutung eines Signals erhalten und wird damit zu einem an das Weibchen gerichteten Lockruf, der nicht mehr bloss die sexuelle Not des Männchens und sein sexuelles Kontaktbedürfnis ausdrückt, sondern zugleich eine mehr oder minder ausgesprochene Aufforderung an das Weibchen richtet und somit bereits eine Art von «Verständigung» zwischen ihnen herstellt. (S. 190.)

Grössere Skepsis erscheint mir dagegen den sogenannten Warnrufen gegenüber am Platze, denen sehr wohl eine unmittelbare, biologisch fundierte «Urtendenz» zukommen könnte [1]. Es ist nicht ohne gründliche Prüfung der Einzelfälle anzunehmen, dass der sogenannte Warnruf zum

---

[1] G. KAFKA, Verstehende Psychologie und Psychologie des Verstehens, Zeitschr. f. Psychol. 65, 1928.

Zwecke der gegenseitigen Verständigung erzeugt, also von dem einen als Signal zur Flucht gegeben und von dem anderen als solches verstanden wird. Immerhin scheint der Warnruf eine gemeinsame Gefühlssituation zu schaffen, welche gewisse Kennzeichen des Vitalkontaktes an sich trägt, und insofern eine weitgehendere Bedeutung als die eines reinen Ausdruckszeichens zu besitzen scheint. In derselben Weise muss man die Erscheinungen der Panik in einer Ansammlung von Menschen beurteilen. Das Ausstossen eines Schrecklautes oder auch die stumme Ausführung einer entsprechenden Bewegung ist nicht als Warnungssignal gemeint, sie übt aber die gleiche Wirkung aus wie ein Warnungssignal, weil sie durch eine Art von Gefühlsansteckung einen unmittelbaren Vitalkontakt zwischen den Anwesenden schafft.

Kontaktreaktionen dürften es auch im wesentlichen sein, auf die sich das Gemeinschaftsleben in den hochorganisierten Gesellschaften der Insekten begründet. Das Bedürfnis, einen vitalen Kontakt herzustellen, ist jedenfalls bei dem gegenseitigen Betrillern der Ameisen erkennbar. Aber auch der «Rundtanz» der Bienen, die mit reicher Honigtracht heimkehren, zeigt deutlich den Charakter einer Kontaktreaktion [1]; und wenn daher auch der Sättigungszustand den Antrieb zum Rundtanz der «Kundschafterin» geben mag, so könnte er doch zugleich durch das Bedürfnis nach einer spezifischen Form des Kontaktes gesteuert sein, und die Gefühlsansteckung, die bei diesem Kontakt mit den Stockbienen erzeugt wird, könnte diese wieder ihrerseits zum Ausfliegen veranlassen. Die Frage, ob das Betrillern der Ameisen mit den Antennen, der Tanz der Bienen oder gar das Hinterlassen einer Geruchsfährte der Tiere wirklich mehr als Kontaktzeichen darstellen, ist schwer zu beurteilen, da wir uns von den gegenseitigen Beziehungen der einzelnen, ferner von ihren sozialen Bedürfnissen, folglich auch von dem Zweck ihrer Äusserungen keine rechte Vorstellung zu bilden vermögen [2]. Es handelt sich um Tiere, die in ihren Lebensverrichtungen und Lebensweisen uns so fernstehen,

---

[1] K. VON FRISCH, Die Sprache der Bienen. 1923.

[2] Siehe darüber die Kontroverse zwischen den beiden bekannten Ameisenforschern WASMANN (Studien über das Seelenleben der Ameisen, 1900) und ESCHERICH (Die Ameise, 1917).

dass für eine eindeutige Interpretation ihrer Tätigkeiten uns keine zuverlässigen Anhaltspunkte zur Verfügung stehen.

Jedenfalls bin ich der Überzeugung, dass ein «Signalsystem», wie es von Ameisen- und auch von Bienenforschern angenommen wird, aus entwicklungstheoretischen Gründen äusserst zweifelhaft ist. Es ist schwer vorzustellen, dass ein so primitiv organisiertes Tierchen wie die Ameise durch ihre «Fühlersprache» ihre Nestgenossen zur Fütterung, zum Nestwechsel, zu Angriff oder Flucht anregt oder, um der «Mitteilung» einen besonderen Nachdruck zu verleihen, den Kopf gegen die Brust der Genossin stösst, ja bei Nichtbeachtung der Warnung sie mit Gewalt fortzieht (Escherich, Alverdes). Gewiss liegt in dieser Interpretation etwas Bestechendes; es fragt sich aber, ob sich dies alles mit dem Gesamtverhalten und dem beinah völligen Mangel an Entwicklungs-, Anpassungs- und Lernfähigkeit dieser Tiere vereinigen lässt. Der verbreiteten Ansicht, dass organisierte Gemeinschaftsformen notwendig mit Verständigungsmitteln ausgestattet sein müssten, liegt vielmehr die Neigung zugrunde, bei allen Tieren, wie primitiv sie auch sein mögen, nach Kommunikationsmitteln zu suchen und hinter jeder kollektiven Äusserung individuelle Triebkräfte aufzuspüren. Eine solche Forschungseinstellung verkennt die Natur der tierischen Gesellschaften und cum grano salis auch der Vergesellschaftung im allgemeinen. Die Existenz der tierischen Sozietäten gründet sich auf *kollektive Triebe* der Einzelindividuen, die für die Erhaltung der Gemeinschaften vollkommen genügen. Individuelle Aktionen, spontanes Eingreifen oder spezielle Verständigungsmittel sind hier überflüssig. Dass bei niederen Tieren ein blosser Kontakt zu einem Ergebnis führen kann, der eine Kommunikation vortäuscht, leuchtet sofort ein, wenn man sich den Vorgang in menschliche Verhältnisse übertragen denkt. Sehen wir bei einer langen Wanderung eine Gruppe von Menschen aus einem Tal ganz erfrischt auftauchen, so kann das blosse Zusammentreffen mit diesen uns dazu führen, ein erfrischendes Bad im Tal ausfindig zu machen. Die uns begegnende Gesellschaft hat uns weder etwas mitgeteilt noch uns zu einer Handlung aufgefordert, unser Verhalten ist ein Ergebnis der blossen Kontaktreaktion, auf die wir uns beschränkt haben.

Beim menschlichen Säugling lässt sich der Übergang vom Ausdruckslaut zur Kontaktreaktion mit besonderer Deutlichkeit verfolgen. In der
ersten Periode der kindlichen Entwicklung schreit der Säugling nur,
wenn er sich unwohl oder wenigstens unbehaglich fühlt. Das Kind
«teilt» seinen Zustand der Umgebung nicht «mit» und fordert niemanden
auf, ihm zu helfen, sondern befindet sich zunächst in einem Zustand
ungeschiedener Einheit mit seiner Umwelt. Erst wenn sich das Kind
in irgendeiner Weise erlebnismässig von seiner Umgebung zu trennen
beginnt, empfindet es das Bedürfnis, mit ihr in Verbindung zu treten.
Diese Verbindung nimmt selbstverständlich fürs erste nicht die Form
der Kommunikation, sondern ausschliesslich die des Kontaktes ein.

Über die lautlichen Kontaktreaktionen des erwachsenen Menschen liegen
vorläufig noch keine systematischen Beobachtungen vor. Jedenfalls muss
daran festgehalten werden, dass den Lautäusserungen, die den Zweck
einer gegenseitigen Verständigung verfolgen, in systematischer Hinsicht,
höchstwahrscheinlich auch in genetischer Hinsicht, solche Lautäusserungen voranstehen bzw. vorangehen, die lediglich dem Bedürfnis nach
Herstellung eines vitalen Kontaktes entspringen. Diese Lautäusserungen
gehen insofern über die blossen Ausdruckslaute hinaus, als sie nicht mehr
unwillkürlich, sondern mit Absicht hervorgebracht werden; sofern sich
aber in ihnen nur das Bedürfnis nach Herstellung eines Kontaktes kundgibt, bleiben sie hinter den Lautäusserungen zurück, die zum Zwecke der
Verständigung erzeugt werden, und können deshalb nur als *Vorstufe* der
Kommunikation im allgemeinen, nicht aber die der Sprache gelten.

III. DIE KOMMUNIKATIONSFORMEN UND DIE
DREISTUFENTHEORIE

Während die blosse Kontaktreaktion durch Laut oder Bewegung nur
eine blosse Fühlungnahme bezweckt, gibt es Situationen, in denen der
Mensch und das Tier die Hilfe bzw. die Mitwirkung seiner Artgenossen
anstrebt und dies durch zweckmässige *Mittel* kundzugeben versucht. In
diesen Fällen entsteht zwischen Kundgebenden und Kundnehmenden

eine *richtige Kommunikation* zum Zwecke gegenseitiger Verständigung oder Beeinflussung. Der Kontaktlaut geht in einen *gerichteten Ruf* über, wodurch der Laut eine *Signalfunktion* erhält.

Als Mittel der Kommunikation können prinzipiell alle wahrnehmbaren Sinnesreize dienen, also Laut (akustisch), Bewegung (optisch und haptisch) und Ausscheidung (olfaktorisch). Die Erfahrung lehrt uns, dass als Kommunikationsmittel bei Menschen wie bei Tieren vornehmlich akustisch, seltener optisch und noch seltener taktil wahrnehmbare Reize verwendet werden. Ob es im Tierreich auch olfaktorische Signalzeichen gebe, ist mit Sicherheit noch nicht bewiesen, völlig ausgeschlossen ist es aber nicht, wenn man die Wirkungen der Ausscheidungen des Männchens während der Brunstzeit und die Geruchsfährte gewisser Säugetiere in Betracht zieht [1]. Für uns haben nur die lautlichen und motorischen Signalzeichen der Kommunikation Interesse, da in der Entwicklungsgeschichte der Sprache nur diese eine Rolle gespielt haben können.

Der Unterschied zwischen dem Kontaktlaut und dem Kommunikationsruf ist nicht zu verkennen. Den Kommunikationsrufen liegt das Bedürfnis zugrunde, etwas *kundzugeben*, was ein *Gerichtetsein* auf einen sichtbaren oder unsichtbaren Partner voraussetzt. Sodann sind die Ruflaute dem kundzugebenden Begehren entsprechend *differenziert*. Diese Differenzierung tritt in besonderen akustischen oder motorischen Merkmalen in Erscheinung, die den Kontaktlauten abgeht. Ferner ist für den Ruf ein *Erwartungsgefühl* im besonderen Masse bezeichnend. Das Tier erwartet etwas, ist auf ein Kommendes, auf den Erfolg, eingestellt. Dieser Zustand hält das Tier so lange in Spannung, bis eine Reaktion auf den Ruf erfolgt oder bis es durch andere Interessen abgelenkt wird. Wenn man bei Tieren von einer Antizipation des Zukünftigen überhaupt reden kann, so scheint sie gerade in diesem Gefühl der Erwartung zu liegen. Schliesslich besitzen die Kommunikationsrufe einen Aufforderungscharakter, der in aggressiven, sich stets wiederholenden Lauten und

---

[1] Dass die Ansammlungen von Exkrementen als Orientierungsstationen für die Tiere dienen, mit deren Hilfe sich die weitverstreuten Individuen auffinden lassen, passt eher in ein Märchen von Aesopus oder de la Fontaine als in die Tierpsychologie (Alverdes, Tiersoziologie, 1925).

aufgeregten Bewegungen zum Ausdruck kommt. Das Gerichtetsein, die «imperative» Intention und das Erwartungsgefühl verleihen dem Ruf seinen spezifischen Signalcharakter und damit seine pragmatische Bedeutung.

Wie tief hinab in der Tierreihe sich Kommunikationslaute feststellen lassen, ist eine Frage, deren Beantwortung erst einer Tierpsychologie gelingen wird, die sich den Unterschied zwischen reinen Ausdrucks-, Kontakt- und Kommunikationsformen zu eigen gemacht und die tierischen Reaktionen von diesem Standpunkte aus einer Prüfung unterworfen haben wird. Soviel geht aus dem Gesagten hervor, dass ein grosser Teil der Lautäusserungen, die bisher als Kommunikationsmittel beurteilt wurden, in Wirklichkeit zu den Ausdruckslauten oder Kontaktreaktionen gehören. Soviel steht aber ebenfalls fest, dass Tiere durch Lautäusserungen nicht bloss ihren Gefühlszustand auszudrücken oder einen vitalen Kontakt herzustellen, sondern sich auch mit ihresgleichen und sogar mit dem Menschen zu «verständigen» vermögen. Von aussen her wird es sich natürlich auch hier schwer entscheiden lassen, ob ein Laut nicht doch nur den Ausdruck eines affektiven Zustandes oder des blossen Kontaktbedürfnisses bildet, der Gesamtvorgang bietet indessen Anhaltspunkte, die die Entscheidung in konkreten Fällen meistens ermöglichen. Unter den Kommunikationsrufen lassen sich zwei Arten unterscheiden, und zwar der *wortlose Zuruf* und der *Anruf*, an die sich als die entwickelteste Kommunikationsform das *Wort* anschliesst (Stufentheorie).

A. DER ZURUF

Der Zuruf [1] *ist eine an eine mehr oder weniger bestimmte Gruppe gerichtete, triebhaft fundierte, unartikulierte Lautäusserung, mit der Tendenz, die Erfüllung des aufgetauchten Begehrens zu erwirken.* Es handelt sich hier um eine lautliche Kundgabe, die zwar noch unkonzentriert und unbestimmt, aber doch schon *gerichtet* ist. Bei Auslösung des Zurufes wird kein Kontakt mit einem bestimmten Individuum gesucht; es

---

[1] Französisch: cri; englisch: cry; italienisch: chiamata; holländisch: uitroep.

wird nur danach gestrebt, die Mitwirkung der Umgebung, oder allgemein ausgedrückt, der Aussenwelt, zu einer zweckdienlichen Handlung zu veranlassen. Wollen wir noch vorsichtiger sein, so müssen wir
sagen, dass das lautgebende Tier seine Zuflucht dann zum Zuruf nimmt,
wenn es die Befriedigung seiner Bedürfnisse *von aussen her* erwartet.
Es stellt sich auf die *Veränderung* der Situation ein, von der es die Auf-
hebung der gegenwärtigen Spannung, das Weichen des momentanen
Unlustzustandes «erhofft». Die kommunikative Tendenz kommt darin
zum Ausdruck, dass das Tier gleichsam die Nähe jenes Wesens *wittert*,
das es aus seiner Notlage zu befreien imstande ist.

Für diese primitive Form der Kundgabe liefert uns die Tiersoziologie
zahlreiche Beispiele, und zwar sowohl die solitär lebenden Tiere wie die
Tiergesellschaften. Man kann hierbei in erster Linie auf die sogenannten
sexuellen Lockrufe hinweisen, ferner auf den Zuruf der jungen Nestlinge
bei Gefahr und auf die Rufe des Muttertieres, um seine Jungen herbei-
zurufen.

Die sogenannten sexuellen Lock- und Paarungsrufe sind bei den Säugern
und Vögeln wohl allgemein, ja sollen sogar auch bei gewissen Insektensorten
verbreitet sein. So wird berichtet, dass die Männchen der Heuschrecken
und Grillen durch Zirplaute die Weibchen anlocken, und die letzteren
sollen auf diese Lockrufe lautlich reagieren (Hempelmann). Zu den
Zurufen gehören auch gewisse Laute der Haustiere, wenn sie sich, von
Hunger, Furcht oder Kälte getrieben, vor der Tür erwartungsvoll aufstellen und ihr Bedürfnis vermittels bestimmter spezifischer Laute zum
Ausdruck bringen; ferner motorische Signalzeichen, wie die Balzstellung,
die zierlichen «Tänze» und andere zum Zwecke der Werbung ausgeführten Bewegungen der Vögel. Der Familienverband wirkt auf die
Entstehung der Zurufe fördernd, da das Wohlergehen der hilfsbedürf-
tigen Familienglieder das ganze Interesse der Eltern in Anspruch
nimmt. Die echten Lockrufe sind auch im Familienverband noch
nicht scharf individualisiert, aber jedenfalls ausschliesslich auf die Mitglieder der Familie bezogen.

Bei der Interpretation der tierischen Lautäusserungen muss man sehr
vorsichtig vorgehen. Es ist nämlich nicht immer leicht zu entscheiden,

ob eine tierische Lautreaktion ursprünglich eine kommunikative Tendenz hat, ob sie eine Kommunikation zwischen den Artgenossen herbeizuführen beabsichtigt. Tierpsychologen haben meistens versäumt, die konkreten Fälle in der Weise genau zu prüfen, ob gewisse emotionelle Lautäusserungen wirklich ein Signal darstellen, die Genossen von der Gefahr abzuwenden und sie zur Fluchtreaktion zu treiben, oder ob es sich nur um einen reinen Ausdruckslaut handelt. Meiner Ansicht nach beabsichtigt das Tier nicht, seinen Artgenossen kundzugeben, dass eine Gefahr im Anzuge ist, sondern der Laut stellt einen blossen Ausdruck seines *eigenen* Furchtzustands dar, der bei den anderen triebhaft Schreck und demzufolge Fluchtreaktion auslöst. Hat man die Gelegenheit einmal das ganze Schauspiel einer durch Schreckruf in Bewegung gesetzten Herde zu beobachten, so findet man es äusserst unwahrscheinlich, dass das lautgebende Tier die Tendenz hätte, seine Genossen zu warnen. Sein ungestümes, rücksichtsloses Benehmen während der Flucht weist nicht auf eine Partnerschaft, auf eine interindividuelle Beziehung hin.

Dass die einfachste lautliche Kommunikationsform, der wortlose Zuruf, nicht von den Tieren monopolisiert ist, dass sich ihrer auch kleine Kinder im Beginn der Sprachentwicklung bedienen, ist bekannt. Sie geben ihre Bedürfnisse durch Lautzeichen kund, die sie entweder aus ihrem Lalllautmaterial oder aus ihren spontanen Gefühlslautreaktionen nehmen, und versuchen dadurch die Aufmerksamkeit der nächsten und ihnen vertrauten Umgebung auf sich zu lenken, ohne sich dabei an bestimmte Personen zu wenden. Sie suchen mit ihrer Umgebung eine Kommunikation herzustellen, jedoch noch keine persönliche. Die bekanntesten Zuruflaute stellen die unartikulierten, affektiven Lautäusserungen dar, die das kleine Kind hervorbringt, wenn es unerwartet allein gelassen wird. Durch Schrei und andere, mehr differenzierte lautliche Ausdruckslaute (nä, ä, öö, nu, mmme) und Bewegungen versucht das Kind, die Umgebung zu veranlassen, in seiner Nähe zu bleiben oder sich mit ihm zu beschäftigen oder wenigstens es mit dem Blick zu verfolgen. Wenn auch die Zuruflaute in diesen Fällen ohne Mitteilungsabsicht zustande kommen, steht ihr kommunikativer Charakter ausser jedem Zweifel.

Auch die bei erwachsenen Menschen zuweilen beobachteten, nicht an bestimmte Personen gerichteten Lautäusserungen gehören zu der geschilderten wortlosen Verständigungsform, insofern sie den unartikulierten und spontanen Zurufen der Tiere und Kinder gleichen. Solche Fälle kommen bei zivilisierten Völkern nur unter ganz besonderen Umständen vor, hingegen bei Primitiven begegnen wir ihnen sehr oft. Naturmenschen stossen bekanntlich im affektiven Zustand oft spontane Zurufe aus, die sich von ihren übrigen, an Konvention gebundenen Zurufen deutlich unterscheiden. Bei ihnen liesse sich das ganze Register der Rufe von unartikulierten Zurufen bis zu rufartigen Worten verfolgen. Die sonstigen Zurufe sprachfähiger Menschen lehnen sich zwangsläufig den Sprachlauten an; sie sind meistens artikuliert und phonematisch differenziert, daher kommen sie für unsere entwicklungsgeschichtliche Betrachtung nicht in Betracht. Als Beispiele lassen sich Fern-, Hilfe- und Signalrufe im Gebirge und auf See, ferner die mannigfaltigen Arbeitsrufe anführen.

Es wäre hier noch zu erwähnen, dass Zurufe mit Warnungs- und Befehlsintention auch rein motorisch, also mittels Hand- und Armbewegungen ausgeführt zu werden pflegen.

B. DER ANRUF

Bei flüchtiger Betrachtung wird man zwischen dem wortlosen Zuruf und Anruf [1] keinen oder mindestens keinen grundsätzlichen Unterschied entdecken, um so weniger, als das Triebziel und das Kommunikationsmittel in beiden Fällen die gleichen sind. Hier wie dort haben wir es mit natürlichen, triebhaft fundierten Laut- und Bewegungsäusserungen zu tun, hier wie dort werden Artgenossen zu zweckdienlichen Handlungen veranlasst. Betrachtet man jedoch genauer die Verhaltungsweisen der Einzelwesen, insbesondere die der Tiere und der vorsprachlichen Kinder, denen nur diese beiden Kommunikationsformen zur Verfügung stehen, so tritt der Unterschied zwischen beiden deutlich hervor, wenn es auch Fälle

---

[1] Französisch: appel; englisch: call; italienisch: invocazione; holländisch: roep.

gibt, bei denen eine Entscheidung hinsichtlich der Zuordnung an die beiden wortlosen Kommunikationsformen schwer zu treffen ist.

Es liegt nahe, dieser spezifischen Verhaltungsweise eine besondere Funktion, die *Aufforderungsfunktion*, zugrunde zu legen, die auf der Fähigkeit beruht, an *bestimmte Personen mittels wortloser Andeutung des erstrebten Zieles sinnfällige Zeichen zu richten*. Der auffälligste Unterschied zwischen Zuruf und Anruf ist demnach die *individuelle Bezogenheit* des letzteren. Der Anruf wendet sich unzweideutig an *bestimmte* Individuen, demgegenüber der Zuruf trotz seines Gerichtetseins bloss an die Umgebung, von der man die Befriedigung des Bedürfnisses erwartet [1]. Das Adressiertsein des Anrufes fordert die unmittelbare Erreichbarkeit, die sinnfällige Anwesenheit des Partners. Daher ertönt er nur dann, wenn der Kundnehmende sich innerhalb des Gesichtskreises oder des Hörbereiches des Kundgebenden befindet. Der Hund wendet sich an die Person, von der er etwas erwartet, ebenso richtet das kleine Kind seinen Anruf an die in seiner unmittelbaren Nähe befindliche Mutter; die anfängliche diffuse Bewegung transformiert sich zum *Zuwenden*, der gerichtete, aber noch nicht adressierte Zuruf zum *Anruf*. Demgegenüber kann ein Lock- oder Warnruf auch dann ertönen, wenn die begehrten Wesen sich ausserhalb des Wahrnehmungsfeldes des Kundgebenden aufhalten.

Ein weiterer Unterschied liegt in dem *ausgeprägten imperativen Charakter* des Anrufes. In der Eigenartigkeit des Lautkomplexes in Verbindung mit charakteristischen Bewegungsreaktionen und in der Hartnäckigkeit, mit der Tiere und kleine Kinder die Befriedigung ihres Begehrens *fordern*, tritt das Imperative in den Anrufen unverkennbar und mit besonderem Nachdruck hervor. Der imperative Aufforderungscharakter der Anrufe ist so ausgeprägt, dass man geneigt sein könnte, diese Lautäusserungen mit dem Ausdruck «Sprache», und zwar «imperative Sprache», zu bezeichnen. Diese Bezeichnung müssen wir aber

---

[1] Aus Zweckmässigkeitsgründen machen wir einen Unterschied zwischen «richten» und «adressieren», wobei wir unter Adressieren eine an ein bestimmtes Individuum gerichtete Forderung oder Kundgabe verstehen. Dieser Terminologie entsprechend ist der Zuruf gerichtet, während der Anruf adressiert ist.

vermeiden, um nicht Gefahr zu laufen, hierdurch Verwirrung zu stiften und zu falschen Interpretationen Anlass zu geben. Denn wenn man die Lautsignale der Tiere als «Sprache» bezeichnet, so wird man leicht dazu verleitet, den grundsätzlichen Unterschied zwischen dem tierischen Anruf und der Frühform der Sprache zu übersehen und daraus die unhaltbarsten Konsequenzen zu ziehen.

Zuruf und Anruf unterscheiden sich voneinander ferner in bezug auf ihr *Zustandekommen*. Der Anruf ist an *individuelle Erfahrung* gebunden, während der Zuruf — ähnlich wie die übrigen primitiven Kontaktvorgänge — ausschliesslich durch *Instinkte* bestimmt und geregelt wird. Beim Zuruf wird das Tier durch einen vererbten und zweckmässig funktionierenden Triebmechanismus instinktmässig zur Lautgebung veranlasst und in eine bestimmte Richtung gedrängt, in der es das ersehnte Ziel *wittert* [1]. Ganz anders steht es beim Anruf. Tiere bzw. kleine Kinder müssen aus eigener Erfahrung lernen, an welche Individuen sie sich wenden müssen. Hund und Katze liegen ruhig auf ihrem vertrauten Platz, rühren sich nicht, bis jene schwache Person erscheint, von der sie erfahrungsmässig ihre Wünsche zu erzwingen vermögen.

Als ein weiterer wesentlicher Unterschied zwischen Zuruf und Anruf dürfte der *lokale Hinweis* gelten. Das Tier deutet durch Blick und Bewegung den Ort, den Gegenstand und die Person an, auf die es zielt. Es begnügt sich nicht damit, den Aufforderungsruf auszustossen, sondern gibt zur näheren Bestimmung seines Begehrens örtliche Hinweise. Der Anruf schliesst demnach ausser der imperativen Aufforderung zur Handlung auch noch die lokative Andeutung des Zieles in sich, während der Zuruf das erste Merkmal nur in Ansätzen enthält, des zweiten überhaupt entbehrt.

Am anschaulichsten lässt sich der wortlose Aufforderungsruf in seinem ganzen Verlauf im Verhalten *domestizierter Tiere* zu den Menschen demonstrieren. Öfters wird die Beobachtung gemacht, dass domestizierte Tiere gegenüber bestimmten Personen ihrer Umgebung ihr Verlangen

---

[1] Ob das Tier bei diesen Gelegenheiten die erwartete Situation vorstellungsmässig antizipiert, lässt sich mit Sicherheit nicht entscheiden; es ist aber nicht wahrscheinlich. (Vgl. S. 190.)

spontan durch sinnfällige Andeutung des erstrebten Zieles ausdrücken.
Katzen und Hunde geben ihr Begehren, das Zimmer zu verlassen, bekanntlich in der Weise zu verstehen, dass sie sich vor der Tür aufstellen
und ihren Kopf einer ihnen vertrauten Person zuwenden, wobei sie
meistens noch einen eigenartigen Laut hören lassen. Es kommt auch oft
vor, dass Hunde uns direkt aufsuchen und uns mit Lauten und Bewegungen, selbst mit Hilfe ihrer Pfoten, gleichsam zwingen, ihnen zu
folgen. Sie lassen sich hierbei nicht leicht abschütteln, sondern wiederholen ihre «Aufforderung» hartnäckig, bis wir ihr Verlangen erfüllen [1].
Gleiches beobachten wir bei Katzen. Von Hunger und Durst getrieben
fangen sie an zu miauen, streicheln mit ihrem Köpfchen unsere Beine,
blicken nach uns empor, und mit hochgerichtetem Schwanz gehen sie,
uns gleichsam mitschleppend, zu dem leeren Trinknapf, in deutlicher
Erwartung, dass dieser gefüllt werde. Auch bei Anthropoiden, wie bei
jungen Gorillas und Schimpansen, habe ich öfters beobachtet, dass sie
ihre Arme in die Richtung des gerade ankommenden Wärters ausstrecken,
ihn geradezu auffordern, sie zu liebkosen.

Deutet das Tier somit in allereinfachster Weise die beiden Faktoren
an, von deren Zusammenwirken es den erwünschten Erfolg erwartet,
so wendet es sich doch seinem Ziele nur zu, aber es *weist* nicht darauf
hin, auch dann nicht, wenn es mit Händen ausgestattet ist, wie dies
bei Affen der Fall ist. Das lässt sich auch nicht anders erwarten, wenn
man weiss, dass das Weisen — wie bereits angeführt — eine Modalität
der Sprachfunktion darstellt, die bei Tieren eben fehlt [2].

Anruflaute hat man nur bei Hunden, Katzen und Affen beobachtet.
Damit soll nicht bezweifelt werden, dass Aufforderungslaute auch bei
anderen domestizierten Tieren vorkommen. Ob auch *ausserhalb* der
menschlichen Gemeinschaft lebende Tiere Anrufe anwenden, ist mir

---

[1] Ich habe mir von einem meiner javanischen Studenten, der in seinem Haus
auf Celebes einen Affen hielt, erzählen lassen, dass dieser Affe bei entsprechenden
Gelegenheiten sich ähnlich wie unsere intelligenten Haushunde verhielt.

[2] Wird der Affe darauf dressiert, mit dem Greifen aufzuhören, sobald seine
Hand in die Nähe des Wahlgegenstandes gelangt, so kann diese gehemmte Bewegung leicht den Eindruck des Weisens vortäuschen (vgl. N. Koнтс, Untersuchung
über die Erkenntnisfähigkeit des Schimpansen, Moskau 1923).

nicht bekannt. Wir vermochten jedenfalls derartiges bei unseren Beobachtungen im Tiergarten und in der Natur mit Bestimmtheit nicht festzustellen. Demgegenüber haben uns zuverlässige Tierbeobachter versichert,
Anruflaute auch bei anderen Säugetieren und bei Vögeln gelegentlich
beobachtet zu haben. Da aber bei diesen Tieren die verschiedenen
Kontaktlaute durcheinander laufen, war es ihnen nicht möglich,
reine Beispiele von Aufforderungslauten anzugeben. Angeblich sollen
Drohrufe und Liebeslockrufe zu adressierten Anrufen führen. Erscheint
nämlich auf den Droh- bzw. Lockruf hin ein fremdes Männchen oder
ein begehrtes Weibchen, so modifiziert sich der Lautcharakter des Zurufes und richtet sich direkt an die aufgetauchten Individuen. Insofern
eine solche Umwandlung vor sich geht, sind wir berechtigt, diese Lautäusserungen als die primitivsten Formen der Anrufe anzusehen.

Über die imperative und lokative Funktion des wortlosen Aufforderungsaktes hinaus könnte man — allerdings mit grosser Reserve —
von einer *vokativen* Komponente des Anrufes reden, die sich in der
Aggressivität und Stossartigkeit des Lautes verrät. Blickt der Hund
die Person an, an die er sich wendet, stösst er dabei einen spezifischen
Laut aus und richtet danach seine Schritte zur Tür, so stellen diese
Handlungen die imperativen und lokativen Komponenten des Aufforderungsaktes dar. Lässt das Tier dabei einen unverkennbar an die betreffende Person gerichteten, besonders akzentuierten Laut hören und
legt z. B. ausserdem seine Pfoten auf ihren Arm, so könnte die prononcierte Adressiertheit der Verhaltungsweise als Vokativ aufgefasst werden.

Wie vorsichtig man bei der Deutung dieser Äusserungen auch vorgehen
mag, man wird zugeben müssen, dass es sich um eine Art *spontaner
Kundgebung* handelt, durch die das Tier versucht, die Aufmerksamkeit
der Anwesenden auf sich zu lenken und das erstrebte Ziel auf irgendeine
uns *verständliche Weise* anzudeuten.

Ganz analogen Fällen begegnen wir bei kleinen Kindern, wenn sie
z. B. die Arme nach der Mutter ausstrecken, um auf den Schoss genommen
zu werden, oder wenn sie durch Schreien und Gebaren kundgeben, dass
sie aufgehoben oder aus der Box herausgenommen werden wollen. Die
lokale Anweisung kommt bei ihnen deutlich zum Ausdruck, wenn sie

ihre Arme in die Richtung des Zieles strecken. Diese Armbewegung stellt eine Zwischenform zwischen Greifen und Weisen dar.

Zu bemerken ist, dass auch der sprachfähige Mensch gegenüber Haustieren und noch sprachunfähigen Kindern sein Verlangen durch ähnliche Mittel kundzugeben pflegt. Will er eine Handlung verbieten oder eine verbotene rügen, so bedient er sich expressiver Ruflaute und Gebärden, die eine auffällige Ähnlichkeit mit den kindlichen und tierischen Aufforderungshandlungen aufweisen. In diesem Sinne liesse sich im sprachlosen Aufforderungsakt des Menschen die Vorform des flexionslosen Imperativs und Vokativs, ferner die Urform der örtlichen Bestimmungen wiederfinden.

Auf die Frage, welche von beiden wortlosen Kommunikationsformen für sich die zeitliche Priorität beansprucht, gibt die Tierpsychologie keine eindeutige Antwort. Dass aber der Zuruf die erste Manifestation des Funktionswandels darstellt, der in gerader Linie zum Anruf führt, das ist durch seine Primitivität und Undifferenziertheit einerseits, durch die Beschränkung des Anrufes auf höher organisierte Tiere andererseits, gewährleistet. Auf seinen entwicklungsgeschichtlichen Vorrang weisen zudem die Erfahrungen beim menschlichen Säugling hin. Der Säugling vermag zunächst zwischen dem Geschrei, durch das er sein Unbehagen ausdrückt, und der Hilfeleistung seitens seiner Pfleger keine Assoziation zu stiften. Doch dauert es nicht lange, bis der ursprüngliche Ausdruckslaut die Funktion des Zurufes annimmt, um dann allmählich in den adressierten Anruf, Aufforderungsruf, überzugehen. Allerdings könnte man demgegenüber darauf hinweisen, dass beim nestjungen Vogel, dessen Lebensbedingungen am ehesten denen des menschlichen Säuglings gleichen, es sich anders verhält, da für ihn das Begehren des Fütterns eine unmittelbare Verbindung mit der Erwartung des fütternden Alten eingeht. Sobald daher das Piepen, durch das er ursprünglich bloss seinen Hunger ausdrückt, zu einem Ruf nach Nahrung geworden ist, erscheint dieser Ruf immer schon an mehr oder weniger bestimmte Individuen gerichtet. Doch ist dieser Ruf noch kein Anruf, der sich unzweideutig an *bestimmte* Individuen wendet; auch entbehrt er der übrigen, oben angeführten Eigenschaften des Anrufes. Man könnte

hier noch anmerken, dass bei schwerer Idiotie im besten Falle Zurufe, bei leichten Debilen jedoch schon deutlich erkennbare Anrufe
zu konstatieren sind. Aus diesen Feststellungen kann man zwar nicht
auf die zeitliche Priorität, aber jedenfalls auf die primitivere Natur
des Zurufes schliessen.

Dass für die Frage nach der zeitlichen Folge der wortlosen Kommunikationsformen die sehr differenzierten Ruflaute sprachfähiger Menschen
nicht zu verwerten sind, ist selbstverständlich, wenn man sich vergegenwärtigt, dass den Menschen alle Kommunikationsarten zur Verfügung
stehen, die er nach Bedarf anwendet. Man darf nicht ausser acht lassen,
dass für die Aussendung von Hilfe- und Fernrufen (z. B. durch Alpinisten,
die sich verstiegen haben, oder durch Schiffer in Seenot) das *Wissen*
um die Situation und das *Hoffen* auf Erfolg, bzw. die Antizipation der
gewünschten Situation, die notwendigen Voraussetzungen bilden. Diese
Arten von Zurufen dürfen daher keineswegs primitiver als die Anrufe sein;
sie setzen meistens eine viel grössere Erfahrung und Umsicht und eine
viel genauere Kenntnis der jeweiligen Umstände voraus als selbst die Anrufe, die nur bei sinnfälliger Anwesenheit der Kundnehmenden ertönen.

Wir möchten nicht versäumen darauf hinzuweisen, dass der Zuruf
und Anruf nicht nur die hypothetischen Phasen der Sprachentstehung,
sondern zugleich Verständigungsformen von *bleibendem Charakter* darstellen. Damit erklärt sich, warum die primitiveren Kommunikationsformen durch die späteren entwickelteren nicht ganz ersetzt oder vertreten werden können. Würden diese Äusserungsformen nur vorgeschichtliche Stadien der Sprache repräsentieren, so wäre es nicht zu verstehen,
warum sie noch gebraucht werden, wenn die entwickeltere Form, die
Sprache, bereits in vollem Umfang eingesetzt hat. Die Rufe dienen
einem besonderen Zweck, haben ihre spezifische Funktion, nämlich die
Fernwirkung. Will der Mensch seine Stimme weit in die Ferne schicken,
so ist er gezwungen, Rufe zu geben.

Nach diesen Erörterungen ist es überflüssig, auf den grundsätzlichen
Unterschied zwischen sprachlosen Anrufen und Lautworten bzw. Wortgebärden einzugehen. Insofern zwischen diesen beiden Kommunikationsmitteln sinnfällige Übereinstimmungen bestehen, beziehen sie sich auf

das blosse Lautphänomen, nicht aber auf die Laut*gestalt* und den differenzierten *intentionalen Inhalt* des Lautbildes. Insbesondere macht sich die Differenz im *symbolischen Charakter* der Sprachgebilde einerseits, im *Signalcharakter* der Rufe andererseits geltend. Dieser Unterschied lässt sich am deutlichsten durch eine Gegenüberstellung der Begriffe Symbol und Signal verdeutlichen.

Das *Sprachsymbol* schafft eine formale Verbindung zwischen Zeichen (Laut, Gebärde, Schrift) und intendiertem Gegenstand jeder Art. Das Sprachsymbol verdankt seinen repräsentativen Charakter der Übertragung und der Übernahme, der Konvention. Das bedeutet natürlich nicht soviel, dass der Mensch nach Willkür Lautgebilde aller Art als Worte in die Sprache einführen kann; aber der Mensch emanzipiert sich in immer höherem Masse von den Naturlauten und bildet — auf seinen inneren Sprachsinn lauschend — aus dem zur Verfügung stehenden phonetischen Material, unter dem ständigen Einfluss sprachbildender Tendenzen, Worte, die als Zeichen einer Aufforderung und Mitteilung weitaus inhaltsvoller und eindeutiger sind als die Signalrufe, ganz abgesehen davon, dass sie Gegebenheiten zur Darstellung bringen können, wozu die Signalrufe infolge ihrer beschränkten Ausdrucksmöglichkeiten nicht imstande sind.

Mit der symbolischen Funktion der Sprache steht nicht im Widerspruch, dass auch Naturlaute in den Wortschatz der Sprache Aufnahme finden; sie verlieren aber damit — wie bereits gesagt — ihren blossen Ausdruckscharakter und gewinnen eine symbolische Bedeutung.

Demgegenüber ist das *Signal* ein wortloses, anschauliches Zeichen der Aufforderung oder des Ansinnens. Es entsteht vielfach unmittelbar und notwendig aus der konkreten Situation und passt sich ihr vollkommen an. Auf der Unmittelbarkeit und dem emotional-volitionalen Charakter des Laut- und Bewegungssignales beruht seine Verwandtschaft mit den reflektorisch oder spontan ausgelösten Ausdruckslauten und Ausdrucksbewegungen. Das Signal ist durch seinen Aufforderungscharakter bestimmt; es ist auf ein sofort zu verwirklichendes Ziel gerichtet und erwartet daher keine Erwiderung. Infolge dieser Einseitigkeit und wegen seines ausgeprägten imperativen Charakters vermag kein Signalsystem, wie mannigfaltig es auch sein möge, einen innerlichen Kontakt zwischen

Kundgebenden und Kundnehmenden im Sinne eines Gedankenaustausches herzustellen. Die beiden bleiben voneinander seelisch wie geistig getrennt, und nur die konkrete Situation verbindet sie auf eine kurze Zeit. Aus der Situationsgebundenheit und dem emotionellen Charakter der Signale erklärt sich einmal, dass unter ähnlichen äusseren Bedingungen lebende Völker sehr ähnliche Signalrufe verwenden und dass die ursprünglichen Signalrufe meistens ohne weiteres verstanden werden. Die Signalrufe stammen zum Teil aus der allerältesten Zeit der Menschheit und sind in der sozialbiologischen Organisation der höheren Lebewesen begründet. Die später für bestimmte Zwecke verwandten Signalzeichen lehnen sich entweder an die Naturlaute an (Jodler, Arbeitsrufe) oder werden aus zusammengesetzten expressiven Lautgebilden gebildet (Fernrufe). Diese letzteren, an Übertragung und Konvention gebundenen Rufe haben nicht mehr ausschliesslich imperative, sondern auch anzeigende, mitteilende Funktion, wie z. B. die sprachbezogenen Lautsignale, folglich schalten sie aus unseren Betrachtungen aus [1].

Entwicklungspsychologisch sind nur die natürlichen, von den Ruflauten herstammenden Signalzeichen von Bedeutung; nur sie lassen sich zu der Vorgeschichte der Sprache in Beziehung setzen. Auf ihre Ursprünglichkeit weist der Umstand hin, dass sie als Signale bei den heutigen Naturvölkern noch immer in ihrer ursprünglichen Form auftreten, z. B. bei dem äusserst primitiven Volksstamm der Kubus auf Sumatra, die diese Kommunikationsmittel noch in weitem Masse verwenden; ferner, dass gewisse spontane, aus der Situation unmittelbar hervorgehende Zurufe ihre archaischen Fundamente noch immer verraten; schliesslich, dass man ihrer beim Kinde in der ersten Zeit der prälingualen Periode begegnet. Auf Grund dieser Tatsachen lässt sich annehmen, dass unsere hypothetische Vorfahren in einer sehr weit zurückliegenden Zeit, bevor sie zu der symbolischen Form der Sprache gelangt sind, ihre Bedürfnisse in Anrufen, Aufforderungsrufen, kundgaben. Die An-

---

[1] Zu der Frage nach Symbol und Signal hat PIERRE JANET in seinem Buch «L'intelligence avant le langage» (1936) sehr interessante Beiträge geliefert. Auch die Ausführungen von J. PIAGET (La pensée symbolique et la pensée de l'enfant, Archives de Psychologie, 1923) sind entwicklungspsychologisch bemerkenswert.

nahme ist daher nicht aus der Luft gegriffen, dass das Signal in der Vorgeschichte der Sprache eine äusserst wichtige Rolle gespielt hat.

Über den Übergang vom Anruf zum Wort gibt uns die Sprachentwicklung des Kindes einige Aufklärung. Im Anfang des zweiten Lebensjahres haben wir oft Gelegenheit, den allmählichen Übergang von den Lauten, Lallgebilden, Rufen und onomatopoetischen Schöpfungen zu den mehr oder weniger deutlich ausgesprochenen Wortbildern (subjektlosen Aussagen, Anrufen) wahrzunehmen. Auch die Sprachtätigkeit primitiver Völker liefert für diese Wandlung Anhaltspunkte. Es zeigt sich nämlich, dass Eingeborene auf Sinneseindrücke oder auf affektive Zustände oft mit spontan erzeugten Lauten zu reagieren pflegen, die anfänglich den Charakter eines unartikulierten Lautausdruckes besitzen. Wenn diese spontanen Ausrufe von dem individuellen Schöpfer bei gleicher Gelegenheit öfters wiederholt werden, dann werden sie von der Sprachgemeinschaft übernommen, dem inneren Sprachsinn entsprechend modifiziert und dem Sprachschatz einverleibt. In diesen Lautbildern, die *Westermann* noch nicht domestizierte Wörter nennt, lässt sich der genetische Zusammenhang zwischen Ruf und Wort leicht erkennen [1]. Es muss dabei betont werden, dass diese vorsprachlichen Ruflaute weder die phonologische Struktur noch die morphologisch-grammatikalische Form der Sprachgebilde besitzen.

Aus diesen Erörterungen geht hervor, dass es sich beim Aufforderungsruf um eine Art der Kundgebung handelt, der im System der Kommunikationsformen eine besondere Stellung zuzuerkennen ist. Die angeführten Beispiele zeigen, dass eine adressierte, durch ausgeprägten Signalcharakter ausgezeichnete Kommunikation bereits auf einer relativ tiefen Stufe der lebenden Wesen auftritt und zwangsläufig eine Partnerschaft entstehen lässt. So ärmlich diese Kommunikationsform vom menschlichen Standpunkt aus auch erscheinen mag, sie hat mit der menschlichen Sprache die Tendenz zur interindividuellen Beziehung und die imperative und in Ansätzen vorliegende lokative Funktion gemein, ferner bildet sie ein Ausdrucksmittel, dessen sich auch Menschen im

---

[1] D. Westermann in der Festschrift für Meinhof, 1927.

gegenseitigen Verkehr reichlich bedienten und noch immer bedienen. Diese Übereinstimmungen mit der Sprache berechtigen uns, die adressierten Aufforderungsrufe als *Vorstufe der Sprache* zu beurteilen. Diese Auffassung hat natürlich — wie schon oben erwähnt — nur insofern eine Berechtigung, als man der Entstehung der Sprache einen entwicklungsgeschichtlichen Hintergrund gibt, d. h. die menschliche Sprache als Produkt einer Entwicklung ansieht, die vom Zuruf über den Zu- und Anruf zum Wort führt. Von dieser Voraussetzung aus ist die hier dargestellte Anschauung berechtigt und — wie ich meine — logisch unanfechtbar.

Die generelle und entwicklungsgeschichtliche Bedeutung des Aufforderungsrufes zeigt sich unvermuteter Weise auch ausserhalb des Sprachgebietes. Er hat nämlich nicht nur bei der Entstehung der Sprache, sondern vermutlich auch bei der der *Musik* eine bedeutende Rolle gespielt [1].

Es liegt nahe anzunehmen, dass die Urmenschen verschiedene, den verschiedenen Zwecken gemässe Ruflaute ertönen liessen. Ein spezifischer Ruf galt lediglich zur Herstellung eines vitalen Kontaktes, ein anderer als Signal der Anwesenheit, ein anderer als Warnung vor Gefahren usw. Liess die Entfernung eine sprachliche Mitteilung nicht zu, so produzierten sie Fernrufe, die zum Teil aus mehr oder weniger artikulierten Lautgebilden, zum Teil aus kurzen, rufartigen Silben und Worten bestanden, wie wir das noch heutzutage bei den Natur- und Bergvölkern, wie auch bei Seefahrern, zu beobachten Gelegenheit haben. Bei näherer Betrachtung ergibt sich, dass diese Ruflaute einen bestimmten musikalischen Gehalt besitzen. Dieser beruht einerseits darauf, dass jeder Ruf mindestens aus zwei voneinander verschiedenen Stimmlauten besteht, die in einem *bestimmten Intervallverhältnis* zueinander stehen, andererseits auf der schleifenden Tonbewegung am Ende und vielfach auch am Anfang des Lautkomplexes, die zu dem musikalischen Charakter des Rufes beiträgt. Die letztere Erscheinung ist eine natürliche Folge der Stimmgebung. Will man nämlich einen lauten und weitreichenden Ton hervorbringen,

---

[1] Vgl. meine «Einleitung in die Musikpsychologie», Bern 1946.

so klimmt man mit ihm nach oben, während man ihn mehr und mehr verstärkt, um am Schluss wieder herabzusteigen, wobei man den Ton allmählich verhallen lässt. Dass diese schleifende Bewegung in den Gesängen der Naturvölker sehr häufig vorkommt, obgleich diese ihre ursprüngliche Ruffunktion bereits eingebüsst haben, weist auf eine nahe Beziehung zwischen Ruf und Gesang. Es scheint sich um ein Überbleibsel aus einer früheren Phase zu handeln [1].

Dass der Zuruf und Anruf bei der Entstehung der Musik eine entscheidende Rolle gespielt haben, schliessen wir nicht allein aus der Ähnlichkeit, die zwischen der musikalischen Struktur des Rufes und der des primitiven Gesanges besteht, sondern auch aus den Spuren, die man in den kleinen melodischen Phrasen der Rufe der Bergvölker und der Gesänge der Arbeiter wiederfindet [2]. Darüber hinaus besitzt aber offenbar auch schon der Ruf als solcher eine gewisse Bedeutung für die Entstehung der Musik. Denn es gibt eine Lautproduktion, die lediglich als Ausdruck eines gesteigerten Lebensgefühles zu deuten ist und ihrerseits zum Verständnis dieser positiven Lebensgefühle beiträgt. Das Ausstossen von Lauten, insonderheit von weittragenden Rufen erweckt unzweifelhaft Lustgefühle; jedem ist das aus eigener Erfahrung bekannt. Wie oft geschieht es, dass wir in den Bergen spontan einen lauten Ruf hervorbringen, ohne damit einen anderen Zweck zu verbinden als den, unsere eigene Stimme als Naturlaut zu hören und mit ihr durch weite Räume zu dringen. Man hat dabei den Eindruck, dass innere Kräfte zur Entladung kommen, dass durch den Laut gewisse körperlich-seelische Hemmungen aufgehoben werden (Jodler und Juchzer im Alpengebiete.)

Nun scheint es nicht zweifelhaft zu sein, dass dieselben vitalen Lustgefühle, die wir beim Ruf erleben, auch von Anfang an mit dem Gesang verbunden waren. Man spielt gern mit der eigenen Stimme. Dieses Bedürfnis scheint biologisch begründet zu sein. Säuglinge führen stunden-

---

[1] Vgl. C. Stumpf, Die Anfänge der Musik, 1911; E. v. Hornbostel, Über die Musik der Kubu, Abh. z. verg. Musikwiss. I, 1922; Ch. Myers Abschnitt «Music» in C. G. und B. Z. Seligmann, «The Vedda», 1911.

[2] K. Bücher, Arbeit und Rhythmus, 1925, und H. Werner, Die melodische Erfindung im frühen Kindesalter, Akad. d. Wiss., Wien 1917.

lang Lallmonologe aus, ohne damit irgendeinen Zweck zu verfolgen. Dasselbe wird auch für die Tonproduktion der Gesangvögel gelten. In fröhlicher Stimmung singen auch wir bei der täglichen Arbeit eigene oder fremde Melodien, ohne uns dessen stets bewusst zu sein. Das vitale Lustgefühl veranlasst uns zu singen, und umgekehrt erhöht das Singen unser vitales Lustgefühl. Die Aktivität im Singen, die Tongebung und die Modulation in bezug auf die Stärke und Höhe, das Tempo und der Rhythmik steigern unser Lebensgefühl und steuern die Lebensrhythmik: sie stellen gemeinsame Momente des Rufes und des Gesanges dar und bezwecken die Erweckung von Aktivitäts- und Lustgefühlen. Infolge dieser psychobiologischen Relation *geht der Ruf in gerader Linie, vermutlich ohne irgendwie ausgeprägtes Zwischenstadium, in den Gesang über.* Da nun der Ruf durch die traditionell festgelegten Tonfolgen den Charakter und die Gestalt eines musikalischen Motivs besitzt, kann man in ihm ungezwungen die Vorstufe des Gesanges sehen. In dem wortlosen Zuruf und Anruf sind also bereits die wesentlichen Merkmale der Musik (Intervall, Transponierbarkeit, Elemente grösserer Tonverbände) enthalten, ohne dass sie selbst Musik wären. So lässt sich durch den Ruf die Kluft, die zwischen einem musiklosen Stadium und der ersten Phase der Musikentwicklung besteht, überbrücken [1].

Der theoretische Vorteil, den diese Auffassung mit sich bringt, liegt darin, dass der Zusammenhang von Ruf und Musik ohne Einschaltung neuer Hypothesen begreiflich wird. Auf solche Weise wird zwischen zwei an sich heterogenen Ausdrucksformen ein ganz natürlicher genetischer Verband gestiftet, so dass eine Ableitung der Musik aus dem Ruf möglich wird. Da nun der Ruf bereits während der Frühperiode der Sprachtätigkeit in die Sprache hineinbezogen einen sprachlichen Charakter erhielt, *verdankt der Gesang und mithin die Musik ihre Entstehung letzthin der Sprache.* Die gemeinsame Wurzel der Sprache und der Musik liegt also in dem Ruf, der seinerseits in der vorsprachlichen Etappe des Menschwerdens als eine besonders wichtige Form der Ver-

---

[1] G. Révész, Der Ursprung der Musik, Intern. Archiv für Ethnographie, 50, 1941 (S. 65 ff.). Vgl. dazu die Ausführungen P. Schmidts in den Mitteilungen der anthropologischen Gesellschaft Wien. Bd. 33.

ständigung auftrat und zum Ausgangspunkt der Sprache und, wie wir jetzt sehen, auch der Musik wurde [1].

Man könnte schliesslich noch die Frage aufwerfen, auf welche Weise sich die Umwandlung des wortlosen Anrufes in das Lautwort vollzog.

Die Lehre von einer stetig fortschreitenden Variation des organischen Geschehens würde nahelegen, dass auch der Ruf zahlreiche Zwischenstadien passieren musste, bevor er in das Wort überging, und dass diese Zwischenformen entwicklungsgeschichtlich eine stetige Reihe bildeten. Die Frage, die wir hier aufwerfen, ist, ob wir berechtigt sind, auf Grund der uns zur Verfügung stehenden Erfahrungen und der daran anschliessenden theoretischen Erwägungen die Evolution vom Zuruf bis zum Wort als eine *stetige* zu betrachten, oder ob es wahrscheinlicher ist, den Fortschritt *unstetig*, sprunghaft zu denken.

Bei der Beantwortung dieser entwicklungspsychologisch interessanten Frage muss man davon ausgehen, dass das zur Beantwortung erforderliche Erfahrungsmaterial fehlt, und zwar einerseits, weil die Übergangsformen, vorausgesetzt, dass sie bestanden haben, naturgemäss nicht mehr vorhanden sind, andererseits, weil für die Rekonstruktion der mutmasslichen Zwischenformen weder die Kinderpsychologie noch die Ethnologie Anknüpfungspunkte zu liefern imstande sind. Der einzig gangbare Weg

---

[1] Diese Auffassung steht in polarem Gegensatz zu der seit dem Altertum immer wieder auftauchenden Theorie, nach der die erste Sprache des Menschen der Gesang gewesen ist. «Die Sprache der Liebe ist im Nest der Nachtigall süsser Gesang, wie in der Höhle des Löwens Gebrüll», sagt HERDER an einer Stelle seiner sprachpsychologischen Ausführungen. Auch JESPERSEN huldigt dieser romantischen Auffassung, wenn er die Sprachanfänge als eine Art von Mittelding zwischen den lyrischen Tönen des Kätzchens auf dem Dache und dem melodischen Lied der Nachtigall betrachtet (vgl. dazu W. WUNDT, Sprachgeschichte und Sprachpsychologie, 1901). Eine ernstere Form besitzt die Theorie von HERBERT SPENCER, der die Entstehung der Musik aus den Akzenten und Tonfällen der menschlichen Sprache abzuleiten versucht. Diese Theorien, die schon in ROUSSEAU ihren Vertreter haben, scheitern daran, dass sie vom *Sprechen* ausgehen, das bekanntlich keine festen Stufen gebraucht und nur eine stetig gleitende Tonbewegung aufweist. Alle derartigen Hypothesen gehen im grossen und ganzen von der sog. Sprachmelodie aus, die aber nicht zum Gesang führen kann. Für uns kommt es gerade auf eine Vorstufe der Sprache, auf den Anruf an, der zwar kein Gesang ist, aber die konstitutiven Elemente der Musik, die festen Intervalle, besitzt.

zur Beantwortung der aufgeworfenen Frage bleibt meines Erachtens die Bildung einer logisch einwandfreien und zugleich sachlich gut fundierten Entwicklungshypothese. Zu einer solchen Hypothese können wir aber erst dann vordringen, wenn wir uns deutlich machen, in welchem Sinne wir hier den Begriff «Entwicklung» verstanden wissen wollen.

Die Entwicklung stellt eine Veränderung dar, die sich von anderen Veränderungsarten, wie von den qualitativen (z. B. dem Übergang von rot zu gelb), extensiven (z. B. Bewegung oder räumlicher Entfaltung) und intensiven Veränderungen (z. B. Steigerung der Lichtintensität), durch den *Wachstumsprozess* unterscheidet. Das Wachsen bezieht sich auf eine von einem weniger differenzierten Zustand nach einem mehr differenzierten Zustand gerichtete Veränderung. Die aufeinanderfolgenden Zwischenstadien erscheinen in diesem Falle dem denkenden Geist als die durch evolutive Veränderung vollzogene Verwirklichung eines immanenten «Gesamtplanes», der in dem Wachstumsvorgang miteingeschlossen ist.

Von einem rein evolutionistischen Standpunkte aus dürfen wir der Entwicklung als solcher weder eine axiologische noch eine teleologische Bedeutung zusprechen; folglich kann der Begriff der Entwicklung prinzipiell sowohl auf eine allmählich vor sich gehende *Reifung* (Progression) wie auch auf eine allmählich fortschreitende *Rückbildung* (Regression) bezogen werden, unabhängig davon, ob die Veränderung zweckmässig oder zweckwidrig ist. Man pflegt im allgemeinen die Entwicklung in dem ersteren Sinn zu nehmen, darunter also einen stetig sich vollziehenden, d. h. über unmerkliche Stufen führenden *Fortschritt* zu verstehen. Man spricht demnach von einer Entwicklung, wenn ein Organismus (oder ein Organ) infolge morphologischen oder funktionellen Wachsens seinen Wirkungskreis zu erweitern und seine Leistungsfähigkeit den gesteigerten Anforderungen des Lebens immer mehr anzupassen vermag.

Es scheint also logisch wie sachlich gerechtfertigt zu sein, dem Begriff der Entwicklung einen engeren und einen weiteren Sinn zuzuschreiben: im engeren Sinn ist unter Entwicklung die Veränderung nach einem immer differenzierteren, reiferen und leistungsfähigeren Stadium zu verstehen, während sie im weiteren Sinn sich auf die Umbildung schlechthin bezieht, unabhängig davon, ob diese eine Steigerung oder nur eine qualitative Modifikation, ja eine Regression darstellt. Beide Begriffsbestimmungen, die wertfreie und die teleologisch gerichtete, sind sinnvoll und wissenschaftlich berechtigt. Gegen ihre Anwendung ist prinzipiell nichts einzuwenden, vorausgesetzt, dass man sich über den jeweiligen Inhalt des Begriffes Rechenschaft gibt. Im Zusammenhang mit unserem Problem wollen wir *den Begriff Entwicklung in seinem engeren Sinne* gebrauchen, um so mehr, da dieser mit der gangbaren Anschauung über das Leben der Sprache in Übereinstimmung steht.

Das Wachstum im Biologischen wird in erster Linie durch *innere*, durch die im Organismus selbst liegenden vitalen *Kräfte* gefördert und gesteuert; die Milieueinflüsse kommen nur in zweiter Stelle in Betracht. Die inneren Kräfte zeichnen die Richtung der evolutiven Veränderung gleichsam vor. Läuft das Wachstum der Organismen oder der Organe ungestört ab, so vollzieht sich die Veränderung bei allen Individuen oder bei allen Organen derselben Art in gleicher Weise. Jeder Embryo entfaltet sich zum Menschen, jede Larve zum Insekt, jedes Auge zum raum- und lichtperzipierenden Apparat.

Bekanntlich wurde der Vorgang des Wachstums im System des Organischen in der Regel als ein *stetiger* aufgefasst. Man nahm an, dass die Form- und Funktionswandlung der wachsenden Gebilde in unmerkbaren Schritten vor sich geht, was in sich schliesst, dass jedes folgende Stadium mit innerer Evidenz aus dem früheren hervorgetrieben wird (Darwin, Spencer). Der stetige Wachstumsvorgang soll für die ganze Tier- und Pflanzenwelt gelten. Dieser lange Zeit hindurch fast allgemein anerkannten Auffassung gegenüber kann bemerkt werden, dass die Stetigkeit der Umwandlung in denkbar kleinsten Zeiten weder im Makroskopischen noch im Mikroskopischen streng nachzuweisen ist. Man muss sich deutlich machen, dass die Anwendung des Kontinuitätsprinzips nicht auf einer Verallgemeinerung von unanfechtbaren Erfahrungstatsachen beruht, sondern auf der *Annahme*, dass die zur Wahrnehmung gelangten diskontinuierlichen Momentzustände miteinander durch unzählige Zwischenstufen verbunden sind. Der Eindruck der fliessenden Kontinuität stellt sich, wie BERGSON so anschaulich dargelegt hat, gleichsam aus kinematographischen Bildern zusammen, die einander mit grosser Geschwindigkeit ablösen [1]. Diese an sich diskontinuierlichen Bilder vereinigen sich zu einem scheinbar kontinuierlich geordneten Gesamtvorgang, wobei unserer gestaltbildenden und synthetisierenden Sinnes- und Geistestätigkeit die Hauptrolle zufällt.

Die vornehmlich in der makroskopischen Welt gemachten, lückenlos erscheinenden Wahrnehmungsreihen und der festgewurzelte Glaube an die kontinuierliche Veränderung im Weltgeschehen, präjudizieren indessen nicht die Beschaffenheit der *Realität*. Es hat sich auch tatsächlich erwiesen, dass die aus blossen Beobachtungen erschlossene Vorstellung von der Stetigkeit nicht mehr in den Rahmen der neueren Erfahrungen der Physik passt. Den Physikern ist es nämlich gelungen, den experimentellen Nachweis zu liefern, dass die von den bewegten Molekülen ausgelösten Erscheinungen nicht mehr die Stetigkeit und Gleichförmigkeit der makroskopischen Erscheinungen, sondern den unstetigen Charakter der molekularen Einzelstösse aufweisen [2]. Es liegt nicht fern, analog der unsteten Bewegung der Atome auch die Formveränderung der organischen Welt, zunächst in der Ontogenese, diskontinuierlich zu denken, zumal der Begriff der Stetigkeit auch logisch zu Widersprüchen Anlass gibt. Obgleich für die Unstetigkeit der Lebensvorgänge experimentelle Beweise noch fehlen, ist es kaum zweifelhaft, dass sie eine hohe Wahrscheinlichkeit für sich hat, um so mehr, da es bei dieser Frage nicht nur auf blosse Beobachtungen ankommt, die leicht der Täuschung unterliegen oder aus methodischen Gründen nicht mit der erforderlichen Exaktheit nachzuprüfen sind, sondern weil man auch mit theoretischen Überlegungen zu rechnen hat, deren Tragweite oft weit über das unmittelbar Beobachtete hinausreicht. Und diese scheinen gegen die Annahme einer Stetigkeit zu sprechen.

Wenn die Unstetigkeit im Wachstum in den biologischen einheitlichen Organismen, also schon innerhalb der ontogenetischen Entwicklung, als möglich, ja sogar als sehr wahrscheinlich erachtet wird, dürfte das Prinzip der Diskontinuität bei der phylogenetischen Entfaltung eine noch grössere

---

[1] H. BERGSON, L'évolution créatrice, 1910.
[2] H. REICHENBACH, Atom und Kosmos, 1930.

Wahrscheinlichkeit für sich haben, zumal diese Hypothese ihre experimentelle Bestätigung bereits gefunden hat. Gerade der Umstand, dass eine sprunghafte oder stossweise vor sich gehende Variation in der phylogenetischen Entwicklung nicht zu den Seltenheiten gehört, veranlasste HUGO DE VRIES, gegenüber dem Darwinismus das Prinzip einer plötzlichen und erblichen Änderung aufzustellen, eine Auffassung, die in den biologischen Wissenschaften immer weiteres Feld gewinnt [1]. Nach A. PORTMANN haben die Biologen zahlreiche Gründe zur Annahme, dass die Tiere und Pflanzen, mithin auch der Mensch, biologisch gesehen, aus Formen der früheren geologischen Zeiten durch mehr oder weniger deutliche Mutationsschritte entstanden sind. Wann dieser Mutationsvorgang erfolgte und von welchen früheren Formen er ausging, darüber wissen wir nichts; dass aber die neuen Gestalten durch Mutation entstanden sind, besitzt eine grosse Wahrscheinlichkeit [2]. Naturphilosophisch betrachtet besteht zwischen der Lehre Darwins von der stetig fortschreitenden Variation und der durch de Vries inaugurierten Lehre von der sprunghaften Veränderung kein prinzipieller Unterschied; denn auch Darwin lässt in zahllosen Fällen neben graduellen auch noch sprunghafte Abänderungen (single variations) zu. Der Unterschied bezieht sich darauf, dass nach Darwin die Unstetigkeit infolge Anhäufung unzähliger geringer Veränderungen, also infolge der eng aneinander schliessenden Zwischenstufen, nicht zu merken ist, während nach der Mutationslehre die sprunghafte Veränderung im Naturgeschehen sehr deutlich hervortritt und eine allgemeine Geltung beansprucht. Wenn also einerseits die Stammesgeschichte des ganzen Tier- und Pflanzenreiches nicht in unmittelbar aufeinanderfolgende kleine Schritte zu zerlegen ist, andererseits auch die geistige Entwicklung des Einzelmenschen, insonderheit die des Kindes, überall Sprünge aufweist [3], steht nichts im Wege, die Lehre vom sprung-

---

[1] H. DE VRIES, Die Mutationstheorie, 1903, und: Species and Varieties, 1905.
[2] A. PORTMANN, Vom Ursprung des Menschen, 1944, S. 20 ff.
[3] W. STERN, Psychologie der frühen Kindheit, und C. STUMPF, Der Entwicklungsgedanke in der gegenwärtigen Philosophie, 1900. Der letztere will das stetige Fortschreiten nur auf das physische Gebiet bezogen sehen, während die Unstetigkeit auf die psychische Welt beschränkt sein soll.

haften Auftreten neuer Formen und Funktionen par analogiam auch auf die Geistesgeschichte der Menschheit zu erstrecken. Im geistigen Gebiet hat das Prinzip des stetigen Wachsens als allgemeines, auf alle Kulturzustände bezogenes Prinzip eine noch geringere Wahrscheinlichkeit als im biologischen [1], weil ausser den die Entwicklung steuernden kollektiv-unbewussten inneren Kräften auch noch die in wechselnden Zeitabschnitten sich manifestierende schöpferische Tätigkeit des Menschen und die Tradition der früheren Generationen den Verlauf der Entwicklung beeinflusst, abgesehen davon, dass unsere Erfahrungen in diesen Gebieten mit der Idee der stetigen Entwicklung nicht zu vereinigen sind. Auf ruckartige Veränderungen pflegen Phasen der Stabilität zu folgen; der Prozess des Werdens, die Spannung eines immerfort sich verändernden Zustandes wird allzuoft durch die Ruhe des Seins unterbrochen. Falls in diesen Ruhepausen Veränderungen vorkommen, sind sie von qualitativer und nicht von evolutiver, progressiver Art. Sie sprengen das Bestehende nicht, sie vertiefen und bereichern nur das durch die vorangehende Entwicklung Gewonnene.

Es sei hier noch angemerkt, dass auch die Vorstellung einer schöpferischen Entwicklung in der Natur, folglich auch in der geistigen Welt, — ein Gedanke, der in der Philosophie BERGSONS einen besonders wichtigen Platz einnimmt — nur mit dem Prinzip der Diskontinuität zu vereinigen ist. Denn ist die Entwicklung stetig, oder, vorsichtiger ausgedrückt: insofern ein Entwicklungsvorgang stetig ist, hat der schöpferische Akt keine Gelegenheit, in den Wachstumsprozess einzugreifen; die Unveränderlichkeit und «Planmässigkeit» des Entwicklungsvorganges schliesst jeden schöpferischen Akt oder Tat aus. Demgegenüber setzt die diskontinuierliche, sprunghafte evolutive Veränderung das Einsetzen neuer, im vorangehenden Stadium noch nicht wirkender Kräfte voraus,

---

[1] A. PORTMANN vertritt die Anschauung, der auch ich beipflichte, dass die Entwicklungsidee zwei Begriffe in sich schliesst, nämlich den biologischen und die historisch-psychologischen. Er zeigt, dass der Entwicklungsbegriff der organischen Naturforschung, der in der Biologie so fruchtbar gewirkt hat, im historischen Bereiche, wohin auch die Sprache gehört, nicht brauchbar ist (Biologische Fragmente zu einer Lehre vom Menschen, 1944).

die die plötzlich auftretende Variation, Modifikation, Richtungsänderung erzeugen. Diese sprunghaft auftretenden Kräfte dürften als Grundlage der sog. schöpferischen Entwicklung dienen. Schöpferische Akte können nicht restlos aus dem Vorangehenden abgeleitet werden, sonst hätte das Attribut «schöpferisch» überhaupt keinen Sinn. Es müssen neue produktive Kräfte am Werk sein, die nicht völlig planlos und zufällig, sondern nach gewissen Regeln oder Tendenzen ihre Wirkungen ausüben.

Demonstrieren wir das Gesagte an einem Beispiel aus der Entwicklungsgeschichte der Stile.

Die Barockbauformen gingen aus der Renaissance nicht mit Notwendigkeit hervor. Die Kräfte, die die Kunst der Renaissance zur Entstehung brachten und ihre Fortbildung bestimmten, können für das Auftreten des Barocks nicht verantwortlich gemacht werden. Es mussten andere Antriebe in Wirksamkeit treten, andere Stilprinzipien sich durchsetzen, um die Renaissance in das Barock hinüberzuleiten. Die Stetigkeit der Entwicklung erweist sich hier als eine Täuschung, die darauf beruht, dass der erste, durch die persönliche Initiative Michelangelos gemachte entscheidende Schritt nach Freiheit und gesteigerter Beweglichkeit und damit das allmähliche Zurückdrängen antiker Überlieferungen die Richtung der Stilwandlung festlegte [1].

Wenn wir die Sprachentwicklung von dem hier dargestellten Gesichtspunkt aus betrachten, so ergibt sich, dass die Unstetigkeit in der Evolution, die plötzlich entstandenen Varianten, die zum grossen Teil der individuellen Schöpferkraft zugeschrieben werden müssen, sowohl beim Kind als beim Erlernen neuer Sprachen wie auch in der Sprachgeschichte nachzuweisen ist. Dass die ontogenetische und phylogenetische Sprachentfaltung durch allgemeine geltende Gesetzmässigkeiten, wie etwa durch Lautwandel, Sprachspaltung, Funktionsveränderung, Differenzierung der grammatischen Kategorien und dergleichen mehr beherrscht wird, tut der Tatsache keinen Abbruch, dass die Entwicklung einen deutlich unstetigen, sprunghaften Charakter zeigt. Das ist um so verständlicher, als in der ontogenetischen und phylogenetischen Sprachentwicklung die

---

[1] H. WÖLFFLIN, Renaissance und Barock, 1925.

Initiative und Invention der Einzelnen und der lokal und kulturell bestimmten Gruppen eine nicht zu unterschätzende Rolle zu spielen haben.

Vergleichen wir die tierischen Rufe und die demselben Zweck dienenden unartikulierten Lautäusserungen sprachunfähiger Idioten mit den Worten und Wortverbindungen und setzen wir voraus, dass das Wort in stetiger Weise aus den tierischen Ruflauten entsprungen sei, so können wir uns von der Übergangsstufe nicht die geringste Vorstellung bilden; es gelingt uns kein Bild davon zu machen, durch welche Modifikationen die tierischen Lautäusserungen hindurchgehen mussten, um zu jenen artikulierten, rhythmisch-melodischen, differenzierten, entwicklungsfähigen und in steter Veränderung begriffenen Lautgestalten zu gelangen, die den Wortlauten eigen sind [1]. Beträchtlich geringer sind die Schwierigkeiten, wenn man den Ausgangspunkt von den *menschlichen* Zu- und Anrufen nimmt, um so mehr, weil in der ontogenetischen Entwicklung des Menschen die besondere Wesensart von Anfang an in entscheidenden, der tierischen Natur prinzipiell verschiedenen Zügen da ist (siehe Portmann, S. 204). Unterwirft man die konventionellen, insonderheit die *spontanen* Ruflaute primitiver Völker einer vergleichenden Untersuchung und berücksichtigt man dabei mit Vorsicht die Rufe des Kindes während der prälingualen Periode, so liessen sich mit einiger Wahrscheinlichkeit die supponierten Zwischenstufen rekonstruieren. Bei einer derartigen Prüfung würden die phänomenalen Ähnlichkeiten zwischen Ruf und Wort deutlich hervortreten; es würde sich zeigen, dass die adressierten Rufe und die Ur- und Stammwörter in bezug auf wesentliche phonetische Eigenschaften miteinander weitgehend übereinstimmen. In diesen äusserlichen Ähn-

---

[1] An dieser Stelle möchten wir auf den Unterschied hinweisen, der sowohl erscheinungsmässig wie wahrnehmungs-, trieb- und willenspsychologisch zwischen den kommunikativen Rufen der Kinder und der Tiere besteht. Das ist auch nicht anders zu erwarten, wenn man berücksichtigt, dass das Kind bereits sprachlich disponiert ist und während der prälingualen Periode sich in ihm die Sprachfunktion innerlich vorbereitet. Daraus folgt, dass auch die hypostatierten Vorfahren der Menschen im vorsprachlichen Stadium andere und viel differenziertere Kommunikationslaute verwendet haben als lautbegabte Tiere. Es kommt noch hinzu, dass diesen Wesen im weitesten Masse Anruflaute zur Verfügung stehen mussten, also die entwickeltsten sprachlosen Kommunikationsmittel, was bei den frei in der Natur lebenden Tieren noch sehr diskutabel ist.

lichkeiten könnten viele einen Hinweis auf eine stetige Entfaltung des Wortes aus nicht-sprachlichen Grundstrukturen sehen. In der Tat kennen wir in der linguistischen Literatur Versuche, die bei der Rekonstruktion der sogenannten Urwörter auf unartikulierte Laute ein besonderes Gewicht legen. Wie geistreich diese Überlegungen auch sein mögen, sie sind nicht imstande, den Laut ins Wort, das Emotionelle ins Symbolische, die blosse Aufforderungsfunktion in Sprachfunktion überzuleiten. Wenn man sich bei seinen Überlegungen nicht allein auf die phonetische Beschaffenheit der beiden kommunikativen Lautäusserungen stützt, sondern in erster Linie die innere Struktur, den symbolischen Charakter, den geistigen Inhalt der Sprache und nicht zuletzt den für das Sprechen erforderlichen geistigen Entwicklungsgrad des Menschen ins Auge fasst, so wird es klar, dass man nicht nur bei der Sprachausbildung, sondern schon beim Sprachursprung ohne eine Art von spontaner schöpferischer Tätigkeit, also sprunghafter Entwicklung, nicht auskommt, ein weiterer Umstand, der mit dem Prinzip der Kontinuität nicht zu vereinigen ist.

Die Sprache ist nicht aus den primitiven, nicht-sprachlichen Rufen aus innerer Notwendigkeit entsprungen; denn sonst wäre nicht zu verstehen, warum die Tierwelt über die wortlosen Kontaktmittel niemals hinausgewachsen ist. Nicht die Rufe haben die Sprache aus sich selbst herausgebracht, etwa im Sinne einer inneren Gesetzmässigkeit der Evolution, sondern es mussten auch hier neue Antriebe und besonders bildende Kräfte in Wirksamkeit treten, um die ersten Äusserungen der artikulierten Sprache zur Entstehung zu bringen. Es ist demnach anzunehmen, dass schon an der Wiege der Sprache *die schöpferische Tätigkeit des Menschen* einen gewaltigen Einfluss ausübte, dass sich schon während des Menschenwerdens die Tendenz regte, Bedürfnisse, Wünsche, Gedanken usw. im Interesse leichterer Verständigung mit verschiedenen, aber konstanten Lauten zu bezeichnen und das Individuum, an das das Ansinnen gerichtet war, mit einem bestimmten Ruflaut «anzusprechen». Diese spontane Tätigkeit war, gleich jeder anderen produktiven Handlung, an bestimmte Vorbedingungen gebunden, in unserem Falle an das Vorhandensein eines geeigneten Lautmaterials. Dieses Lautmaterial fanden wir in den Anrufen, die infolge ihres imperativen und lokativen Charakters besonders geeignet waren, die Bildung der ersten Lautwörter zu fördern.

Das Wahrscheinlichste ist, dass anfänglich Zu- und Anrufe und Urwörter ineinander flossen, wobei zunächst die ersteren prävalierten, um dann nach und nach den Vorrang dem Wort zu überlassen, ohne dadurch die nicht-sprachlichen Rufe zu verdrängen. Das letztere musste unterbleiben, da die *Fernruffunktion* der Anrufe — ein von den Linguisten nicht beachtetes Kontaktmittel der primitiven menschlichen Gemeinschaften — durch die artikulierte Sprache bekanntlich nicht zu ersetzen war. War nun der erste Schritt getan, so war auch der *allgemeine Gang* der Sprach-entwicklung vorgezeichnet: der Geist der Sprache, der innere Formsinn begann seine sprachbildende Wirkung auszuüben und nach allgemeinen und speziellen Gesetzen die Sprachbildung zu regeln. Auch die Fort-bildung der Sprache vollzog sich sprunghaft: äussere und innere Ursachen, vor allem der Einfluss fremder Sprachen und das Auftreten neuer Bedürf-nisse und nicht zuletzt die sprachschöpferische Tätigkeit des Menschen griffen in den Lauf der Sprachbildung ein, ihr neue Möglichkeiten eröffnend.

In diesem Sinne lässt sich der Anruf einerseits als *Endpunkt* der Ent-faltung der sprachlosen Verständigung, andererseits als das *Sprungbrett* auffassen, von dem aus die mit der Menschheit einsetzenden sprach-bildenden Faktoren die ersten Sprachgebilde und Sprachkategorien erzeugten. Der Wortschatz und der Satzbau werden mit Hilfe und im Sinne der inneren Sprachform allmählich zu Bausteinen eines logisch geschlossenen Systems, oder anders ausgedrückt: sie bilden die Grund-lage des geordneten Denkens und der Logik als Kunstlehre des Denkens.

C. DAS WORT

a) Die Priorität des Imperativs

Der durch die imperative und lokative Tendenz charakterisierte Auf-forderungsruf führt uns zu der *Sprache*. Der Übergang von dem ersteren zur Sprache ist uns, wie gesagt, nicht bekannt. Wie sich die Umwandlung der Aufforderungsrufe zu Wörtern vollzog, wie die Verständigungsform in fortschreitender Entfaltung von Stufe zu Stufe stetig oder sprunghaft die Form der menschlichen Sprache annahm, davon können wir uns keine rechte Vorstellung bilden. In welcher Weise das zunächst Flüssige eine feste Form erhielt und welchen Einfluss das Wechselverhältnis des Strebens nach Verständigung und nach adäquatem Ausdruck der Eindrücke und Erlebnisse auf die Entstehung und auf die ersten Manifestationen der Sprache ausübte, das sind Fragen, deren Beantwortung wir schuldig bleiben müssen, wollen wir uns von Phantastereien oder von jeder empirischen Grundlage entbehrenden Hypothesen fernhalten, wie bestrickend sie auch sein mögen.

Die Sprache verdankt ihre Entstehung anderen Grundkräften als die übrigen Kommunikationsformen, wenn die letzteren auch zu ihrer Vorbereitung beitrugen. Aus der *Geistigkeit des Menschen,* aus dem ureigensten Wesen des menschlichen Geschöpfes entsprang die symbolische Form der Sprache. Die Geistigkeit des Menschen erzeugte die Sprache, und die Sprache als Denk- und Darstellungsfunktion entfaltete die Geistigkeit im Menschen. Diese Auffassung hat nicht als eine Hypothese oder gar eine Fiktion zu gelten, sondern als ein *Postulat des Denkens.* Menschsein, Geistigkeit, Denken, Sprechen sind zwar nach ihrer Existenzform und ihrem begrifflichen Inhalt verschieden, nach ihrem innersten Wesen jedoch gehören sie notwendig zueinander und bilden eine Einheit höherer Ordnung. Daher ist die Frage nach der chronologischen Folge ihrer Entstehung müssig, ja sogar sinnwidrig.

Die Sprache ist nicht plötzlich entstanden, sie hatte, wie alles sich Entfaltende und Verändernde in der Welt, ihre Vor- und Frühstufe. Wollen wir uns von der Natur dieser Stufen eine Vorstellung bilden, so dürfen wir niemals aus dem Auge verlieren, dass das Auftreten der ersten Wörter und deren sinnvolle Verbindung eine geistige Welt erforderte, die mit der psychischen Struktur der vorherigen Stadien *nicht* zu vergleichen ist. Nicht die eminente pragmatische Bedeutung der Sprache gegenüber den primitiven Verständigungsformen, sondern ihre lautliche und strukturelle Beschaffenheit, ihr Funktionsreichtum, der Umfang ihres Wirkungsgebietes, die Autonomie ihrer Entwicklung, insbesondere ihre Verbundenheit mit der menschlichen Persönlichkeit und der Gemeinschaft trennt die Sprache von allen nicht-sprachlichen Kommunikationsmitteln.

Und doch ist aus den vorangehenden Erörterungen eine wichtige entwicklungsgeschichtliche Tatsache deutlich geworden, die uns bei der Rekonstruktion der Frühgeschichte der Sprache hervorragende Dienste erweist, nämlich: *der kausalgenetische Zusammenhang zwischen dem Aufforderungsruf und dem sprachlichen Imperativ.*

Es ergab sich, dass der aus einer Befehlssituation entsprungene kategorische Aufforderungsruf sein Analogon in der Sprache im Imperativ hat. Die enge Beziehung zwischen Aufforderungsruf und Imperativ bedeutet natürlich nicht, dass der erstere den grammatischen Wert eines Imperativs, geschweige denn den Wert eines imperativen Satzes besitzt oder besass. Mit dem Wort Imperativ wollen wir in diesem Zusammenhang nur die *imperative Tendenz* zum Ausdruck bringen, die bereits dem Ruf zugrunde liegt, aber erst im Wort, in der verbalen Form des Imperativs, ihre volle Ausprägung findet. Die Übereinstimmung zwischen beiden Äusserungen liegt demnach nicht in der äusseren Form und der Bestimmtheit des Inhaltes, sondern in der *Funktion, Intention* und *Wirkung.*

In der frühesten Urzeit kam es in erster Linie darauf an, die allzu beschränkten und undifferenzierten Aufforderungsrufe in immer mannigfaltigere sprachliche Befehlsausdrücke umzuwandeln. Der bereits sprachfähige Mensch musste Worte prägen, um seine Familienmitglieder und Clangenossen zu verschiedenen Handlungen aufzufordern; das Bedürfnis, etwas mitzuteilen, über etwas zu berichten, schlummerte zunächst noch.

Die entwicklungsgeschichtliche Stellung des Imperativs und seine genetische Priorität anderen sprachlichen Ausdrucksformen, insonderheit dem Indikativ gegenüber, tritt zunächst in der ontogenetischen Sprachentwicklung zutage, und zwar sowohl in der aktiven wie in der passiven Sprachtätigkeit. Unseren Erfahrungen nach erwirbt das Kind von allen Laut- und Gebärdenausdrücken am frühesten das *Verständnis* für imperative, auffordernde Worte (Hände weg! Her damit!) und Zeigegebärden. Bereits mit dem 8. und 9. Monat beginnen Kinder ein an sie gerichtetes Ansinnen als solches zu verstehen. In dem ersten Vierteljahr des zweiten Lebensjahres reagiert das Kleinkind prompt, ohne Zögern auf Worte und kurze Sätze von befehlendem Inhalt, wie z. B.: «Mach mal hopp! Gib einen Kuss!» und dergleichen mehr. Allerdings sind diese kindlichen Reaktionen im Hinblick auf die Priorität des Imperativs nicht ganz massgebend, denn in der ersten Zeit der sprachlichen Entfaltung bekommt das Kind von seiner Umgebung vorwiegend Ausdrücke der Aufforderung zur Handlung und Unterlassung zu hören. Es ist daher nichts natürlicher, als dass die ersten sinnvollen Reaktionen des Kindes sich auf imperative Ausdrücke beziehen. Andererseits lässt sich die Aufmerksamkeit des kleinen Kindes (abgesehen von den Ruflauten, auf die ein reflektorisches Zuwenden an die Reizquelle erfolgt) durch nichts anderes als eben durch Tätigkeiten bzw. Aufforderung zu Tätigkeiten in Anspruch nehmen. Der *primäre* Grund der Bevorzugung des Imperativs im ersten Sprachstadium wird also nicht in den von der Umgebung frequentierten sprachlichen Ausdrücken liegen, sondern in der *Einstellung des Kindes auf Tätigkeiten*, folglich in der Beachtung von Zeichen und Ausdrücken für Tätigkeiten. Daraus ergibt sich, dass das besonders frühe Auftreten des Verständnisses für imperative Sprachausdrücke doch als Symptom des zeitlichen Vorwaltens des Imperativs angesehen werden kann.

In überzeugender Weise zeigt sich der zeitliche Vorsprung des Imperativs beim *aktiven Sprechen*. In der ersten Periode der Sprachtätigkeit beschränkt sich die Sprache des Kindes beinahe ausschliesslich auf Forderung von Gegenständen und auf Veranlassung von Handlungen. Kleine Kinder fordern, befehlen, teilen zunächst nichts mit; das Bedürfnis, Sachverhalte zu konstatieren und mitzuteilen, entsteht erst später. Es dauert eine geraume Zeit, bis die Periode des ausschliesslichen Forderns, Wünschens aufhört, um der anzeigenden und bezeichnenden Funktion der Sprache Platz zu machen. Zum Zwecke des Forderns verwendet das Kind solche Worte, die es von seiner Umgebung abgelauscht hat und die es mit mehr oder weniger Genauigkeit nachzuahmen vermag. Die ersten substantivartigen, verbartigen und interjektionalen Worte und Sätzchen stehen also zunächst in dem Dienst der imperativen Funktion. Dass in der Sprache der kleinen Kinder im Anfangsstadium der Sprachtätigkeit die Substantiva den Vorrang geniessen, erklärt sich einfach daraus, dass das natürliche Sprechenlernen der Kinder mit dem Hinweis auf Gegenstände beginnt («Das ist ein Auto, ein Apfel») und ihrem Sprachschatz daher vorwiegend Gegenstands- und Personenworte zuführt. Diese Worte werden ihnen unzähligemal vorgesprochen, und sie werden veranlasst, diese nachzusprechen. In der Kinderstube hört man immer wieder die stereotypen Aufforderungen: «Sag mal: Papa! Nelly! Chocho! Wer ist das? Was ist das?», und man antwortet zunächst selber darauf: «Das ist Papa, Nelly, Ball» usw. Das Kind will mit den Personen- und Gegenstandswörtern nicht das Subjekt, an das es sich wendet, noch das Objekt des Begehrens bezeichnen, sondern die mit oder an dem Objekt auszuführende Tätigkeit ausdrücken. Mit dem Wort «Mama» wird also nicht etwa die Anwesenheit der Mutter angezeigt, sondern eine Aufforderung an eine vertraute Person zur Ausführung einer bestimmten Handlung beabsichtigt. Benennungsabsicht tritt später auf, ungefähr mit anderthalb Jahr. Wollen wir die gesprochenen Worte der ersten Periode der Kindersprache richtig deuten, so müssen wir uns bewusst machen, dass es hier nicht darauf ankommt, welche *Wortkategorien* das Kind verwendet, sondern welche *Funktionen* die Bezeichnungen im gegebenen Fall haben. Und diese Funktion ist eben die *imperative*. Damit ist auch die Irrigkeit der Auffassung W. STERNS erwiesen, der aus der Anwendung des Substantivs im frühesten St dium der Sprachentwicklung auf die Priorität des Gegenstandsbegriffes schloss (Substanzstadium) und behauptete, dass Tätigkeitsausdrücke erst später in die Sprache des Kindes Aufnahme finden (Aktionsstadium) [1]. Diese Auffassung, die in der Kinderpsychologie allgemeine Anerkennung fand, beruht also auf einer unrichtigen Interpretation der Tatsachen.

Die Verzögerung in der *Anwendung* der Verben (nicht bezüglich ihrer *Eroberung*, die sich schon während der Zeit des blossen passiven Sprachverständnisses vollzieht) hängt also von Umständen ab, für die nicht das Kind, sondern die Sprachgewohnheit der Erwachsenen im Umgang

---

[1] W. STERN, Psychologie der frühen Kindheit, 1930.

mit dem Kinde verantwortlich gemacht werden muss. Im allgemeinen werden Verben und Substantiva mit imperativer Intention im Beginn der Sprachbildung durcheinander gebraucht. Erst in einer späteren Periode der Sprachentfaltung spalten sich die Redeteile und nehmen ihre eigenen Funktionen an. Ähnliches begegnen wir bei den primitiven Sprachen, in denen Verbum, Nomen und Adjektivum ineinander übergehen: Nomen erscheint nur schwach vom Verbum gesondert (da sie beide für die imperative Äusserung wichtig sind); vielfach erhalten sie dieselben Suffixe [1].

Dieselben Erwägungen lassen sich bezüglich der Verwendung des *Infinitivs* anstellen. Die sprachlich-grammatikalische Ausdrucksform des imperativen Aktes wird im ersten Halbjahr des zweiten Lebensjahres ausser des Imperativs («Gib!») vielfach durch die infinitive Form, z. B. «Spielen!», «Essen!» (imperative Funktion des Infinitivs) angedeutet, um dann später, vom zweiten Halbjahr des zweiten Lebensjahres an, allmählich die eigentliche grammatikalische Form des Imperativs anzunehmen. Aus dieser kinderpsychologischen Erfahrung dürfen wir ebensowenig auf den Primat der Infinitivform schliessen wie aus dem Vorwalten der Substantiva auf den zeitlichen Vorrang der Hauptwörter. Wiederum verwendet das Kind von den Verbalmodi zuerst oder mit Vorliebe den Infinitiv, weil die Erwachsenen die Infinitivform unzähligemal vor dem Kinde wiederholen (z. B. «Will das Kind essen, schlafen?» «Papa will mit dem Kind spielen!»), so dass das Kind bei der imperativen Sprachhandlung in der ersten Zeit, in der bekanntlich der imitative Faktor eine grosse Rolle spielt, gleichsam gezwungen ist, diese Wortbildung zu gebrauchen. Die imperative Form des Verbums eignet das Kind sich übrigens schon darum nicht so leicht an, da es den Imperativ meistens in einer affektiven Situation zu hören bekommt, die seiner Einprägung keineswegs förderlich ist.

Noch am ehesten könnte man den ontogenetischen Standpunkt bei der Frage nach der zeitlichen Aufeinanderfolge der Sprachfunktionen in solchen Fällen verwerten, in denen das Kind infolge besonderer

---

[1] A. M. HOCART, «Mama», Man, 14, 1914; C. MEINHOF, Ergebnisse der afrikanischen Sprachforschung, Arch. f. Anthropologie, IX.

Umstände die sprachlichen Ausdrucksmittel selbst zu finden gezwungen ist. Das ereignet sich bei unter Vollsinnigen aufwachsenden taubstummen Kindern. Die ersten Sprachgebärden dieser Kinder sind in der Tat von imperativer Ausdrucksform. Dasselbe lässt sich bei endogenen Schwachsinnsfällen wie auch bei sonstigen erblichen Geistesstörungen beobachten, die alle schwere Störungen des Sprachvermögens aufweisen. Soweit man aus den fragmentarischen Angaben über die aktive und passive Sprachfähigkeit von Idioten und Imbezillen schliessen kann (Perez, Pinel, Seguin, Ziehen, Boulenger, Sommer, Weygandt), lässt sich behaupten, dass junge Schwachsinnige sehr lange Zeit hindurch nur an sie gerichtete Befehlshandlungen begreifen und durch affektive Ruflaute und primitive Nachahmungslaute nichts anderes als ihr Begehren anzudeuten vermögen, mit der ausdrücklichen Intention ihrer sofortigen Erfüllung.

Die ontogenetische Entwicklung liefert demnach für die Frage nach der zeitlichen Priorität der verbalen Form des Imperativs keine sicheren Anhaltspunkte aus dem Grunde, weil die konventionelle Kinderzimmersprache der Umgebung die Verben, insbesondere die imperative Form des Tätigkeitswortes, vermeidet. Für diese Epoche der Sprachentwicklung ist nur der zeitliche und psychologische *Vorrang* der imperativen *Intention* und *Handlung* nachzuweisen, für deren Realisierung das normale und abnormale Kind alle die ihm zur Verfügung stehenden Mittel anwendet.

Wie lehrreich aber auch die Entstehung der Redeteile in der ontogenetischen Entwicklung sein möge, sie kann für das phylogenetische Problem der zeitlichen Priorität des Imperativs, worauf es hier ankommt, keine befriedigende Antwort geben. Mangels historischer Überlieferungen können wir darüber nur von der Sprachgeschichte und der vergleichenden Sprachwissenschaft Aufklärungen erhoffen. Und in der Tat findet die Priorität des Imperativs in der vergleichenden Sprachwissenschaft ihre Stütze. Schon SCALIGER [1] wies darauf hin, und seitdem findet sich diese Ansicht bei verschiedenen Autoren, so bei WUNDT [2], FR. MAUTHNER [3],

---

[1] J. C. SCALIGER, De causis linguae latinae, 1540.
[2] W. WUNDT, Die Sprache, I, S. 322, II, S. 207.
[3] FR. MAUTHNER, Kritik der Sprache, 1921, III, S. 53 ff.

Pos [1] und anderen. Der französische vergleichende Grammatiker und Sanskritist M. Bréal, der auf Grund psychologischer Erwägungen und sprachgeschichtlicher Erfahrungen den Imperativ zu den ältesten Sprachäusserungen rechnet, drückt sich in folgender Weise aus: «Les modes du commandement (l'impératif et l'optatif) appartiennent donc au plus ancien fonds du langage; ils représentent une des faces essentielles, une des attitudes maîtresses du verbe» [2]. (Die älteste Verbalform in der semitischen Sprache war der einsilbige Imperativ; aus dieser Urform entstand durch Präfixe eine erzählende, zeitlose Verbalform, der Imperfekt [3].) Das hohe Alter des Imperativs zeigt sich auch darin, dass der Imperativ morphologisch am meisten mit dem sog. *Wortstamm* übereinstimmt [4] (z. B. geh, komm, lauf, sprich, veni, scribe, cerca, paga, canta, audi, ga, kom, spreek, ἔλθε) [5].

In diesem Zusammenhang möchte ich noch darauf hinweisen, dass mit dem Primat des Imperativs der vermutete Primat des eingliedrigen Satzes besonders gut übereinstimmt. Befehlssätze sind im allgemeinen Einwortsätze, während Aussagesätze sich nur ausnahmsweise durch *ein* Wort ausdrücken lassen [6]. Hierbei sehen wir ab von den Primitivsprachen, bei denen eine scharfe Grenze zwischen Wort und Satz nicht

---

[1] H. J. Pos, Inleiding tot de taalwetenschap, Haarlem 1926.

[2] M. Bréal, Les commencements du verbe, Mém. soc. ling. de Paris, XI, 1900, S. 276.

[3] C. Brockelmann, Semitische Sprachwissenschaft, 1916.

[4] Es sei bemerkt, dass dieser Satz nicht für alle Verbenstämme gilt, denn es gibt eine Anzahl von Stämmen, die infolge ihrer Bedeutung in imperativem Sinne nicht verwendet werden können, wie z. B. geboren werden, tot sein, tönen, wohnen usw.

[5] Dass der Imperativ die Wurzel des Wortes zeigt, lässt sich als Argument für die Ursprünglichkeit des Imperativs nur dann verwenden, wenn man der Lehre von der ursprünglichen Existenz der Wurzeln als Wörter, d. h. der Annahme, dass die Wurzeln jemals als Wörter real existierten, Glauben schenkt. Fasst man die Wurzel nur als ein «ideales Bedeutungszentrum» auf, wie Delbrück in seiner «Einleitung in die Sprachwissenschaft» (S. 74) sie bezeichnete, dann kommt sie als Stütze bei unserer genetischen Theorie des Imperativs nicht in Betracht.

[6] Nach Paul gehören zur Satzbildung stets zwei Glieder. Die sog. Einwortsätze entstehen nach ihm dadurch, dass das psychologische Subjekt keinen sprachlichen Ausdruck findet (z. B. genug, komm, ja, nein); im eigentlichen Sinne sind sie auch zweigliedrige Sätze.

besteht, bei denen ein einziges Wort durch verschiedene Prä- und Suffixe den Sinn des Wortes so verändern und vermehren kann, wie wir es in unserer Sprache nur durch mehrgliedrige Sätze zum Ausdruck bringen können (siehe Kainz II, S. 146). Auch die Erfahrung, dass die Gebärden-sprache, diese gegenüber der Lautsprache primitiv zu nennende Kom-munikationsform, den Imperativ relativ am adäquatesten auszudrücken weiss, während die indikativen Angaben mittels konventioneller (sym-bolischer) Gebärdenzeichen nur schwer und umständlich wiedergegeben sind, liesse sich auch für das besonders hohe Alter der imperativen Sprachfunktion anführen.

Auf die grössere Ursprünglichkeit des Imperativs gegenüber den an-deren Modi der Verben deutet auch der Umstand hin, dass der Imperativ in keiner verbalen Sprache fehlt und in allen Stufen der Entwicklung be-stehen bleibt, während die anderen Modi durch andere Modusformen leicht verdrängt werden können (Wundt II, S. 205). Ferner zeigt sich, dass der Imperativ keine Multifunktionalität in dem Sinne hat, dass er eine andere Modusform vertreten könnte, während der Indikativ ohne weiteres die imperative Funktion übernehmen kann, z. B. «Ihr tut das sofort!» «Du gehst hin und holst es!» Des weiteren ist die lautsprachliche Im-perativform noch immer von Gebärden und von expressiver Artikulations-mimik und -motorik begleitet, eine Erscheinung, die auf archaische Verhältnisse hinweist, zumal sie bei den heutigen Naturvölkern zu den konstitutiven Bestandteilen der Sprache gehört. Übrigens ist es nur natürlich, dass eine Sprachform wie der Imperativ, in der sich im wesent-lichen ein affektives Erlebnis ausdrückt, dem Urtyp des Sprachausdruckes näher steht als der Indikativ, der eine objektive und mehr vom Intellekt abhängige Stellungnahme voraussetzt.

Vom phylogenetischen Gesichtspunkt aus ist noch zu erwähnen, dass Befehle oder Aufforderungen vermittels Laut und Gebärde auch den Tieren leicht verständlich sind. Die ganze Dressur von Haus- und wilden Tieren beruht auf der Erfahrung, dass Tiere gewisse oft wieder-holte Befehlsakte verstehen können. Es sei noch daran erinnert, dass die Lock- und Aufforderungsrufe des Tieres die primitivsten Formen des sprachlosen «Imperativs» darstellen. Sofern das Tier überhaupt die

Fähigkeit hat, mit seinen Genossen und der menschlichen Umgebung mittels Lauten in Kontakt zu treten, so manifestiert sich dies ausschliesslich oder mindestens vorwiegend in der Form eines Aufforderungsaktes. Dieser ist zwar mit der sprachlich-grammatischen Form des Imperativs nicht zu vergleichen, er lehnt sich jedoch der Intention, der Expressivität und der Wirkung nach dem Imperativ der Sprache an. Analoga zu anderen Funktionen der Verben zeigen Ausdrucksformen der Tiere nicht.

b) Die «Imperativsprache»

Gehen wir von der These der Ursprünglichkeit der imperativen Handlung und der Priorität des verbalen Imperativs aus und halten wir an der entwicklungsgeschichtlichen Relation zwischen Aufforderungsruf und Imperativ fest, so lässt sich eine Übergangsform rekonstruieren, die zwischen der wortlosen Aufforderung einerseits, der durch die erwähnten drei Spezialfunktionen bestimmten Sprache andererseits einzuschalten wäre. Diese *Frühform* der Sprache hätte den Charakter einer *Imperativsprache*.

Nehmen wir an, dass es in der Urzeit der Menschheit eine Periode gab, in der der «Urmensch» begann, seine Begierden und Wünsche statt durch unartikulierte und undifferenzierte Laute und Bewegungen durch eine Anzahl artikulierter und differenzierter Lautgebilde, also durch Worte, zum Ausdruck zu bringen, die dem Zweck der Verständigung besser entsprachen und dem geistigen Niveau des nach Fortschritt strebenden Urmenschen besser angepasst waren; und stellen wir ferner die psychologisch wie sprachgeschichtlich berechtigte Hypothese auf, dass diese triebhafte Tendenz sich zuerst in einer Sprache kundgab, die vorzugsweise durch ihren imperativen Charakter gekennzeichnet war: so sind wir bei der ersten, allerdings noch unentwickelten und unvollständigen Stufe der Sprache angelangt, bei der «Sprache», die nur *eine* der konstituierenden Spezialfunktionen der Sprache in ihrem vollen Umfang besass, nämlich die imperative, während sie die indikative, die Anzeigefunktion, nur in ihren ersten Ansätzen aufwies.

Um jedes Missverständnis auszuschliessen, wollen wir in Übereinstimmung mit dem bereits oben Gesagten bemerken, dass wir unter Imperativsprache nicht eine solche verstehen, die nur Verba enthält und selbst diese ausschliesslich in imperativer Form. Worauf es hier ankommt ist eine Sprache mit vorwiegend imperativer *Funktion*. Es lässt sich natürlich heute nicht mehr ausmachen, ob es in der Sprachentwicklung jemals ein Stadium gegeben hat, in dem die imperative Funktion eine so überragende Rolle gespielt hat; die lebenden und alten Sprachen sind zu weit über das Ursprungsstadium hinausgewachsen, um über die Frühformen Aufklärung geben zu können. Falls es aber eine solche Phase jemals gab, so ist es unwahrscheinlich, wenn nicht direkt undenkbar, dass der sprechende Mensch in dieser Periode der Sprache sich ausschliesslich auf imperative Ausdrücke, geschweige denn auf Verben beschränkt hätte. Dies wäre eine Vorstellung, die sich nur auf die Abstraktion der Grammatik, nicht aber auf die lebendige Sprache, auf die konkreten Sprachhandlungen, gründet. Die hypostasierte Imperativsprache musste reichhaltiger gewesen sein als auf Grund einer abstrakten Konstruktion vorzustellen ist, zumal die Wörter ursprünglich aus der Rede hervorgegangen sind und nicht umgekehrt, die Rede aus den selbständigen Wörtern. Wie primitiv man sich auch die imperative Frühsprache denken möge, sie muss vom Beginn an ausser Verben notwendig auch andere Wortkategorien, Hilfswörter und in erster Linie deiktische Partikel, wie «hier», «dort», «dieser» usw. umfasst haben, die sich zunächst auf räumliche, nachher auf zeitliche und personale Beziehungen bezogen [1]. Andererseits muss man sich bei der Rekonstruktion der imperativen Ursprache auch hüten, von den hochentwickelten Sprachen auszugehen. In der vollwertigen Sprache wird das Verbum nur in Verbindung mit Nominalbegriffen, d. h. mit substantivischen Gegenstands- und adjektivischen Eigenschaftsbegriffen verwendet. Das ist aber für die Rekonstruktion des sprachlichen Urzustandes keineswegs

---

[1] Die Beziehungswörter konnten zunächst ganz konkret sein, also anstatt «hier» oder «dieser» konnte man Wörter gebraucht haben, die die konkrete Situation eindeutig zum Ausdruck brachten, wie wir das z. B. in der Klamath-Sprache sehen, in der die räumliche Beziehung «dieser» in verschiedener Weise ausgedrückt wird, je nachdem das Objekt beseelt oder unbeseelt ist, sich sehr nahe befindet oder so weit, dass es eben berührt oder gesehen werden kann (siehe GATSCHET, The Klamath-Language, S. 538 ff.).

massgebend, zumal Sätze, Wortkomplexe, selbst ganze Berichte durch Sprachgebilde einfachster Art ersetzt werden können. Eine derartige Sprachform, die besonders gut mit einer Imperativsprache zu vereinigen ist, lässt sich bei verschiedenen primitiven Sprachen feststellen, die ganz verschiedene Situationen und Handlungen durch Umwandlung desselben Wortes zum Ausdruck bringen, demzufolge durch eine relativ kleine Anzahl von Wörtern und grammatischen Formen eine Mannigfaltigkeit von Aussagen, Berichten, Befehlen kundzugeben imstande sind. Es ist interessant und dient zur weiteren Unterstützung unserer Vorstellung von der frühesten Form der Sprache, dass in diesen Sprachen die Bedeutungsäusserung durch Umwandlung sich vornehmlich auf das Verbum bezieht, ferner, dass die Verben eine ideogrammatische Bedeutung besitzen, d. h. sie stellen nicht bloss eine spezifische Tätigkeit, sondern in den verschiedenen Umbildungsformen auch verschiedene konkrete Situationen dar, die in unseren Sprachen nur durch mehrgliedrige Satzbildungen möglich ist. In den Bantusprachen werden. z. B. durch Hilfswörter eine Anzahl von Imperativformen gebildet, von denen jede eine bestimmte konkrete Situation anzeigt, wie z. B.: «Besteige den Hügel!», «Besteige sogleich den Hügel!», «Vorwärts, besteige den Hügel!», «Geh und besteige den Hügel!» usw. [1]. Daraus liesse sich schliessen, dass, wie in vielen Sprachen der Naturvölker, auch in den Ursprachen der Menschheit die Verba und bis zu einem gewissen Grade auch die Imperativa auch ohne andere Redeteile Gesamtsituationen oder -handlungen in konkreter Form zum Ausdruck bringen konnten. Die sog. Ursprachen, die im wesentlichen aus «Satzwörtern» bestanden haben dürften, konnten vieles kundgeben, was unsere Sprache ohne Hilfe von Wort- und grammatischen Kategorien darzustellen nicht imstande ist. Setzen wir voraus, dass in uralten Zeiten die ideogrammatische Bedeutung der Verba die Sprache des Menschen durchweg beherrschte, so sind wir berechtigt, die supponierte Imperativsprache uns sowohl grammatikalisch wie lexikalisch sehr primitiv vorzustellen.

Mit der Imperativsprache treten wir in die Frühgeschichte der Sprache.

---

[1] TORRENEL, Comparative grammar of the South-African Bantu-Languages, S. 231. Vgl. LÉVY-BRUHL, Fonctions mentales dans les sociétés inférieures, S. 160 ff.

Sie ist eine hypothetische Phase, der vermutliche Anfangspunkt der Sprachentwicklung überhaupt. Wie wir schon oben erwähnt haben, lässt sich diese Frühstufe aus dem uns historisch überlieferten Material nicht nachweisen. Andererseits wird die reale Existenz dieser hypothetischen Frühform der Sprache durch die Kinderpsychologie und die Linguistik wahrscheinlich gemacht. In der Kindersprache begegnet man einer Art von Imperativsprache, wenn nämlich das Kind am Ende der vorsprachlichen Periode beginnt, die spontan entstandenen Zurufe und Anrufe durch meistens im affektiven Zustand ausgelöste, imperativ intendierte Worte zu ersetzen. Und aus der Linguistik haben wir gelernt, dass die imperative Verbalform zu den allerältesten sprachlichen Äusserungen gehört, eine Feststellung, die zweifellos für unsere Annahme spricht.

Unserer Ansicht nach kann also die ursprünglichste Form der sprachlichen Verständigung schwerlich eine andere gewesen sein als ein System von ein- und zweigliedrigen und subjektlosen Aufforderungs- und Rufsätzen, d. h. Tätigkeitswörter in Verbindung mit auf Personen, Dinge und Orte hinweisenden Gebärden und Wörtern. SCHUCHARDT tritt für die eingliedrigen Ursätze ein, wahrscheinlich beeindruckt durch die Ontogenese, in der tatsächlich zuerst aus Verba oder Substantiva gebildete eingliedrige Sätze auftreten. In der Phylogenese, wo es sich um erwachsene Menschen und nicht um in jeder Hinsicht unentwickelte Wesen handelt, konnten eingliedrige imperative Sätze infolge der oben angeführten Gründe nur ausnahmsweise vorkommen.

Auf einer höheren Stufe musste die Imperativsprache imstande gewesen sein, ausser an bestimmte Personen Aufforderungen zu richten und die Anwesenheit des Kundgebenden und des Kundnehmenden mittels spezifischer Rufe anzugeben, ferner die allergewöhnlichsten Ort- und Zeitbestimmungen (hier, dort, hinten, drinnen, jetzt, später) und die volitionalen Ausdrücke «ja» und «nein» durch Wortsymbole zu bezeichnen, auch noch gewisse possessive und auch personale Beziehungen (mein, dein, ich, du, wir) anzudeuten. Trotz solcher Zufügungen und Abwandlungen muss das ganze Sprachmaterial im Urzustand der Sprache in den Dienst der imperativen Handlung und Haltung gestellt gewesen sein, d. h. die Wörter wurden in überwiegender Zahl der Fälle in volitionalem Sinn gebraucht. Da in der Imperativsprache bereits Zeichen für örtliche Bestimmungen vorhanden sein mussten, also Ansätze zu dem Indikativ, konnte es nicht sehr lange dauern, bis endlich jene Stufe erreicht wurde, auf der die Indikativform in ihrer grammatikalischen Gestalt einsetzte.

In diesem Zusammenhang möchten wir mit einigen Worten auf den Vokativ und Optativ hinweisen, weil vermutlich beide zu den Bestandteilen der archaischen Sprache gehörten.

Der *Vokativ* gehört in das Gebiet der imperativen Sprachfunktion. Vom psychologischen Gesichtspunkt aus erscheint die Auffassung, dass der Vokativ mit dem Imperativ zugleich entstanden, folglich chronologisch dem Indikativ vorausgegangen ist, annehmbar. Vokative und imperative Ausdrücke sind nämlich durch ihren Gefühlsgehalt, ihre (äussere) Erscheinungsform (Intonation und Modulation) und ihre Funktion miteinander so sehr verwandt, dass eine prinzipielle Trennung unberechtigt erscheint. Die Wortgebilde, wie: «Komm!», «Geh!» oder: «Karl!», «Mutter!», «Hallo!», «Höre!», sind durch die gleiche Situation zustande gekommen, bringen dieselbe Absicht und dieselben sachlichen Beziehungen der Objekte des Denkens und Wollens zur Darstellung.

Auch in der Sprachgeschichte lassen sich zugunsten des Zusammenhanges zwischen Imperativ und Vokativ Anhaltspunkte finden. Darauf scheint die Tatsache zu weisen, dass von den acht Kasus des Sanskrit (Nominativ, Genitiv, Dativ, Akkusativ, Ablativ, Lokativ, Instrumentalis, Vokativ) der Vokativ als Imperativ in nominaler Form von vornherein eine besondere Stellung einnimmt. BRUGMANN und DELBRÜCK nehmen zu dieser Frage keine endgültige Stellung ein. Einerseits stellen sie für die indogermanischen Sprachen die Hypothese auf, dass der Injunktiv — der als die dem Vokativ entsprechende Modusform anzusehen ist — ursprünglich keine selbständige Modusform war, sondern eine Abspaltung des Indikativs [1], andererseits behaupten sie, dass beide Arten

---

[1] K. BRUGMANN und B. DELBRÜCK, Grundriss der vgl. Grammatik der indogermanischen Sprachen, II, IV, 2, 3, S. 808.

von Wortformen, Imperativ und Vokativ, ihrem Wesen nach besonders eng miteinander verwandt sind, weil sie den Naturlauten näher
geblieben sind als andere Wortformen und überall noch den Charakter
einer interjektional betonten konkreten Vorstellung hervorkehren (2, 1,
S. 43). Darüber scheint aber Einigkeit zu herrschen, dass der Imperativ
mit dem Vokativ zu den ältesten grammatikalischen Formen gehört.
Diese Ansicht erhält dadurch eine weitere Stütze, dass in den meisten
Fällen der Vokativ ebenso wie der Imperativ den *Stamm* der Wörter
darstellt.

Als eine abgeschwächte Form des Imperativs kann der *Optativ* angesehen werden, der ontogenetisch und wahrscheinlich auch phylogenetisch auf einer relativ späten Stufe der geistigen Entfaltung einsetzte. Das kleine Kind fordert, es wünscht zunächst nichts. Wünschen
heisst mit der Möglichkeit einer Abweisung rechnen. Diese Einstellung
steht mit dem triebhaften Wesen des kleinen Kindes in Widerspruch.
Das scheint der Grund zu sein, warum Kinder sich so schwer entschliessen,
um etwas zu bitten. Bitten bedeutet wünschen, folglich die Möglichkeit
des Misserfolges mit in Kauf zu nehmen. Dazu reicht das geistige Niveau
des Kleinkindes nicht aus.

Der grammatikalischen Form und dem phonologischen Charakter nach
unterscheidet sich gewiss der Optativ vom Imperativ, nicht aber der
Intention nach; und eben darauf kommt es hier an. Zwischen reinen
imperativen und optativen Sprachhandlungen gibt es zahlreiche Übergänge, die wieder durch die Intonation aufgehoben werden können.
Die konventionellen Redeformen liefern zahlreiche Beispiele für solche
in optativer Form zum Ausdruck gebrachten Imperativen. Man kann
z. B. den Satz: «Schreiben Sie gefälligst einen Brief an X» so akzentuieren,
dass er einen apodiktisch imperativen Charakter erhält.

Durch den Hinweis auf eine prähistorische Sprache, auf die sog. Imperativsprache, ferner durch den Nachweis der engen Relation zwischen
Aufforderungsruf und dem sprachlichen Imperativ, haben wir die Frage
nach der *Genese der Sprache* beantwortet in dem Sinne, dass wir die
von gleichen Tendenzen getragenen primitiven Verständigungsformen

mit der Sprache in entwicklungsgeschichtliche Beziehung brachten, die
Entstehung der funktionsreichen Lautsprache als ein aus nicht-sprachlichen Kommunikationsformen stufenweise hervorgegangenes Entwicklungsprodukt hinstellten und diese Annahme durch schwerwiegende Argumente aus der Onto- und Phylogenese des Menschen und aus der Sprachgeschichte begründeten.

Der kategorische Charakter des Aufforderungsrufes und der tief in die
vorgeschichtliche Zeit verlegte Ursprung des Imperativs erlauben uns anzunehmen, dass die verbale, grammatische Imperativform — vermutlich
eine der ersten sprachlichen Äusserungen — nicht nur zeitlich dem Aufforderungsruf folgte, sondern gleichsam aus ihm hervorging, so dass der
letztere als *unmittelbare Vorstufe*, die erstere als die *Frühform* der Sprache
zu betrachten ist. So lässt sich der Aufforderungsruf oder der wortlose
Anruf als Bindeglied zwischen den nicht-sprachlichen und sprachlichen
Kommunikationen stellen: hinsichtlich der Wortlosigkeit gehört er zu
den vorsprachlichen Verständigungsformen, bezüglich des imperativen
Charakters schliesst er sich unmittelbar dem sprachlichen Imperativ àn.

Die weitere Ausbildung der Sprache im allgemeinen und im besonderen,
ihre Veränderung, Differenzierung und Individualisierung, ihre generellen
und speziellen Bildungsgesetze, ihre grammatikalische und syntaktische
Gliederung, ferner der Charakterausdruck und Individualität der verschiedenen Sprachen und weitere sprachgeschichtliche und sprachpsychologische Probleme liegen ausserhalb unserer Aufgabe.

Zum Schluss möchten wir noch mit einigen Worten auf die Beziehung
der Lautsprache zu der Gebärdensprache eingehen.

Bei der Darstellung der Kommunikationsformen haben wir uns auf
die Lautsprache beschränkt. Da die Lautsprache das Verständigungsmittel par excellence darstellt, demgegenüber die Gebärden nur zu ihrer
Unterstützung und Ergänzung dienen und als Glieder einer selbständigen
und mehr oder weniger autonomen Gebärdensprache nur ausnahmsweise
zur Geltung kommen, glauben wir berechtigt zu sein, von einer speziellen
Behandlung der Sprachgebärden absehen zu dürfen. Dazu fühlen wir uns
um so mehr berechtigt, da anzunehmen ist, dass sich die kommunikativen
Gebärden analog den lautlichen Gebilden entfaltet haben. Und es zeigt

sich auch in der Tat, dass die Entwicklungsphasen der Lautsprache sich bei der Gebärdensprache unschwer aufzeigen lassen.

Der Gesamtheit der Lautäusserungen entsprechen im Gebiete der Ausdrucksbewegungen bzw. der Gebärden die folgenden kinästhetischen Manifestationen:

Das Analogon der blossen emotional fundierten Laute bilden die reflektorisch ausgelösten *expressiven Bewegungen* des Gesichtes und des Gesamtkörpers. Wie der Laut als solcher hat auch die Ausdrucksbewegung als solche keine Beziehung zu der Sprache. Beide bilden nur die physiologische Vorbedingung der Sprachtätigkeit. Dem Kontaktlaut entspricht der körperliche Kontakt, der *Berührungskontakt*, der eine viel allgemeinere und biologisch betrachtet ursprünglichere Kontaktäusserung darstellt als der Kontaktlaut. Auch Zuruf und Anruf haben im Gebärdensystem ihre Analoga. Der unpersönliche Zuruf wird hier durch *mimische und pantomimische Kontaktbewegungen* ersetzt. Beispiele dafür findet man im sozialen Verkehr der kleinen Kinder und der Tiere in grosser Anzahl. Man denke an die spontanen und lebendigen Armbewegungen des Kleinkindes, mit deren Hilfe es seine Wünsche der jeweiligen Umgebung kundzugeben bestrebt ist. Aus der Tierwelt lassen sich die Schaustellungen auffallend gestalteter oder gefärbter Körperteile seitens des Männchens, das Mienenspiel und das Zähnfletschen der Säuger, die Balzstellung der Vögel usw. anführen. Hierher gehören auch das Klatschen der Hände oder andere geräuscherzeugende Bewegungen, insofern sie die Anwesenheit oder die Willens- oder Gemütsäusserung des Kundgebenden mitzuteilen beabsichtigen. Was die Anrufe anbelangt, so entsprechen ihnen im Gebiete der Sprachgebärden die *befehlenden und weisenden Handbewegungen* und die intendierte *Gesichtsmimik*. Solchen «Bewegungsanrufen» begegnen wir unzähligemal in der Gebärdensprache der Normalen und der Taubstummen. Schliesslich treten in der Gebärdensprache an Stelle der Lautworte symbolische Gebärdenzeichen auf, die den Namen *Wortgebärden* führen.

9. DIE ENTWICKLUNGSGESCHICHTLICHE BEDEUTUNG DER KONTAKTTHEORIE

In bezug auf die Sprachentwicklung haben wir *drei Phasen* unterschieden, nämlich als erste die Vorgeschichte, die das mutmassliche Vorbereitungsstadium der Sprache bildet, als zweite die Frühgeschichte, die die ersten Anfänge der Sprache umfasst und zu der hypothetischen Urform der Sprache führt, und als dritte Phase die eigentliche Sprachgeschichte, die auf Grund historischer Sprachdenkmäler und linguistischer Forschungsergebnisse die Entwicklung der Sprachen darlegt. Unseres Erachtens handelt es sich hier um drei zeitlich scharf voneinander getrennte Stadien, in denen die Entwicklung der Kommunikationsformen vom Zuruf zum Wort allmählich vor sich ging, und zwar in der Weise, dass die höhere Form durch Umbildung, Wandel und Bereicherung aus der weniger differenzierten hervorging [1]. Diese genetische Auffassung liegt der *Dreiphasentheorie* zugrunde.

Der genetische Zusammenhang zwischen den zeitlich aufeinanderfolgenden Stadien tritt besonders deutlich bei den nichtsprachlichen Verständigungsformen in Erscheinung. Bei jedem Kind lässt sich im prälingualen Stadium beobachten, wie der anfänglich undifferenzierte Zuruf allmählich, ohne nachweisbaren Sprung, in den differenzierten Anruf übergeht und wie der diffuse Charakter des ersteren nach einem Umbildungsprozess prägnante, strukturierte Form erhält. Noch deut-

---

[1] Steht jemand der Lehre der tierischen Abstammung der Menschen mangels direkter Beweise oder aus anderen Gründen skeptisch gegenüber, so braucht er den Zu- und Anruf nicht als Vorstufen zu betrachten, aus denen die menschliche Sprache durch stetige Entwicklung oder sprunghafte Mutation entsprang, sondern einfach als zweckdienliche Lautäusserungen, die bei Tieren und Menschen infolge ihrer biologischen Verwandtschaft vorhanden sind. Die Überzeugungskraft unserer entwicklungspsychologischen Theorie ist demnach unabhängig davon, wie man sich gegenüber der Abstammungslehre des Menschen verhält.

licher macht sich der Übergang bei schlechthörenden Kindern geltend. Infolge der Verzögerung in der Entwicklung des geistigen Gesamtverhaltens und der Rückständigkeit auf sprachmotorischem Gebiet dauert die Umbildung von den blossen Ausdruckslauten bis zum lautlichen Ausdruck des Bedürfens und Wünschens vermittels Zuruf und Anruf unverhältnismässig länger als bei normalen Kindern, so dass die Übergänge bei ihnen deutlicher wahrzunehmen sind. Die Berechtigung dieser entwicklungspsychologischen Interpretation lässt sich auch durch tierpsychologische Erfahrungen unterstützen. Obgleich zum Zwecke der gegenseitigen Verständigung Zurufe durch eine grosse Anzahl von Tieren gebraucht werden, begegnen wir Anrufen nur bei in menschlicher Umgebung aufgewachsenen und durch Domestikation und Züchtung besonders anpassungsfähigen Tieren. Selbst unter diesen dürfen sich die intelligenteren Individuen durch das Ausmass, in welchem sie Anrufe bei verschiedenen Gelegenheiten anwenden, auszeichnen.

Ein analoger genetischer Zusammenhang wird sich auch zwischen Anruf und Wort annehmen lassen, wenngleich hier die Umbildung der Signalfunktion in Symbolfunktion wegen der grundsätzlichen Verschiedenheit der Ausdrucksweise und der mächtigen Erweiterung der Ziele beim Einsetzen der Lautsprache nicht nachweisbar ist. Dass die beiden Verständigungsmittel dennoch Glieder *einer* Entwicklungsreihe bilden, lässt sich mit einiger Wahrscheinlichkeit daraus schliessen, dass die Anrufe der Menschen so leicht in ein- oder zweigliedrige Imperativsätze übergehen und dass die mehr oder weniger artikulierten wortlosen Zu- und Anrufe des Kleinkindes und des primitiven Menschen so unmerkbar die Gestalt der Einwortsätze annehmen. In diesem Zusammenhang kann man die Aufmerksamkeit auch auf die grosse Affinität zwischen dem interjektionalen Aufforderungsruf und dem verbalen Imperativ lenken. Das tritt einmal in der phänomenalen Ähnlichkeit beider Äusserungen in bezug auf Tonhöhe, Betonung, Dauer, Reduplikation in Erscheinung, dann darin, dass auch in der entwickelten Sprache noch vielfach Befehle durch wortlose Zu- und Anrufe gegeben werden, wie sich das bei mit angespannt lauter Stimme hervorgebrachten und auf Fernwirkung berechneten Befehlen, Mitteilungen und Warnungsrufen der Fall ist.

Dass der entwicklungspsychologische Standpunkt auch bei den Sprach-funktionen zu verwerten ist, haben wir nachgewiesen. Allerdings be-schränkt sich dieser auf den Imperativ und Indikativ. Dass Indikativ eine spätere Äusserungsform ist als der Imperativ, steht nach unseren Ausführungen ausser jedem Zweifel. Zwar wird er schon während der Periode der Imperativsprache eingeleitet, in der die deiktischen Partikel unzweideutige Ansätze zur indikativen Aussage zutage fördern, seine spezifische Form indessen erhält er erst später. Die zeitliche Posteriorität der interrogativen Funktion ist nur in der ontogenetischen Sprachentwicklung nachzuweisen.

Die entwicklungspsychologische Auffassung bezüglich der Entstehung der Sprache gipfelt also in der *Stufentheorie*, die die erste Entwicklung der Kommunikationsformen von den ersten Anfängen bis zu ihrer vollen Ausbildung auf Grund der Tatsachen der vergleichenden Psychologie rekonstruiert, indem sie die Stufen aufzeigt, die in immer differenzierterer und inhaltlich wie strukturell reicherer Form zu der letzten Phase der Entwicklung, zu der Sprache führen. Vorausgesetzt, dass der Mensch sich allmählich aus primitiveren Lebewesen entwickelt hat — wie dies durch die traditionelle Entwicklungslehre gelehrt wird — musste er durch diese Stufen hindurchgegangen sein, bevor er endlich zu der Laut-sprache gelangte. Diese Stufen werden den drei *Phasen* der im weitesten Sinne verstandenen Sprachentwicklung, nämlich der Vor-, Früh- und Sprachgeschichte, zugeordnet, die die Fundamente der *Dreiphasen-theorie* bilden.

Entwicklungsgeschichtlich verdient unsere Theorie der Sprachentste-hung auch darum eine besondere Beachtung, weil im Sinne dieser Theorie die mutmasslichen Vorstufen ohne grossen Sprung in die Frühstufen der Sprache übergehen und weil selbst vor dem letzten entscheidenden Schritt zur Vollsprache eine Übergangsform, nämlich die Imperativ-sprache, einzuschalten ist, die vermutlich der Sprache als ihre erste Manifestation voraneilte.

Wenn wir zu den drei Stufen der Kommunikation noch als vorbereiten-den Vorgang den Kontaktlaut zufügen, so können wir die Entwicklungs-reihe der lautlichen Kontaktmittel in folgender Weise veranschaulichen:

Stufen	Phasen	Formen	Funktionen
Kontaktlaut	Vorbedingung der Sprache	Vorform der Kommunikation	
Zuruf	Vorphasen der Sprache	Urform der Kommunikation	
Anruf		Vorform der Sprache	Imperative Funktion
Wort	Frühphase der Sprache	Frühform der Sprache	Imperativsprache
	Geschichtliche Phase der Sprache	Urform der Sprache	Sprache mit drei Hauptfunktionen bei sonst primitiver Struktur
		Ausgereifte Sprache	Lexikalisch und grammatikalisch entwickelte Sprachen

Die primitivste Kontaktform, der Kontaktlaut bildet mit dem Zu- und Anruf die Vorbedingung bzw. die Vorphasen der Sprache. Die eigentliche Entwicklungsgeschichte der Sprache nimmt mit dem Auftreten des Wortlautes ihrenAnfang. Sie manifestiert sich anfänglich in der unvollkommenen Imperativsprache, die in die alle drei fundamentalen Sprachfunktionen umfassende Urform der Sprache einmündet. Mit dieser anfänglichen Form schliesst die Frühgeschichte der Sprache ab. Derselbe Anstoss, der die Sprache zur Entstehung brachte und den Urmenschen zum Menschen machte, behält seine schöpferische Kraft während der ganzen Geschichte der Sprache. Die Lautsprache wird allmählich differenzierter, der Wortschatz, die grammatischen Kategorien und syntaktischen Verhältnisse werden mannigfaltiger und ausdrucksvoller. Das Einsetzen des Konjunktivs und der zusammengesetzten Zeiten, ferner der wachsende Reichtum an Substantiven, Adjektiven, Adverbien, Pronomina, Numeralia, verleiht der Sprache eine Ausdruckskraft von unübersehbarer Mannigfaltigkeit, die den Menschen befähigt, seine geistige Spontanität in allen zur Darstellung geeigneten Gebieten zu realisieren und ein

System von Begriffen von erstaunlicher Reichhaltigkeit und feinsten Bedeutungsnuancen zu bilden.

Auch innerhalb des kommunikativen Gebärdensystems und Mienenspiels vollzieht sich unter Mitwirkung der Lautsprache eine sehr bemerkenswerte Evolution. Ausser den expressiven und unmittelbar verständlichen Gebärden wird die Verständigung durch Erfindung und Anwendung der Schrift intensiver und umfangreicher. Die Überlieferung der Erfahrungen, Kenntnisse und Ideen durch Sprache und Schrift übt einen mächtigen Einfluss auf die Menschheit aus und bringt einen geistigen Kontakt zwischen Generationen und Völkerschaften zustande. *So verbindet die Sprache und die Schrift infolge ihres geistigen Gehaltes Räume und Zeiten, erstreckt ihre Wirksamkeit in die Ferne und die Zukunft. In dieser Weise gestaltet sich die Sprache in rastloser Tätigkeit unter dem Einfluss der steigenden Bedürfnisse und im Drang nach Fortschritt im Rahmen der Laut- und grammatischen Gesetze und bei Vermehrung des lexikalischen Stoffes zu einem nie versiegenden Mittel des Denkens, der Verständigung und Überlieferung, des Schaffens und des Ausdrucks.*

10. DER LOGISCHE AUFBAU DER KONTAKTTHEORIE

Der Aufbau der hier dargestellten Kommunikationsformen ist meines Erachtens *systematisch* und *genetisch* einwandfrei. Systematisch, weil *alle* wesentlichen in der Erfahrung vorkommenden und durch Laute und Gebärden zustande gekommenen Verständigungsformen berücksichtigt sind und miteinander ein natürliches System mit steigender, wachsender Richtung bilden; ferner, weil die gattungsmässige Gemeinsamkeit der Stufen durch das Vorhandensein einer alle Kommunikationsformen beherrschenden Tendenz, die Kontakttendenz, gesichert ist. Genetisch, weil jede höhere Entwicklungsform sich als Fortbildung einer niedrigeren erweist. Somit gestattet unsere Lehre als eine *allgemeine Theorie der Kommunikationsformen*, die tier-, kinder- und sprachpsychologischen Erfahrungen und sprachhistorischen Tatsachen in weitem Ausmass zu verwerten, einander anzugliedern und in ein System einzufügen. Insbesondere gilt dies von unseren entwicklungspsychologischen Anschauungen hinsichtlich der Verständigungsformen und Funktionen. Jedes Element der Sprachbildung wird dort eingesetzt, wo es ungehindert wirken kann, und tritt dort in den Hintergrund, wo andere Kräfte die Bildung und Entfaltung der Kommunikationsformen übernehmen. Dabei wird stets darauf geachtet, dass zwischen den einzelnen Etappen der Sprung möglichst klein sei, dass dabei aber vermieden werde, den Sprung durch willkürliche Konstruktionen zu überbrücken oder zu verwischen. Die von uns aufgezeigten *drei Stufen der Verständigungsformen* und die *drei Phasen der Sprachentfaltung* gehen so natürlich ineinander über, dass man kein Bedürfnis spürt, nach feineren, zugleich aber weniger sicheren Zwischenstufen zu suchen oder sie zu postulieren.

Die allgemeine wissenschaftliche Bedeutung der Kontakttheorie kommt darin zum Ausdruck, dass sie durch drei voneinander unabhängige, erst infolge der gemeinschaftlichen Intention und des genetischen Verbandes miteinander in Zusammenhang gebrachte Lehren gebildet ist, nämlich erstens durch die *allgemeine Lehre der Kontaktformen* (Kap. 7. III.), zweitens die *Lehre von den Sprachfunktionen* (Kap. 6. II.) und drittens die *Stufentheorie* (Kap. 8. III.). Infolge der Erforschung dieser Fundamentalprobleme wächst unsere Untersuchung weit über die Frage nach dem Sprachursprung hinaus und stellt gleichsam eine neue *Grundlegung der Sprachpsychologie* dar.

Überblicken wir die Gesichtspunkte, die wir bei der Behandlung des Kommunikationsproblems verwandt haben, so zeigt sich, dass der Kontakttheorie drei Begriffssysteme von je drei Begriffen zugrunde liegen, nämlich *drei Kontaktbegriffe* (triebhafter, seelischer und geistiger Kontakt), *drei Stufenbegriffe* (Zuruf, Anruf und Wort), *drei Funktionsbegriffe* (imperative, indikative und interrogative Funktion), wozu noch *drei Phasenbegriffe* (Vor-, Früh- und Vollphase der Sprache) gefügt werden können.

Diese drei bzw. vier Begriffstriaden zeichnen sich dadurch aus, dass die Glieder jeder Trias die Unterarten eines übergeordneten Gattungsbegriffes darstellen, denen sich die ganze Mannigfaltigkeit der Einzelgebiete unterordnen lässt.

Wenn man sich vergegenwärtigt, wie auf allen Gebieten menschlicher Betätigungen das Prinzip der Dreiteilung verbreitet ist, und wenn man sich weiter bewusst macht, welche begriffliche Geschlossenheit die Begriffstriaden zu den klassifizierenden Erscheinungen, Akten, Ereignissen gewähren und welche Vorteile aus der Gliederung in drei erwachsen, so gelangt man zu der Überzeugung, dass es sich hierbei um ein *allgemeines Prinzip des Ordnens, des Gliederns und des Gestaltens* handelt [1]. Es ist keineswegs ausgeschlossen, dass unsere geistige Or-

---

[1] Die Dreiteilung kommt im Gebiete der Sprachwissenschaft sehr oft in Verwendung. So begegnen wir Begriffstriaden bei der Klassifikation der Relationsfundamente der Sprache: Sprecher, Angesprochener und kundgebender Sachverhalt; bei der Einteilung der Sprachen: Wurzelsprache, agglutinierende Sprache und Sprache mit Flexionsformen (A. Schleicher) oder Sprachen ohne jede grammatische Struktur, Sprachen mit Affixen und mit Flexionen (A. W. Schlegel), oder nichtflexionale, flexionale und analytische Sprachen (J. Grimm). In der

ganisation so beschaffen ist, dass wir von Natur aus die Tendenz haben, die Komplexbildung und Komplexzergliederung auf die kleinstmögliche Zahl von Bestandteilen zu reduzieren. Diese Anzahl ist 2 und 3, wovon die letztere eine besondere Rolle zu spielen hat und auf allen Gebieten des Denkens, Ordnens und Gestaltens in der Dreiteilung, in der Trias, ihren Ausdruck findet. Das «Gesetz der Dreiteiligkeit» kann einerseits der Ausdruck der Begrenztheit unserer geistigen Kräfte, zugleich aber das Zeichen der geistigen Anpassungsfähigkeit sein, die aus der naturgebundenen Begrenztheit Nutzen zieht und die Beschränkung zu einer Methode des Denkens und Forschens erhebt [1].

Der Aufbau unserer Theorie wird durch folgende *leitenden Gedanken* bestimmt: erstens das Kontaktprinzip, d. h. das einheitliche, allen Kontaktformen zugrunde liegende Streben nach Zusammensein und Zusammenwirken, das die Kommunikationsformen begründet und auf höherer Stufe in die gegenseitige Verständigungsabsicht einmündet; zweitens die Hypothese einer in gerader Richtung sich vollziehenden Entwicklungsreihe von der wortlosen bis zu den sprachlichen Verständigungsformen, die in Zuruf, Anruf und Wort ihre Manifestationen finden; drittens die scharfe Trennung der reinen Ausdrucksreaktionen von den Kontakt- und Kommunikationsformen, der zufolge die Vorgeschichte der Sprache erst bei intendierten bzw. adressierten Rufen

---

Grammatik unterscheidet man drei Numeralia: Singularis, Dualis und Pluralis; drei Personalia: ich, du, er; drei Geschlechter: der, die, das.

[1] Obgleich auch für die Anwendung höherer Zahlen als 3, insonderheit für 4, zahlreiche Beispiele zu finden sind, vor allem in der Zahlenmystik der alten und primitiven Völker (LEHMANN, Aberglaube und Zauberei; M. MACGEE, Primitive Numbers; LÉVY-BRUHL, Fonctions mentales dans les sociétés inférieurs; FROBENIUS, Kulturgeschichte Afrikas, 1933; JUNG, Psychologie und Alchemie; KERÉNYI, Einführung in das Wesen der Mythologie), scheint die Ordnung in Drei, die «Dreiheit» (Trias, Trinitas), wegen ihrer ausserordentlichen Verbreitung in der Religion, Kunst, im sozialen und Rechtsleben, in den rationalen und Geheimwissenschaften einerseits, wegen ihrer wahrnehmungspsychologischen Bedeutung (Gleichgewicht, Dreitakt usw.) andererseits, eine ganz besondere und eigenartige Stellung innerhalb der Ordnungsprinzipien einzunehmen.

Die Natur der dualen, trialen und tetradischen Klassifikation und die Vorteile, die die Begriffstriaden für die Theoriebildung liefern, soll das Thema einer Abhandlung für die Kon. Nederl. Akademie van Wetenschappen te Amsterdam bilden.

einsetzt; viertens die wortlose Aufforderung als Übergang zwischen Vorphase und Frühphase der Sprache, durch deren imperativen Charakter die Verbindung mit der Frühform der Sprache, mit der sog. Imperativsprache, hergestellt wird; fünftens die entwicklungspsychologische Hypothese bezüglich der zeitlichen Aufeinanderfolge der Modi des Verbums (Imperativ, Indikativ, Konjunktiv usw.), die in der allgemeinen Sprachgeschichte und der Kindersprache ihre Parallelen hat. Daran schliesst sich als sechster Punkt die Hypothese einer mutmasslichen Imperativsprache als Frühform der sprachlichen Verständigung und als siebenter die Vorstellung einer Urform der Sprache mit imperativer, indikativer und interrogativer Ausdrucksweise.

In diesen Grundgedanken und in ihrer sinngemässen Verflechtung kommt der ganze Bau unserer Theorie zur Darstellung. Der erste Satz gibt das Gerüst, die Spannungsbreite der Theorie, der zweite die Hauptgliederung der wortlosen und sprachlichen Kommunikationsformen, der dritte stellt den Anfangspunkt, der vierte den Endpunkt der Vorgeschichte und zugleich das Bindeglied zwischen der Vor- und Frühgeschichte der Sprache fest, der fünfte bis siebente Satz entwirft ein Bild von der Entwicklung von der Urform bis zur vollentfalteten Sprache.

Auf Grund der Ausführungen wollen wir den Aufbau der Kommunikationsformen und Kommunikationsmittel tabellarisch zur Darstellung bringen. (Tabelle I.)

Die Tendenz zum schlichten Zusammensein, der blosse vitale Kontakt, der gelegentlich von spezifischen Lauten, den Kontaktlauten, begleitet wird, steht zu der Sprache nur in einer sehr entfernten Beziehung, sie bildet — wie wiederholt erwähnt — nur die physiologische Vorbedingung der Kommunikationsmittel im allgemeinen. In die Tabelle fand diese Kontaktform nur darum Aufnahme, weil darin immerhin eine intendierte Lautäusserung zum Ausdruck kommt.

Die erste Stufe des kommunikativen Kontaktes tritt in der Lautreaktion des intendierten, auf spezifische Bedürfnisse bezogenen, jedoch noch nicht an bestimmte Individuen gerichteten Zurufs in Erscheinung.

Die zweite Stufe, die ihre Ausdrucksform in dem auf die Aufforderungsfunktion fundierten Anruf findet, stellt die uranfängliche Form des

Tabelle I

Schematische Darstellung der Kommunikationsformen und ihre Stellung in der Entwicklungs- und Sprachgeschichte

		Kontaktformen	Kommunikationsformen			
			sprach-(wort-)lose		sprachliche Kommunikationsformen	
			1	2	3	4	5
Stufenaufbau der Kommunikationsformen	Bedürfnis zur Fühlungnahme		Intendierte Kundgabe vitaler Bedürfnisse	An Individuen adressierte Aufforderung	Imperativsprache	Sprache von primitiver Struktur	Vollentwickelte Sprache
Mittel	Kontaktlaut		Zuruf	Anruf	Wort		
Gliederung in der Entwicklung	Vorstufe der Kommunikation		Frühform der Kommunikation	Urform der Kommunikation	Frühform der Sprache	Urform der Sprache	Vollentwickelte Sprache
			Vorgeschichte		Frühgeschichte		Sprachgeschichte
Vorhanden: beim Tier / beim Menschen							

Tabelle II. *Schematische Darstellung*

Kontaktformen	1. Ziel des Kontaktes bzw. der Verständigung	2. Ausdrucksweise	3. Erläuterung zum Punkt 2
I. Körperliche Füh- lungnahme	Gefühl des Geborgen- seins, Sicherung biolo- gisch wichtiger Ziele	Aufsuchen des Samm- lungsortes bzw. der Genossen durch in- stinktmässige Steue- rung	Blosses Kontaktbe- dürfnis nach Zusam- mensein ohne Kund- gabe und ohne Ver- ständigungstendenz
II. Intendierte Kund- gabe vitaler Be- dürfnisse	1. Kundgabe innerer Erregungen · 2. Anreiz zu bestimm- ten Handlungen	Ausdrückliches Ver- langen nach Zusam- mensein, Hilfeleistung und Kooperation, ver- bunden mit Erwar- tungsgefühl	Das an die Umgebung gerichtete Verlangen drückt sich in Haltung und Tonfall des Ruf- lautes aus
III. An Individuen gerichtete Auf- forderung	1. Kundgabe innerer Erregungen 2. Aufforderung zu be- stimmten Hand- lungen	Imperative Äusserung des Verlangens mit lokativer Andeutung	Das Begehren kommt in kategorischer Form zur Äusserung. Der Lokativ bedeutet die Andeutung des Ortes bzw. Zieles. Ansatz zu gegenseitiger Verstän- digung
IV. Imperative Sprache	1. Kundgabe innerer Erregungen 2. Aufforderung zu be- stimmten Hand- lungen	Imperativ, Vokativ, Lokativ, (indikative Andeutung)	Auftreten der symbo- lischen Ausdruckswei- se. Naturlaute spielen noch eine Rolle. Bila- terale Verständigungs- absicht
V. Primitive Sprache mit den drei Grundfunktionen	1. Aufforderung zu Handlungen und Haltungen 2. Anzeige innerer Zu- stände und äusse- rer Tatbestände 3. Frage	Imperativ, Indikativ, Interrogativ	Durchgängige symbo- lische Ausdrucksweise in Wort und Gebärde
VI. Vollentwickelte Sprachen	1. Aufforderung zu Handlungen und Haltungen 2. Anzeige innerer Zu- stände und äusse- rer Tatbestände 3. Frage	Weitere Entwicklung der Lautsprache be- züglich des Wort- schatzes, der gramma- tischen Kategorien und syntaktischen Be- ziehungen; Entfaltung des Gebärdensystems und der Mimik; Ent- stehung der Schrift	Ausgereifte symboli- sche Form der Ver- ständigung in Wort, Gebärden und Schrift

4. Mittel des Kontaktes	5. Entwicklungsstufe	6. Verbreitung	7. Hauptfälle	
Kontaktlaut mit oder ohne Bewegung	Primitivste Form des Kontaktes (Vorform der Kommunikation)	Tiere aller Art, vorzugsweise Tiergesellschaften	Ansammlungen und Zusammenrottungen in Schlaf-, Schwärm-, Ess-, Wandergesellschaften usw.	Vorstufen der Verständigung
Zuruf Natürliche, triebhaft fundierte, expressive Laut- und Bewegungsäusserungen	Urform der Kommunikation	Vorwiegend Tiere und vorsprachliche Kinder, unter Umständen auch Erwachsene	Lockrufe, sog. Warnrufe. Rufe des noch sprachunfähigen Kindes nach der Umgebung	
Anruf Natürliche, triebhaft fundierte, expressive Laut- und Bewegungsäusserungen mit einer Andeutung des Zieles und zuweilen auch der Person	Vorform der Sprache	Vorwiegend domestizierte Tiere; auch Menschen	An bestimmte Tierindividuen und Gruppen adressierte Lock- und Warnrufe; Betteln der Haustiere; Rufe des noch sprachunfähigen Kindes nach der Mutter	
Anruf, Wort und *Gebärde* 1. Expressive Laut- und Bewegungsäusserungen in der Form von Lautbildern und Interjektionen. 2. Zeitwort in imperativer Form, ferner Substantiva und deiktische Wörter in imperativem Sinn	Übergang von der prälingualen zu der sprachlichen Verständigung (Frühform der Sprache)	Der hypostasierte Urmensch	Hypothetischer Fall	Kontaktformen
Wort und Gebärde 1. Expressive Laut- und Bewegungsäusserungen 2. Sprache in Wort und Gebärde. Zeitwörter, Substantiva, Adverbien etc. 3. Bildschrift (Piktographie)	Urform der Sprache	Der urgeschichtliche Mensch	Sprache der primitivsten Völker. In gewisser Hinsicht auch die Kindersprache bis etwa zum dritten oder vierten Lebensjahr	Sprachliche Verständigungsformen
Wort und Gebärde 1. Expressive Laut- und Bewegungsäusserungen 2. Sprache 3. Bildliche Darstellung 4. Schrift (ideographische, phonetische)	Unbeschränkter Gedankenaustausch	Der geschichtliche Mensch	Die entwickelten Sprachen der Menschheit	

Imperativs dar und ist als Übergangsform von den wortlosen Kommunikationserscheinungen zur Frühform der Sprache zu betrachten. Diese beiden ersten Stufen bilden die Vorgeschichte der Sprache.

Als dritte Stufe ist die sog. Imperativsprache als ein hypothetisches Glied in die Entwicklungsreihe eingefügt. Sie soll die älteste sprachliche Ausdrucksform der Menschheit bilden.

Die vierte sprachliche Kommunikationsform umfasst bereits die drei Hauptfunktionen der Sprache, zeigt aber noch eine primitive Struktur und geht über die konkrete Darstellung des Gegebenen nicht hinaus. Die beiden letzteren gelten als aufeinanderfolgende Etappen der Frühgeschichte der Sprache.

Nach diesen vorbereitenden Stadien setzt schliesslich die Sprache, die ausgereifte symbolische Form der Verständigung, ein.

Es zeigt sich, dass das Tier ausschliesslich auf die nichtlingualen Kommunikationsformen beschränkt ist, während der Mensch ausser diesen sich auch noch der sprachlichen Formen bedient.

Um von dem Umfang, der Anwendung und Geschlossenheit der Kontakttheorie ein deutliches Bild zu gewinnen, geben wir in der *Tabelle II* die Hauptresultate unserer Untersuchung im Rahmen der von uns entwickelten genetischen Lehre.

Die verschiedenen Formen des Kontaktes werden durch das *Ziel*, das *Mittel* und die *Ausdrucksweise* charakterisiert. Daran schliessen sich Angaben bezüglich des Entwicklungsgrades und der Verbreitung der Kontaktformen an. All dies wird durch aufschlussreiche Fälle demonstriert.

Beim Vergleich der Kommunikationsformen tritt mit besonderer Deutlichkeit der Umstand hervor, wie sich die Ziele, Mittel und Ausdrucksweisen mit dem Grad und der Innigkeit des Kontaktes differenzieren, ferner, wie aus dem Verlangen nach Fühlungnahme und Zusammensein allmählich die Aufforderungs-, Mitteilungs- und Fragefunktion, aus den triebhaften Laut- und Bewegungsäusserungen über die Signalfunktion die symbolische Wortsprache und aus dem instinktmässigen Bedürfnis nach Kontakt stufenweise die ausgereifte Form der Verständigung in Wort, Gebärde und Schrift hervorgeht.

11. DIE BEDEUTUNG DER KONTAKTTHEORIE FÜR DIE SPRACHGESCHICHTE, ENTWICKLUNGSPSYCHOLOGIE UND URGESCHICHTE

Über die Bedeutung unserer Sprachtheorie für die zu der Sprache in Beziehung stehenden Wissenschaften lässt sich folgendes sagen.

Täuschen wir uns nicht, so ist unsere Lehre wohl die erste, die in engem Zusammenhang mit der *Sprachgeschichte* eine weit über die Sprachpsychologie hinausreichende Sprachtheorie ist. Die früheren psychologisch begründeten Sprachtheorien standen für sich, ihre Berechtigung hing nahezu ausschliesslich von psychologischen Erwägungen ab; auch hatten sie, mit einigen Ausnahmen, keine Beziehung zu der Sprachgeschichte. Die Sprachforscher konnten, soweit sie Interesse daran hatten, ihre Auffassungen mit den Hypothesen über die Prähistorie der Sprache und mit den Ansichten über die psychologische Grundlage der Sprache ergänzen, indem sie nach ihrem subjektiven Ermessen die eine oder die andere genetische Sprachtheorie bevorzugten. In ihrer Wahl waren sie ziemlich frei, da die Hypothesen so wenig Zusammenhang mit den sprachgeschichtlichen Ergebnissen hatten, dass sie keine Gefahr liefen, sich in Widersprüche zu verwickeln. Noch am ehesten gewann für die Sprachforschung die Kinderpsychologie dank den Parallelen zwischen der Ontogenese und Phylogenese der Sprache eine sprachhistorische Bedeutung. Sie konnte aber von Natur aus eher für die Rekonstruktion der Frühgeschichte Anhaltspunkte liefern als für die der Vorgeschichte. Das ist der Grund, warum man sich mit einem so grossen Eifer auf das Studium der sog. Tiersprachen warf, in der Hoffnung, auf diesem Wege zu einer Lösung des Ursprungsproblems zu kommen. Dass diese Hoffnung eitel war, haben wir nachgewiesen.

Infolge der hier entwickelten Kontakttheorie hat sich die Lage von Grund aus geändert. Die von uns entwickelte Hypothese über die Genese und die ersten Stadien der Sprache in Verbindung mit der Funktionslehre lassen sich ohne jede Modifikation in die Sprachgeschichte im allgemeinen, insonderheit in die Geschichte der indogermanischen Sprachen einreihen. Einerseits finden die Sprachhistoriker in unserer Theorie die psychologische Begründung und Bestätigung einer Lehre der Uranfänge der Sprache, die sich ohne weitere Hypothesen der geschichtlichen Sprachentwicklung anschliesst, andererseits liefert die allgemeine Sprachgeschichte zuverlässige Belege für die hohe Wahrscheinlichkeit unserer Theorie, da die von uns festgestellten und entwicklungsgeschichtlich begründeten Funktionen mit der chronologischen Folge der grammatischen Kategorien in vollem Einklang zu stehen scheint.

Von diesem Standpunkt aus bildet die Kontakttheorie eine psychologisch und sprachhistorisch fundierte Lehre der *Prähistorie der Sprache*.

Infolge der Verbindung der sprachlichen Entwicklungsstufen mit den Modi des Verbums ist durch die Kontakttheorie eine enge Beziehung zwischen der Lehre der Prähistorie der Sprache und der Sprachgeschichte hergestellt. Die nicht vermutete Übereinstimmung zwischen den entwicklungs- und sprachpsychologischen Tatsachen und den sprachhistorischen Befunden, an erster Stelle der Umstand, dass die psychologisch ursprünglichste imperative Ausdrucksform in der ursprünglichsten und ältesten grammatischen Verbalform, in dem Imperativ, ihr Abbild findet, ferner, dass die nächste Entwicklungsstufe psychologisch wie sprachgeschichtlich in der Anzeigeform, im Indikativ ihren Ausdruck hat, das alles verspricht für die vergleichende Sprachwissenschaft neue Ausblicke. Es wäre die Aufgabe dieser Wissenschaft, die primitiven und die ältesten Formen der entwickelten Sprachen auf die Entstehung der Modi und ihrer zeitlichen Aufeinanderfolge im Hinblick auf unsere Theorie zu untersuchen. Vielleicht liessen sich bei ihnen noch Spuren einer sog. Imperativsprache, jedenfalls aber die Reste einer Urform der Sprache auffinden, in der die drei fundamentalen Sprachfunktionen auf einem relativ niedrigen Entwicklungsniveau aufzuzeigen sind. Obgleich eine Imperativsprache auch ohne grammatische Form möglich ist, kann sich doch zeigen, dass, *wenn* einmal Zeitwörter verwandt werden, die imperative (und infinitive) Form der indikativen vorausgeht.

Der *Kinderpsychologie*, besonders dem Studium der Kindersprache, liefert die Kontakttheorie neue Probleme und der Interpretation neue Gesichtspunkte. Die sog. Lallwörter, denen man so viel Beachtung schenkte, treten in den Hintergrund, da es erwiesen ist, dass sie als reine Ausdruckslaute für die Sprache des Individuums nur eine periphere, für die Phylogenese jedoch überhaupt keine Bedeutung haben. Als Übung des Sprachorgans und als Vorbedingung des Sprechens behält freilich das Lallen seinen Wert in demselben Sinn wie die spontanen Bewegungen der Hände für die Übung des motorischen Apparates. Vom entwicklungspsychologischen Standpunkt aus wäre es wünschenswert, beim Kind die Übergangsformen zwischen Ruf und Wort zu untersuchen; dafür finden sich in unseren Auseinandersetzungen über Kontaktlaut, Zuruf, Anruf und Wort zuverlässigere Kriterien als in der phänomenalen Ähnlichkeit dieser Laute. Ferner muss der bisher mit grosser Vorliebe behandelte Parallelismus zwischen ontogenetischer und phylogenetischer Sprachentwicklung einer kritischen Überprüfung unterworfen werden, wobei die Berücksichtigung der von uns vertretenen entwicklungspsychologischen Gesichtspunkte, vor allem die Unterscheidung der Vorstufe von der Frühstufe, nicht ohne Einfluss sein können. Auch für die Interpretation der ersten Sprachäusserungen des Kindes geben unsere Anschauungen über den Imperativ, Optativ und Indikativ Anregungen. Die Erkenntnis, dass es bei der Entwicklung der Sprache nicht in erster Reihe auf die grammatikalischen Kategorien, sondern auf die Funktion der Wörter und Wortverbindungen ankommt, kann manche Veränderungen in der Bedeutungslehre der Kindersprache nach sich ziehen.

Auch für die *Tierpsychologie* sind unsere Ausführungen über Kontakt, Laut und Ruf von Interesse. Aus der Analyse der tierischen und menschlichen Lautäusserungen geht hervor, dass die Tierlaute bzw. die sog. Tiersprachen weder phänomenal noch funktionell eine gemeinsame Basis mit der Sprache besitzen. Die tierischen Lautäusserungen, wie ausdrucksvoll sie auch sein mögen, lassen sich nicht in unmittelbare Beziehung zu der menschlichen Lautsprache bringen. Auf der einen Seite konnten wir die Unhaltbarkeit der Auffassung von der sog. Tiersprache nachweisen, auf der anderen Seite ist es uns gelungen, in den Aufforderungsrufen der Tiere eine Beziehung zu der Frühform der menschlichen Sprache, der Imperativsprache, anzudeuten. Daraus ergibt sich die Wichtigkeit des bisher vollkommen vernachlässigten Studiums der Aufforderungsfunktion der Tiere. Wir erhoffen von dieser Forschung tiefere Erkenntnisse betreffs der sozialen und individuellen Kontakterscheinungen der Tiere als von den blossen Beobachtungen der Tierlaute, die so oft zu unhaltbaren Konsequenzen führten. In dieser Weise erweist sich die Kontakttheorie für die Tierpsychologie und für die vergleichende Psychologie als eine wertvolle Arbeitshypothese.

Für die *Urgeschichte* der Menschheit sind unsere Anschauungen darum von Interesse, weil sie zur Unterstützung der These dienen, dass der Mensch — im sozial-anthropologischen Sinne — von Beginn an ein sprachfähiges Wesen war. Unsere Ansicht über das Wesen des Menschen schliesst die gänzlich unbegründete, nur durch reine Abstraktion gewonnene Annahme eines homo alalus von der Frühgeschichte der Menschheit aus und setzt an ihre Stelle einen sprachveranlagten Menschen, der trotz seiner geistigen Primitivität den Grundstock der Sprache besass. Mit unserer entwicklungspsychologischen Theorie ist es nicht zu vereinigen, dass der vorgeschichtliche Mensch seine Gefühle und Wünsche durch unartikulierte Laute zum Ausdruck gebracht haben soll. Wie primitiv wir uns den «Urmenschen» auf Grund der ältesten Kulturreste auch vorstellen mögen, wir müssen voraussetzen, dass er sich einer Laut- und Gebärdensprache bediente, die mit befehlender, mitteilender und fragender Funktion ausgestattet war. Denn Feuererfindung, Werkzeugbereitung, rationell organisierte kollektive Arbeit und kollektive Verteidigung, Überlieferung individueller Erfahrungen, mit einem Wort, alle zu den unerlässlichen Lebensbedingungen allereinfachster menschlicher Gesellschaften gehörende Tätigkeiten, lassen sich ohne Sprachfunktion nicht denken. Mensch und Sprache müssen demnach unzertrennlich miteinander verbunden sein. «C'est donc un rêve», sagt RENAN in seiner schönen Schrift über den Ursprung der Sprache, «d'imaginer un premier état où l'homme ne parla pas, suivi d'un autre état où il conquit l'usage de la parole. L'homme est naturellement parlant, comme il est naturellement pensant, et il est aussi peu philosophique d'assurer un commencement voulu au langage qu'à la pensée.»

Die Sprache als solche, selbst in ihrer primitivsten Gestaltung, muss eine Schöpfung des menschlichen Geistes gewesen sein: der Mensch schuf die Sprache, und die Sprache bildete den Menschen aus, machte ihn zum Menschen. Diese Auffassung ist geradezu ein *anthropologisches Postulat*, das durch unsere Theorie neue Nahrung erhält. Die wechselseitige Beziehung zwischen Mensch und Sprache kann durch paläontologische Befunde niemals entkräftet werden. Denn sollte es uns auch einmal gelingen, die Ahnenreihe des Menschen anatomisch lückenlos herzustellen, die sog. Stammesgeschichte des Menschen durch ihre noch fehlenden Übergangsformen zu ergänzen, die Vorstellung von der geistigen Beschaffenheit des Urmenschen würde sich dadurch nicht ändern. Erblickt man im Pithecanthropus erectus oder in irgendeiner früheren Spezies der menschenähnlichen Affen den Vorfahren des Menschen, so bleibt noch immer die Frage offen, ob jener Übergangstypus mit Sprachfunktion begabt gewesen sei oder nicht. Müsste diese Frage bejaht werden, etwa weil es sich einwandfrei nachweisen liesse, dass der Pithecanthropus in Java Steinzeichnungen hinterlassen hätte, die ohne Sprachfunktion nicht hätten zustande kommen können, dann müssten wir sagen, dass der Pithecanthropus eben ein Mensch gewesen war. Fiele die Antwort negativ aus, so war er ein Affe und kein Mensch.

Wie immer man auch das Problem stellt, dehnt, deutet, wir können nicht umhin, uns den Menschen von Anfang an als eine geistige und daher auch sprachbegabte Persönlichkeit vorzustellen. Mag dieser Mensch seine Gedanken und Wünsche auch noch so primitiv zum Ausdruck gebracht haben: seine Mitteilungsform kann nur die *Sprache* gewesen sein, und zwar eine Lautsprache, die mindestens über eine befehlende und ortsbestimmende Ausdrucksweise verfügte, viel wahrscheinlicher aber mit allen drei Hauptfunktionen der Verständigung ausgestattet war.

Aus diesen Überlegungen geht auch die Berechtigung der *Schöpfungshypothese* im Rahmen der Entwicklungsgeschichte klar hervor. Gehen wir von der logisch wie entwicklungsgeschichtlich begründeten Annahme der *Einheit* des sprechenden Menschen aus, einer Annahme, die kaum einen Widerspruch erwecken wird, so gelangen wir zu dem Ergebnis, dass unsere genetisch gerichtete Kontakttheorie mit der anthropologisch fundierten Schöpfungstheorie, nach der die Sprache als Erzeugnis der produktiven Sprachtätigkeit des Menschen aufzufassen ist, zu vereinbaren ist [1]. Die Auffassung, dass die Sprache nicht plötzlich entstanden ist, sondern dass ihr eine lange Zeit dauernde Vorbereitung voranging, steht nicht im Widerspruch mit der Ansicht, dass die Sprache in allen ihren Phasen, also sowohl in ihrem Urzustand wie in ihrer höchsten Blüte, ja sogar in jedem individuellen Sprachakt von der Spontanität, Aktivität und Erfindungsgabe des Menschen abhängt. Wie jedes neue Wort, jeder neue Begriff, so hat auch prinzipiell jeder sprachliche Ausdruck seine Existenz der sprachschöpferischen Tat des Menschen zu verdanken; so muss es im wesentlichen auch in der Urzeit gewesen sein. Ein grundsätzlicher Unterschied zwischen einer Urschöpfung der Sprache und ihren täglich wiederholten Schöpfungsakten lässt sich nicht machen. Wenn einmal das Streben nach sprachlichem Ausdruck vorhanden war, sei es zum Zwecke der gegenseitigen Verständigung, sei es aus dem inneren Bedürfnis heraus, die äussere und die innere Welt zu erkennen, von den Dingen und von ihren gegenseitigen Beziehungen eine richtige Vorstellung zu gewinnen, so lag es an der schöpferischen Kraft des Menschen, inwieweit er seinen Gedanken den entsprechenden sprachlichen Ausdruck schaffen konnte.

Unsere Kontakttheorie stellt sich zur Aufgabe, wie jede andere genetische Theorie, die aufeinanderfolgenden Stadien der Entwicklung zu schildern, und braucht nicht notwendig auf jene Kräfte zurückzugehen, die die Entwicklung mitbestimmten und den Funktionswandel zustande brachten. Die Schöpfungshypothese indessen bezieht sich gerade auf die bei der Sprachentstehung und Sprachfortbildung wirkenden Kräfte.

---

[1] Auch mit der theologischen Schöpfungstheorie der Sprache kommen wir nicht in Widerspruch, wenn wir die Urschöpfung der Sprache im Sinne RENANs und COUSINs interpretieren. Renan sagt nämlich: «Le véritable auteur des œuvres spontanées de la conscience, c'est la nature humaine, ou, si l'on aime mieux, la cause supérieure de la nature. A cette limite, il devient indifférent d'attribuer la causalité à Dieu ou à l'homme» (De l'origine du langage, 1859, S. 94).

Die Verschiedenheit beider Ziele macht es begreiflich, warum die Kontakttheorie mit den Anschauungen über den schöpferischen Akt nicht in Kollision gerät.

Mit den Ausführungen über die Bedeutung der Kontakttheorie für die verschiedenen Wissenschaften haben wir unsere im Vorwort gestellte Aufgabe erfüllt. Wollen wir zum Schluss bei Berücksichtigung der Vorangehenden unsere Anschauungen über die Sprache, ihre Entstehung und Entwicklung skizzieren, so lässt sich darüber zusammenfassend folgendes sagen:

Die Sprache ist das adäquateste Mittel der Kommunikation des nach sozialem und geistigem Kontakt strebenden Menschen. Ihre Grundfunktion ist die lautsymbolische Repräsentation der Bewusstseinsinhalte (Sinnes-, Denk-, Gefühls- und Willensinhalte) im weitesten Sinne.

Ursprünglich diente die Sprache ausschliesslich der gegenseitigen Verständigung und der Einwirkung der Menschen aufeinander, und diesem Antrieb verdankt sie ihre Entstehung; auf einer höheren Stufe der geistigen Entwicklung der Menschheit wurde sie auch Instrument des geordneten Denkens, der Selbstbesinnung und der Selbstentfaltung, was eine Bereicherung der Sprachsituationen nach sich zog, indem neben dem Zwiegespräch mit einem Gegenüber das Gespräch mit dem eigenen Ich trat.

Aus der grundsätzlichen Gleichförmigkeit des menschlichen Geschlechtes und aus der weitgehenden Übereinstimmung seiner primären Bedürfnisse folgt, dass vermutlich alle Sprachen der Erde, trotz ihrer Verschiedenheiten, dieselben Grundtendenzen besitzen, die im wesentlichen in den phonologischen, grammatischen, syntaktischen und semasiologischen Prinzipien zum Ausdruck kommen. Daraus ergibt sich, dass prinzipiell jeder Mensch jede Sprache der Welt sich anzueignen und sie zu Verständigungszwecken anzuwenden vermag.

Die Sprache trat in der Zeit der Menschwerdung auf. Menschsein setzt die Sprache in ihrer aktiven und passiven Form voraus. Daher ist es ein müssiges und aussichtsloses Bestreben, aus den lebenden oder toten Sprachen — wie primitiv sie auch sein mögen — Rückschlüsse auf die lautlichen Verständigungsformen des hypostasierten vorsprachlichen

Menschen zu ziehen, zumal selbst die allerprimitivsten Sprachen der Naturvölker bereits vollentwickelte Sprachen von einer ziemlich komplizierten Beschaffenheit sind. Was wir über die ursprünglich gesprochenen Sprachen, über die sog. Ursprachen, mit Bestimmtheit sagen können, ist, dass sie nur Lautsprachen gewesen sein können, die von Anfang an durch Gesten und mimische Bewegungen begleitet wurden. Gegenüber allen gegenteiligen Hypothesen wollen wir mit Entschiedenheit die Ansicht vertreten, dass es in der Menschheitsgeschichte niemals eine Periode gab, in der die Menschen im sozialen Verkehr ein anderes sprachlich fundiertes Kommunikationsmittel gebraucht hatten als die Lautsprache. Die Gebärden dienten zur Unterstützung und Ergänzung der Lautsprache, und nur unter ganz besonderen Umständen haben sie eine selbständige Rolle gespielt. Sowohl die Annahme des Primats einer Gebärdensprache wie auch die einer «prälingualen» Gebärdensprache erweist sich vom biologischen und anthropologischen Standpunkt aus als völlig unhaltbar.

Die Sprache ist an das Denken, insbesondere an die Abstraktion, an die Begriffs- und Analogiebildung gebunden. Diese Korrelation zeigt sich schon in der ersten Periode der Sprachentwicklung des Kindes. Schon aus diesem Grunde muss man die Existenz einer Tiersprache ablehnen, zumal den sog. Tiersprachen ihrer äusseren und inneren Struktur nach kein einziges Merkmal der menschlichen Sprache eigen ist. Gewiss besitzen auch Tiere Verständigungsmittel, vermöge deren sie ihre Lebensbedürfnisse ihren Artgenossen, gelegentlich der menschlichen Umgebung, kundzugeben imstande sind. Diese Mittel bestehen vorzugsweise aus fernwirkenden *Stimm*lauten, jedoch nicht aus *Wort*lauten und dienen nicht zur Bezeichnung von Dingen, sondern bloss zum Ausdruck affektbetonter Bedürfnisse und des Dranges zu deren Befriedigung. Der Mangel der Sprachfähigkeit zieht einen Mangel des Sprachverständnisses nach sich. Demzufolge sind für die Tiere die menschlichen Sprachlaute nichts anderes als höchstens Signale, d. h. Zeichen des Befehls, der Zustimmung und des Verbotes.

Entwicklungsgeschichtlich muss man indessen den unartikulierten Rufen und besonders den Zu- und Anrufen eine besondere Bedeutung in der Vorgeschichte der Sprache zuerkennen. Es ist anzunehmen, dass diese beiden spontanen Verständigungsmittel auch jene Hominiden gebraucht haben, aus denen im Sinne der traditionellen Entwicklungslehre der Mensch entstanden sein soll. Die Zurufe und Anrufe gehören noch immer, teilweise in ihrer archaischen Form, zum Kommunikationsbestand des Menschen.

Der letztere Umstand hat uns veranlasst, dem Zuruf und Anruf einen Platz in der Vorgeschichte der Sprache anzuweisen. Diese Auffassung wird durch die Feststellung unterstützt, dass der Anruf vermöge seiner Zweckbestimmung und lautlichen Gestalt die Imperativfunktion der Sprache andeutungsweise zum Ausdruck bringt und dass gerade die Imperativfunktion die ursprünglichste und älteste Spezialfunktion und der Imperativ die älteste grammatische Kategorie darstellt. Wie sich einst im Konkreten der Vorgang vom Ruf zum Wort, vom Signal zur symbolischen Sprache gestaltete, ob die Veränderung eine stetige oder sprunghafte gewesen ist, ja ob sie überhaupt stattfand, lässt sich nicht angeben. Jedenfalls gestatteten die übereinstimmenden Merkmale des Anrufes und des Wortlautes, wie die Tonhöhe, Dauer, Akzentuierung und Rhythmik, den Übergang vom Ruf zur Sprache zu vollziehen.

Diese Umbildung des Signals zum symbolischen Zeichen konnte nur durch einen Funktionswandel vor sich gehen. Ein höheres, vielleicht ein durch die Notlage des Menschen erwecktes Bedürfnis, einen geistigen Kontakt mit den Mitmenschen herzustellen und das soziale Leben auszubauen, angeregt durch die fortschreitende Entwicklung der Intelligenz, Einsicht und Erfindungsgabe, zwang gleichsam den «Urmenschen» zu diesem entscheidenden Schritt, wodurch die geistige Entwicklung der Menschheit ihren Anfang nahm.

Sehr früh mussten die sprachlichen Spezialfunktionen, die imperativen, indikativen und interrogativen, einsetzen, die die Realisierung der wichtigsten Verständigungsziele ermöglichten. Mit dem Einsetzen der Sprachfunktionen, die ihren grammatischen Ausdruck vorzugsweise in den Modi der Verba haben, fand die Frühgeschichte der Sprache ihren Abschluss. Die heutigen Sprachen, selbst die allerprimitivsten, sind bereits weit über diese anfängliche Stufe hinausgewachsen. In ihrer phonologischen

und linguistischen Struktur wie in ihrer Entwicklungsstufe, Ausdrucksfähigkeit und lexikalischen Reichhaltigkeit zeigen sie eine grosse Differenziertheit, deren Studium der vergleichenden Sprachwissenschaft und
der historischen Grammatik obliegt.

In dieser Weise fördern Sprachpsychologie und Sprachwissenschaft
einander wechselseitig und steuern dem Ziele zu, das Leben der Sprache
von ihrer Entstehung bis zu ihrer vollen Entfaltung zu verfolgen, unsere
lückenhaften Kenntnisse von ihrem Wachstum zu ergänzen und die
inneren und äusseren Faktoren der Veränderung aufzuspüren.

Der kundige Leser wird bemerkt haben, dass wir uns bemühten,
den Streit der Meinungen über den Sprachursprung durch wohlbegründete
Argumente zum Austrag zu bringen, ferner die ersten Stadien der Sprachentwicklung von allen Seiten aus zu erforschen und damit den geistigen
Werdegang der Menschheit von den Anfängen bis zur Vollendung ihrer
Sprachformen anzudeuten. Unser Versuch fand in der Kontakttheorie,
in der Dreifunktionslehre sowie in der genetisch begründeten Dreistufentheorie seine theoretische Begründung. Täuschen wir uns nicht, so ist
es uns gelungen, die grundlegenden Manifestationen auf dem Gebiet
der Verständigung festzulegen und unter einem leitenden Prinzip zu
vereinigen, die Stufen der Entwicklung einer immanenten Gesetzmässigkeit unterzuordnen, die Schwierigkeiten einer entwicklungsgeschichtlichen Betrachtung der Sprache zu überwinden und schliesslich ein System
zu bilden, in dem die verschiedenen Kommunikationsformen und Kommunikationsmittel den ihnen gebührenden Platz finden.

Unser Hauptstreben war, das uralte Problem des Sprachursprungs
und der Anfänge der Sprache, das für jede Epoche bewusst oder unbewusst bestand, wieder ins Gegenwartsbewusstsein zurückzuführen, und
unsere Hoffnung ist, Sprachforscher und Psychologen auf der hier angegebenen Grundlage zur Weiterarbeit anzuregen.

12. ZUSAMMENFASSUNG

1. EINLEITUNG

Die bisher aufgestellten entwicklungsgeschichtlichen Hypothesen über die Sprache sind anfechtbar, da sie mangels einheitlicher Gesichtspunkte nicht imstande sind, die Entstehung und die allmähliche Entwicklung der Sprache begreiflich zu machen. In dieser Schrift wird der Versuch unternommen, auf Grund eines allgemeinen Prinzips, des Kontaktprinzips, die Entwicklungsgeschichte der Verständigungsformen von den einfachsten Manifestationen bis zu der symbolischen Form der Sprache zu rekonstruieren.

2. DAS URSPRUNGSPROBLEM

Unterwirft man die Grundbegriffe der Entwicklungsgeschichte einer kritischen Musterung, so zeigt sich, dass der Begriff «Ursprung» in einem doppelten Sinn verwendet wird. Einmal bezieht er sich auf die Ur- oder Frühform, in der eine Erscheinung oder Funktion zum erstenmal auftritt, ein anderes Mal auf die Vorstufen, aus denen die Erscheinung oder Funktion erst auf Grund einer spezifischen Formung hervorgeht. Daraus ergibt sich, dass die Vorgeschichte der Sprache von ihrer Frühgeschichte scharf getrennt werden muss. Sie unterscheiden sich voneinander dadurch, dass die Frühstufe gewisse sprachgebundene Eigentümlichkeiten besitzt, die der Vorstufe fehlen. Zwischen Vor- und Frühstufe stellt die Kontakttendenz bzw. die Absicht gegenseitiger Verständigung die Verbindung her. Auf Grund logischer und methodologischer Erwägungen werden die Voraussetzungen aufgestellt, die bei der Rekonstruktion der Vor- und Urgeschichte der Sprache erfüllt werden müssen.

3. URSPRUNGSTHEORIEN

I. Einleitung

Die Ursprungstheorien der Sprache lassen sich in biologische und anthropologische einteilen. Die ersteren legen ein besonderes Gewicht auf die ausschliesslich von biologischen Prinzipien bestimmte Vorgeschichte der Sprache, die letzteren gehen von einer Entwicklungsstufe aus, die bereits die ersten Manifestationen der Sprache und die sprachschöpferische Tätigkeit des Menschen aufweist. Die Sprachentwicklung in zwei Hälften zu teilen, in eine vorsprachliche und eine sprachliche, ist irreführend. Die Sprache setzt erst beim Menschen ein, der infolge seiner geistigen Veranlagung und sozialer Einstellung der Sprache als Ausdrucksmittel bedarf. Die Idee eines homo alalus ist ein Widerspruch in sich selbst.

II. Biologische Theorien

A. Alle Bemühungen, die Sprache auf reflektorische und spontane Ausdruckslaute bzw. Ausdrucksbewegungen zurückzuführen, sind aus prinzipiellen Gründen misslungen. Die reinen Ausdruckslaute bzw. Ausdrucksbewegungen stellen unmittelbare Anzeichen, Symptome von körperlichen oder seelischen Zuständen dar, ohne jede Verständigungsabsicht; demzufolge haben sie weder mit den sprachlichen noch mit den nicht-sprachlichen Verständigungsformen etwas zu tun. Sie entspringen einem anderen Antrieb und verfolgen einen anderen Zweck. Infolge des Fehlens der Kundgabeabsicht schalten sich die Ausdrucksreaktionen aus der Entwicklungsgeschichte der Sprache aus. Die Ähnlichkeit zwischen Ausdruckslaut und Wort bezieht sich auf die blosse sinnliche Lauterscheinung, nicht aber auch auf die Lautgestalt, die an den Bedeutungsgehalt der Worte gebunden ist. Auch die Interjektionen können nicht in der Urgeschichte der Sprache eine Rolle gespielt haben. Sprachliche Bedeutung erhielten sie erst dann, als sie in die Sprache bereits Aufnahme gefunden haben.

B. Was für die Ausdruckslaute gilt, gilt für die Tierlaute a fortiori. Sprachelemente auf Tierlaute zurückzuführen, ist ein vergeblicher Versuch. Die lautlichen Kontakt- oder Kommunikationsäusserungen der Tiere, die man unter dem Begriff «Tiersprache» unterzubringen pflegt, zeigen weder ihrer inneren Struktur noch ihrer äusseren Erscheinung nach Merkmale, die der Sprache als solcher eigen sind. Tierlichen Lauten kommt kein Sinngehalt zu, der uns berechtigen würde, die sog. Tiersprache als Vor-, geschweige denn als Frühform der Sprache aufzufassen. Es kommt noch hinzu, dass die zu Verständigungszwecken angewandten Tierlaute im Gegensatz zu den Sprachlauten ein vererbtes, unveränderliches, entwicklungsunfähiges Ausdrucksmittel darstellen. Das angebliche Sprachverständnis der Tiere beruht auf einer Täuschung.

III. Anthropologische Theorien

A. Eine prinzipielle Erörterung der Lautnachahmung weist mit Nachdruck auf die Unhaltbarkeit jener Theorien hin, die zwischen den Urwörtern der Sprache und den durch die Naturlaute erzeugten sinnlichen Eindrücken einen natürlichen Zusammenhang statuieren. In den Sprachen findet sich nur eine sehr geringe Anzahl von onomatopoetischen Wörtern, und selbst diese sind meist späteren Ursprungs; sie stammen aus einer Zeit, in der die Sprache bereits in Funktion getreten war.

B 1. Der Versuch, das Lallen mit der Sprachentstehung in Beziehung zu setzen, scheitert schon daran, dass das Lallen einer ganz anderen Funktion als die Sprache dient. Die Auffassung, dass sich in die Vorgeschichte der Sprache ein der Lallperiode entsprechender Zustand einfügen lasse, ist widersinnig.

B 2. Die Kindersprache verdankt ihre Ausbildung nicht der sprachschöpferischen Tätigkeit des Kindes, sondern der Einwirkung seitens seiner Umgebung; folglich kann sie Anhaltspunkte für die Rekonstruktion der archaischen Form der Sprache nicht liefern. Ihre phylogenetische Bedeutung ist trotz gewisser Übereinstimmungen mit den Primitivsprachen noch fraglich.

C. Die Sprache aus einer anderen Bewusstseinsfunktion abzuleiten, führt zu Widersprüchen. So setzt z. B. die Zurückführung der Sprache auf das Denken die zeitliche Priorität des Denkens voraus, was zu der widersinnigen Vorstellung eines denkenden, jedoch nicht sprechenden Menschen führt. Theoretisch wird durch die funktionspsychologischen Lehren nichts gewonnen, denn an Stelle des Sprachursprungs tritt ein neues Problem, in unserem Beispiel das des Ursprungs des Denkens.

D. Der Primat der Gebärdensprache gegenüber der Lautsprache besitzt nicht die geringste Wahrscheinlichkeit. Erstens finden sich bei allen höheren Tierarten ebenso Ausdruckslaute wie Ausdrucksbewegungen, ja der lautliche Ausdruck übertrifft oft den motorischen an Häufigkeit und Bedeutung. Ferner weisen weder die Sprachentwicklung des Kindes noch die Sprachtätigkeit der Primitiven auf einen entwicklungspsychologischen Vorrang der Gebärden. Als Mittel der Verständigung standen und stehen beide, Laut *und* Bewegung, zur Verfügung. Die beiden autonomen Spracharten haben von Beginn an einander unterstützt und ergänzt, bis schliesslich die Lautsprache die Oberhand gewann. Die Sprache selbst in ihrer ursprünglichsten Form war also eine Lautsprache, die von Gesten, mimischen und pantomimischen Bewegungen durchsetzt war.

E. Die primitiven Sprachen können das Ursprungsproblem wegen ihres hohen Alters und ihres komplizierten Baues nicht lösen. Nur für die Rekonstruktion der frühgeschichtlichen Formen der Sprache dürften sie eine gewisse sprachgeschichtliche Bedeutung besitzen. Was die aphasischen Erscheinungen betrifft, so können sie eine Aufklärung über den Abbau, nicht aber über den Aufbau der Sprache geben. Das aphasische Sprachmaterial, wie lückenhaft es auch sein mag, gehört in das Gebiet der Sprache und kann daher nicht zur Rekonstruktion eines Zustandes verwendet werden, der *vor* der Entstehung der Sprache lag.

IV. Philosophische Sprachtheorien

Die philosophischen Sprachtheorien wie einerseits die nativistischen und empiristischen, andererseits die voluntaristischen und deterministischen stehen in der Prähistorie einander nicht so scharf gegenüber wie in der Erkenntnistheorie; nur miteinander verbunden und einander ergänzend können sie sprachtheoretisch verwertet werden. Da die ganze Aufmerksamkeit der voluntaristisch und deterministisch denkenden Sprachphilosophen auf die Sprachbildung und nicht auf den Sprachursprung gerichtet ist, schalten sie sich bei der Behandlung des Ursprungsproblems nahezu völlig aus. Die Übertreibungen der voluntaristischen Lehren und die Unhaltbarkeit der Erfindungstheorien darf uns aber nicht zur Unterschätzung der sprachschöpferischen Tätigkeit des Menschen verleiten. Was schliesslich die theologischen Theorien betrifft, so haben sie — da sie grundsätzlich jede Art der genetischen Betrachtungsweise ablehnen — keine Relation zu unserem Problem.

V. Prinzipielle Bedenken gegenüber den Ursprungstheorien

Die bekannten Ursprungstheorien leiden in erster Linie an methodologischen Fehlern. Zunächst versäumte man den Begriff der Sprache eindeutig zu definieren, was zur Folge hatte, dass bei der Behandlung der sprachpsychologischen Probleme sprachliche und nicht-sprachliche Ausdrucksformen wahllos in Erwägung gezogen wurden. Ferner hat man, anstatt das Gewicht auf die spracherzeugenden und sprachbildenden Kräfte zu legen, dem Medium der Sprache, dem Laut und der Bewegung, eine überwiegende Beachtung geschenkt, was den Zugang zur Erforschung des Sprachursprungs gleichsam versperrte.

VI. Die Kontakttheorie

Die Kontakttheorie stellt eine allgemeine Lehre der Verständigungsformen und eine Entwicklungslehre der Sprache dar, die ihre Begründung in den tier- und kinderpsychologischen Erfahrungen einerseits, in den Ergebnissen der allgemeinen und vergleichenden Sprachwissenschaft andererseits findet. Die Kontakttheorie ist imstande, die Vorgeschichte und die Frühgeschichte der Sprache zu rekonstruieren und dank ihrer Architektonik die Sprachentstehung einer logischen Betrachtung zugänglich zu machen.

4. DAS PROBLEM DER URSPRACHE

Das Problem der Ursprache, d. h. die Rekonstruktion einer Sprache, deren sich unsere angeblichen Vorfahren in der Urzeit bedient haben sollen, ist prinzipiell unlösbar. In dieser Hinsicht wird man nur jene Faktoren feststellen und Prinzipien angeben können, die bei der Entstehung und während der ersten Bildungszeit wirksam waren.

5. DIE SPRACHE DES URMENSCHEN

Auf Grund der anatomischen Struktur der frühesten Formen des sog. homo sapiens lassen sich keine Schlüsse auf die Sprachtätigkeit der durch die Anthropologen hypostasierten «Urmenschen» ziehen. Nur der kulturhistorische Standpunkt vermag in dieser Frage einige Aufklärung zu geben. Übte der diluviale Mensch Tätigkeiten aus, die mit der Existenz der Sprache notwendig verbunden waren, wie etwa die Werkzeugerzeugung, Werkzeugverbesserung und Überlieferung, so muss vorausgesetzt werden, dass er die Sprache besass: homo faber lässt sich mit homo loquens identifizieren.

6. DIE LEHRE DER SPRACHFUNKTIONEN

I. Teleologische Betrachtungsweise der Sprache

Eine Auseinandersetzung mit der Wesens- und Zweckbestimmung im allgemeinen führt uns zu dem Ergebnis, dass das Wesen der Sprache als das eines Organons vornehmlich in ihrem Ziel liegt. Eine erschöpfende Definition der Sprache kann nur dann gegeben werden, wenn man dabei alle konstitutiven Faktoren der Sprachhandlungen berücksichtigt, nämlich das *Ziel*, das *Mittel* und das *Medium*. Einzelne hervorgehobene Merkmale, wie u. a. die Symbolfunktion, charakterisieren zwar die menschliche Sprache, aber bestimmen sie nicht eindeutig.

Wiewohl die Sprache in erster Linie auf die gegenseitige Verständigung gerichtet ist, gibt es noch andere Ziele und Anwendungsgebiete, die nicht unbeachtet gelassen werden können: diese sind die Gebiete des Denkens, des Gestaltens, der Selbstbesinnung und des Ausdrucks.

Die Aufstellung einer Funktionstheorie setzt eine eingehende Behandlung des Funktionsbegriffes in der Psychologie voraus. Auf Grund der Analyse der Sprachhandlungen gelangt man zu der Auffassung, dass die Grundfunktion der Sprache die lautsymbolische Repräsentation der Tatbestände der äusseren und inneren Welt ist.

II. Die Dreifunktionstheorie

Die auf die konkreten Sprachhandlungen begründete Dreifunktionstheorie stellt drei Hauptfunktionen auf, die alle Formen der menschlichen Verständigung umspannen und erschöpfen; dies sind die imperative, indikative und interrogative Funktion. Die drei Hauptfunktionen sind voneinander unabhängig und für die Sprache spezifisch. Im interindividuellen Verkehr gibt es keine anderen Intentionen, als die Artgenossen zu einer Handlung aufzufordern, ihnen etwas anzuzeigen oder ihnen Fragen zur Beantwortung zu stellen. Diese Begriffe beziehen sich einmal auf psychologische, das andere Mal auf grammatische Kategorien. Die Notwendigkeit dieser Unterscheidung zeigt sich darin, dass imperative und indikative Intention auch ohne grammatikalische Form in Erscheinung treten kann, z. B. in der Gebärdensprache. Vom psychologischen Standpunkt aus betrachtet sind die Redeteile, die diese Hauptfunktionen sprachlich verwirklichen, also in erster Linie die Verba, die Tätigkeitswörter, die ursprünglichsten Sprachgebilde. Diese Anschauung steht in vollkommener Übereinstimmung mit den Ergebnissen der Sprachgeschichte, nach der das Verbum das älteste Sprachgebilde ist und innerhalb der Verbalformen die imperativen und indikativen Formen die ältesten Modi bilden.

III. Begriffsbestimmung der Sprache

Die Dreifunktionstheorie führt zu einer erschöpfenden Definition der Sprache, die sowohl das Ziel und das Mittel wie die konkreten Intentionen der sprachlichen Verständigung umfasst und auf alle Arten der Sprache Bezug nimmt. Unter Sprache ist das Mittel zu verstehen, durch welches zum Zwecke gegenseitiger Verständigung — mit Hilfe einer Anzahl artikulierter und in verschiedenen Sinnverbindungen auftretender symbolischer Zeichen — Forderungen und Wünsche zum Ausdruck gebracht, Tatbestände der inneren und äusseren Wahrnehmung angezeigt und Fragen zur Veranlassung von Mitteilungen gestellt werden. Auch bei Mitberücksichtigung des Denkens, des Wahrnehmens und der Selbstbesinnung bleibt der Inhalt der Definition im wesentlichen unverändert. Es ist anzunehmen, dass bereits die Urform der Sprache eine Lautsprache war mit den obigen Funktionen.

7. DIE MENSCHLICHEN UND TIERISCHEN KOMMUNIKATIONSFORMEN

I. Trieb und Bedürfnis

Das Bedürfnis und der Drang zur Befriedigung des Bedürfnisses, ferner das Finden des zweckentsprechenden Mittels bilden eine unzertrennliche biologische Einheit.

II. Die soziologische Grundlage der Kommunikation

Für die mannigfachsten menschlichen und tierischen Gemeinschaften gibt es ein Grundprinzip, das als unerlässliche Bedingung für die Entstehung, Entfaltung und Differenzierung dieser sozialen Gebilde zu gelten hat, und das ist das Kontaktbedürfnis. Dieses den weitaus grössten Teil der Lebewesen beherrschende Bedürfnis wird als leitendes Prinzip bei der Feststellung der Kontaktformen und der Rekonstruktion des Entwicklungsganges der Kommunikationsformen, einschliesslich der Sprache, festgehalten.

III. Die Kontaktformen

Das Kontaktbedürfnis kann sich auf das blosse räumlich-körperliche Zusammensein beschränken, ohne Tendenz nach einer gegenseitigen Verständigung. Dieser vitale Kontakt ist rein triebhaft fundiert und liegt allen tierischen Konglomerationen oder Gemeinschaften zugrunde. In dem Masse, in dem das Seelische über das blosse Vitale hinauswächst, wird der Mensch den räumlichen Kontakt zu einem seelischen vertiefen. Diese höhere sprachlose Kontaktform kann durch eine starke Tendenz zur interindividuellen Verbindung, durch die Absicht der persönlichen Fühlungnahme charakterisiert sein. Auch hier geht es noch nicht um Verständigungsabsicht, wohl aber um ein gegenseitiges Verständnis, um eine seelische Resonanz, ohne Verwendung sprachlicher Mittel. Wie der seelische Kontakt eine Gefühlsübertragung, so regt der geistige Kontakt einen Gedankenaustausch an. Der geistige Kontakt hat schon einen kommunikativen Charakter und bedient sich der Sprache als Mittel.

8. DIE ENTWICKLUNGSREIHE DER LAUTLICHEN KOMMUNIKATIONSFORMEN

I. Ausdruck und Kommunikation

Der Ausdruckslaut stellt bloss einen reflektorischen Vorgang dar und ist nur als ein Symptom innerer Erregungen und Spannungen zu betrachten. Er macht nur die materielle Vorbedingung der lautlichen Kommunikationen aus. Der Ausdruckslaut hat keine Beziehung zu den Verständigungsformen, folglich spielt er in der Vorgeschichte der Sprache keine Rolle.

II. Der Kontaktlaut

Auch der Kontaktlaut wird nicht zum Zwecke der Verständigung, sondern lediglich zum Zwecke der Fühlungnahme hervorgebracht. Da sich in diesen Lautäusserungen das Bedürfnis nach Herstellung eines Kontaktes kundgibt, dürfte der Kontaktlaut in der Vorgeschichte der Sprache eine vorbereitende Rolle gespielt haben.

III. Die Kommunikationsformen

A. Der Zuruf. Die entwicklungsgeschichtlich primitivste Form der Verständigung ist die an Kollektivitäten gerichtete Kundgabe, der sprachlose Zuruf. Der Zuruf unterscheidet sich vom Ausdruckslaut durch seinen kommunikativen Charakter, seine Signalfunktion und durch ein

Erwartungsgefühl, das auf die Erfüllung des Begehrens gerichtet ist. Er ist erbbiologisch vorgebildet und wird instinktiv in Aktion gesetzt. Für diese primitivste Art der Kundgabe liefern die Tiersoziologie und Kinderpsychologie, ferner die unartikulierten Fernrufe Beispiele.

B. Der Anruf. Die auf den Zuruf folgende Stufe in der Vorgeschichte der Sprache gibt sich in dem an bestimmte Individuen adressierten Anruf kund. Infolge seiner individuellen Bezogenheit, seiner ausgeprägten imperativen und lokativen Funktion und seiner Erfahrungsgrundlage erhält der Anruf, der Aufforderungsruf, gegenüber dem Zuruf ein ganz besonderes Gepräge. Mittels des Anrufes fordert das lebende Wesen die Befriedigung seines Begehrens von einem bestimmten Individuum und deutet dabei den Ort, gelegentlich auch den Gegenstand, durch Blick und Bewegung an. Aufforderungsrufe bedienen sich sowohl noch nicht sprechende Kinder wie erwachsene Personen. Nicht selten wird wahrgenommen, dass auch domestizierte Tiere ihr Verlangen gegenüber bestimmten Personen ihrer Umgebung spontan durch Zuwenden und sinnfällige Andeutung des erstrebten Zieles zum Ausdruck bringen. Entscheidend ist, dass das Tier diese kommunikative Handlung aus eigenem Antrieb, auf Grund von eigenen Erfahrungen ausführt. Der Aufforderungsruf dürfte wegen seines imperativen und lokativen Charakters als die unmittelbare Vorstufe der Sprache zu betrachten sein.

C. Das Wort. Der wortlose Aufforderungsruf scheint unmittelbar in den sprachlichen Imperativ zu übergehen. Die imperative Sprachhandlung ist psychologisch ursprünglicher als alle anderen Sprachhandlungen. Das Bedürfnis, die Artgenossen zu einer Handlung aufzufordern, muss früher aufgetreten sein als das Bedürfnis, ihnen etwas mitzuteilen. Die Priorität des sprachlichen Imperativs lässt sich ontogenetisch wie auf Grund der Sprachgeschichte auch phylogenetisch wahrscheinlich machen. Man ist berechtigt, anzunehmen, dass die Frühform der Sprache den Charakter einer Imperativsprache hatte. Für diese erste Manifestation der Sprache dürften die Tätigkeitswörter, ferner die allerwichtigsten Orts- und Zeitbestimmungen genügt haben. Die imperative Funktion kommt nicht nur in der grammatischen Kategorie des Imperativs, sondern auch in anderen Modi (z. B. Infinitiv) und Redeteilen (z. B. Substantiven, Adjektiven) zum Ausdruck. Dasselbe gilt auch für die später einsetzende indikative Funktion. Wie der Imperativ ist auch der Indikativ nicht plötzlich entstanden. Er wurde bereits während der Periode der sog. Imperativsprache eingeleitet, in der in den deiktischen Partikeln (wo, hier usw.) unzweideutige Ansätze zur indikativen Aussage hervortraten. Das wachsende Bedürfnis nach Verständigung erzeugte nach und nach die übrigen grammatischen Kategorien und Redeteile, bis schliesslich die Sprache in ihrem vollen Umfang in Wirksamkeit trat.

9. DIE ENTWICKLUNGSGESCHICHTLICHE BEDEUTUNG DER KONTAKTTHEORIE

Ausgehend von den einfachsten Kontaktformen und geleitet von dem Grundprinzip des Kontaktbedürfnisses, auf höherer Stufe von der Verständigungsabsicht, lässt sich eine Entwicklungsreihe der Kommunikationsformen rekonstruieren, die von den primitivsten Kontaktbeziehungen über die ersten Formen der Verständigung in möglichst lückenloser Aufeinanderfolge zu der Sprache führt. Die Stufen werden durch drei markante Begriffe angedeutet, nämlich durch Zuruf — Anruf — Wort, zu denen als vorbereitende lautliche Äusserung der Kontaktlaut hinzugefügt werden kann.

Entwicklungsgeschichtlich verdient die Kontakttheorie darum eine besondere Beachtung, weil im Sinne dieser Theorie jede höhere Entwicklungsform sich als Fortbildung einer niedrigeren erweist und weil die gattungsmässige Gemeinsamkeit der Stufen durch das Vorhandensein einer gemeinsamen Tendenz, der Kommunikationstendenz, nachzuweisen ist. Die Stufen des Werdens finden gemäss der logischen Ordnung in der Dreistufentheorie ihr Abbild.

10. DER LOGISCHE AUFBAU DER KONTAKTTHEORIE

Die Kontakttheorie ist durch vier Begriffssysteme (Kontakt-, Phasen-, Funktions- und Stufenbegriffssystem) von je drei Begriffen gekennzeichnet. Die Glieder dieser Triaden stellen das ganze Gebiet der Sprache in funktioneller wie in entwicklungsgeschichtlicher Beziehung erschöpfend dar. Der logische Aufbau dieser Theorie gründet sich auf sieben Prinzipien, die in den beigefügten Tabellen veranschaulicht werden. Das erste Prinzip gibt das Gerüst der Theorie, das zweite die Gliederung der Kommunikationsformen, das dritte und vierte stellt den Anfangs- bzw. den Endpunkt der Frühgeschichte der Sprache fest, das fünfte bis siebente entwirft das Bild der ganzen Entwicklung von der Frühstufe bis zur vollwertigen Sprache.

11. DIE BEDEUTUNG DER KONTAKTTHEORIE FÜR DIE SPRACHGESCHICHTE, ENTWICKLUNGSPSYCHOLOGIE UND URGESCHICHTE

Die Kontakttheorie bildet eine psychologische und sprachhistorisch begründete Lehre der Prähistorie der Sprache. Infolge der mannigfachen Übereinstimmungen zwischen psychologischen und sprachwissenschaftlichen Feststellungen konnte zwischen der prähistorischen Sprachentwicklung und der Sprachgeschichte eine unvermutete enge Beziehung festgestellt werden.

Für die kinder- und tierpsychologische Forschung liefert die Theorie neue Ausblicke, für die Interpretation neue Gesichtspunkte. Auch für die Urgeschichte bietet die neue Sprachtheorie hinsichtlich der geistigen Beschaffenheit des hypostasierten Urmenschen einen festen Standpunkt.

Die erörterte genetische Auffassung vom Sprachursprung verringert keineswegs die Bedeutung der sprachschöpferischen Tätigkeit der Gemeinschaft und der Einzelnen während der Urschöpfung und Entfaltung der Sprache.

LITERATUR

Th. Arldt, Die Entwicklung der Kontinente und ihrer Lebewelt, 1907.

W. Bechterew, Objektive Psychologie, 1913.

H. Bergson, L'évolution créatrice, 1910.

H. A. Bernatzik, Die Geister der gelben Blätter, 1938.

L. Boutan, Le pseudo-langage, Actes de la Société Linnéenne de Bordeaux, 1913.

G. C. Brandenburg, The language of a three year old child, Ped. Sem. 22, 1915.

M. Bréal, Les commencements du verbe. Revue de Paris du 15 décembre 1899.

— Les commencements du verbe. Mem. soc. ling. de Paris XI, 1900.

Brehms Tierleben, 4. Aufl., 1918.

A. J. P. van der Broek, Oudste Geschiedenis van den Mensch, 1936.

K. Brugmann und B. Delbrück, Grundriss der vergleichenden Grammatik der indogermanischen Sprachen.

K. Bücher, Arbeit und Rhythmus, 1925.

Ch. Bühler, Kindheit und Jugend, 1931.

K. Bühler, Sprachtheorie, Jena 1934.

— Die Axiomatik der Sprachwissenschaften. Kant-Studien 38, 1933.

E. Cassirer, Philosophie der symbolischen Formen, I, Berlin 1923.

E. B. Condillac, Sur l'origine des connaissances humaines, 1746.

B. Croce, Ästhetik als Wissenschaft vom Ausdruck und allgemeine Sprachwissenschaft, 1930.

F. H. Cushing, Manual Concepts, Amer. Anthropologist, V.

Ch. Darwin, The Descent of Man, London 1871.

— The expression of the emotions in man and animals, 1892.

H. Delacroix, Psychologie du langage, 1933.

— L'enfant et le langage, 1934.

— Le langage et la pensée, Paris 1930.

B. Delbrück, Einleitung in das Studium der indogerm. Sprachen, 6. Aufl. 1919.

H. Dempe, Was ist Sprache, Weimar 1930.

— Die Darstellungstheorie der Sprache. Indogerm. Forsch. 53, 1935.

R. Descartes, Discours de la méthode, Leyde 1637.

O. Dittrich, Die Probleme der Sprachpsychologie, 1913.

H. Driesch, Der Vitalismus als Geschichte und als Lehre, 1905.

— Philosophie des Organischen, 1908.

E. Dubois, De beteekenis der groote schedelcapaciteit van Pithecanthropus erectus. Proc. Kon. Ned. Akad. v. Wetenschappen, Amsterdam 1920.

H. Duyker, Extralinguale elementen in de spraak. Amsterdam 1946.

K. Escherich, Die Ameise, 1917.

R. Eisler, Wörterbuch der philosophischen Begriffe, 4. Aufl., 1930.

O. Funke, Studien zur Geschichte der Sprachphilosophie, 1927.

— Innere Sprachform, 1924.

K. v. Frisch, Sprache der Bienen, 1923.

H. Furness, Observations on the mentality of the Chimpanzee and Orang-Outans, Proc. Amer. Phil. Soc. Philadelphia, 1916.

S. Freud, Vorlesungen zur Einführung in die Psychoanalyse. Ges. Schriften VII, 1924.

G. von der Gabelentz, Chinesische Grammatik, 1881.

A. H. Gardiner, The Theory of Speach and Language, Oxford 1932.

R. L. Garner, Die Sprache der Affen, 1900.

A. S. Gatschet, The Klamath-Language, 1876.

A. Gehlen, Der Mensch, 1940.

L. Geiger, Der Ursprung der Sprache, 1869.

J. v. Ginneken, La reconstruction typologique des langues archaïques de l'humanité, 1939.

— Die Erblichkeit der Lautgesetze, Indogerm. Forsch. 45, 1927.

Goethe, Dichtung und Wahrheit, Buch X.

I. Goldzieher, Über Gebärden- und Zeichensprache bei den Arabern. Zeitschr. für Völkerpsychologie, 16.

J. Grimm, Über den Ursprung der Sprache, 1852.

A. W. de Groot, Phonologie und Phonetik als Funktionswissenschaften. Travaux du Cercle Linguistique de Prague, IV.

— De Nederlandsche zinsintonatie in het licht der structureele taalkunde. De Nieuwe Taalgids.

N. Hartmann, Das Problem des geistigen Seins, 1933.

H. Head, Aphasia and Kindred disorders of speech, 1926.

J. G. Herder, Der Ursprung der Sprache, 1770.

K. Heřman, Die Anfänge der menschlichen Sprache, 1936.

Th. Hobbes, Elementorum philosophiae, Sectio secunda: De homine, London 1658.

A. M. Hocart, «Mana» Man. 14, 1914.

H. Höffding, Psychologie, Leipzig 1912.

R. Hönigswald, Philosophie und Sprache, 1937.

J. Huizinga, De wetenschap der geschiedenis, Haarlem 1937.

W. v. Humboldt, Über das verg. Sprachstudium, Abh. d. k. preuss. Akad. d. Wiss. Berlin 1820.

— Über die Verschiedenheit des menschlichen Sprachbaues, Berlin 1836.

— Über den Dualis, Ges. Werke, VI.

E. Husserl, Logische Untersuchungen I und II, 1922.

— Meditations Cartésiennes, 1931.

O. Jespersen, Language, London 1924.

— Sprogets Oprindelse, 1882.

— Progress of language, 1894.

Fr. Jodl, Lehrbuch der Psychologie, 1903.

G. Kafka, Verstehende Psychologie und Psychologie des Verstehens, Ztschr. f. Psych. 65, 1928.

Fr. Kainz, Psychologie der Sprache, I und II, 1943.

G. Kautsky, Sprachbestandsaufnahmen im Wiener psychol. Institut.

A. Keith, The antiquity of man, 1920.

W. N. and L. A. Kellogg, The ape and the child, New York, 1933.

H. Klaatsch, Das Werden der Menschheit, 1936.

W. Köhler, Intelligenzprüfungen an Anthropoiden, 1918.

N. Kohts, Untersuchung über die Erkenntnisfähigkeit des Schimpansen, Moskau 1923.

G. A. da Laguna, Speach. Its Functions and Development, New Haven 1927.

H. Lamer, Wörterbuch der Antike, 1933.

J. v. Laziczius, Probleme der Phonologie. Ungarische Jahrbücher, 15.

A. Lehmann, Aberglaube und Zauberei, Stuttgart 1908.

G. W. v. Leibniz, Nouveaux Essais sur l'entendement humain, 1765.

H. Lévy-Bruhl, Les fonctions mentales dans les sociétés inférieures, Paris 1922.

J. Locke, An essay concerning human understanding, London 1690.

H. Lotze, Kleine Schriften, Bd. I, 1885.

— Mikrokosmos, II, Leipzig 1869.

M. MacGee, Primitive Numbers, 1911.

Madvig, Om Sprogets Väsen, Udvikiing og Liv, Kopenhagen 1842.

H. Maier, Psychologie des emotionalen Denkens, 1908.

A. Marty, Untersuchungen zur Grundlegung der allgemeinen Grammatik und Sprachphilosophie, Halle 1908.

— Über den Ursprung der Sprache, 1875.

— Gesammelte Schriften, 1916.

Fr. Mauthner, Kritik der Sprache, Stuttgart 1921.

C. Meinhof, Ergebnisse der afrikanischen Sprachforschung, Arch. f. Anthropologie, IX.

L. Noiré, Der Ursprung der Sprache, 1877.

C. K. Ogden and I. A. Richards, The Meaning of Meaning, London 1930.

M. Palágyi, Naturphilosophische Vorlesungen, 1924.

A. Pannekoek, Anthropogenese. K. Ned. Akad. v. Wetensch., 1945.

H. Paul, Prinzipien der Sprachgeschichte, Halle 1920.

W. P. Pillsbury and Cl. L. Meader, The Psychology of Language, New York 1928.

J. Piaget, Le langage et la pensée, Neuchâtel 1923.

— Langage et pensée, Archives de psychologie, 1923.

P. M. Plancquaert S. J., Les sociétés secrètes chez les Bayaka, 1930.

Platon, Kratylos.

A. Portmann, Biologische Fragmente zu einer Lehre vom Menschen, 1944.

H. J. Pos, Inleiting tot de taalwetenschap, Haarlem 1926.

W. Preyer, Die Seele des Kindes, 1904.

P. Regnaud, Origine et philosophie du langage, 1887.

— Origine et philosophie du langage ou principes de linguistique indoeuropéenne, 1889.

A. Reichling S. J., Het woord, Nijmegen 1935.

E. Renan, De l'origine du langage, Paris 1859.

G. Révész, Inleiding tot de muziekpsychologie, Amsterdam 1944; Einleitung in die Musikpsychologie, Bern 1946.

— Der Ursprung der Musik, Intern. Zeitschr. f. Ethnographie, Bd. 40, 1941.

— Denken, Sprechen und Arbeiten, Archivio di psicologia, neurologia, psichiatria, 1940.

— De menschelijke Hand, Amsterdam 1942; Die menschliche Hand, Basel 1944.

— Het probleem van den oorsprong der taal. Nederl. Tijdschrift voor Psychologie VIII, 1940.

— Das Problem des Ursprungs der Sprache, Proc. Kon. Ned. Akademie van Weten-schappen, Amsterdam. Vol. XLV, 1942.

— La fonction sociologique de la main humaine et de la main animale. Journ. de Psychologie, 1938.

— Die Formenwelt des Tastsinnes, Den Haag 1937.

— Die menschlichen Kommunikationsformen und die sog. Tiersprache. Proc. Kon. Ned. Akademie van Wetenschappen, Amsterdam. Vol. XLIII, 1940.

E. G. Sarris, Sind wir berechtigt, vom Wortverständnis des Hundes zu sprechen? Beiheft der Zeitschrift f. angew. Psychologie, 62, 1931.

F. de Saussure, Cours de linguistique générale, Paris 1922.

J. C. Scaliger, Da causis linguae latinae, 1540.

Fr. v. Schlegel, Philosophie der Sprache, 1830.

Josef Schmidt, Die Sprache und die Sprachen, Budapest 1923.

A. Schopenhauer, Die Welt als Wille und Vorstellung, 1819.

H. Schuchardt, Das Baskische und die Sprachwissenschaft. Sitzungsberichte d. kaiserl. Akad. d. Wiss. Wien, 202—204, 1925.

Schuchardt-Brevier, Ein Vademekum der allg. Sprachwissenschaft. Herausg. v. Leo Spitzer, 1928.

O. Selz, Zur Psychologie des produktiven Denkens, Bonn 1922.

E. Smith, The Search for man's ancestors, 1931.

H. Spencer, Essays, London 1858.

— Principles of Psychology, 4th Ed., 1899.

H. Steinthal, Abriss der Sprachwissenschaft, 1871.

— Der Ursprung der Sprache, 1851.

— Grammatik, Logik und Psychologie, 1835.

G. Stern, Meaning of Change of Meaning, Göteborg 1931.

W. Stern, Psychologie der frühen Kindheit, Leipzig 1930.

— Die Kindersprache, Leipzig 1922.

C. Stumpf, Eigenartige sprachliche Entwicklung eines Kindes. Zeitschrift für pädag. Psychol., 3, 1901.

Süssmilch, Beweis, dass die erste Sprache ihren Ursprung allein vom Schöpfer erhalten habe, 1767.

E. B. Taylor, Origin of language, Forthnightly Review, 1866.

Tchang Tcheng-Ming, L'écriture chinoise et le geste humain, Paris 1938.

R. Thurnwald, Psychologie des primitiven Menschen. Hand. d. vgl. Psychol. I, 1922.

D. Tiedemann, Kritik einer Erklärung des Ursprungs der Sprache, 1777.

Torrenel, Comparative grammar of the South-African Bantu-Languages.

N. S. Trubetzkoy, Grundzüge der Phonologie, Prag 1939.

H. Vaihinger, Die Philosophie des Als Ob, 1923.

K. Vossler, Die Sprache als Schöpfung und Entwicklung, 1905.

G. Vico, Scienza nuova, 1725.

H. de Vries, Species and Variaties, Chicago 1905.

— Die Mutationen in der Erblichkeitslehre, Berlin 1912.

R. Vuyk, Wijzen en spreken in de ontwikkeling van het kleine kind. Ned. Tijdschrift v. Wijsbegeerte en Psychologie, 1940.

E. Wasmann S. J., Vgl. Studien über das Seelenleben der Ameisen, 1900.

H. Werner, Grundfragen der Sprachphysiognomik, 1932.

— Einführung in die Entwicklungspsychologie, 1933.

D. Westermann, Festschrift für Meinhof, 1927.

— Grammatik der Ewe-Sprache, 1907.

— Die Sudansprachen, 1911.

W. D. Whithney, Life and growth of language, 1875.

W. Wundt, Elemente der Völkerpsychologie, Leipzig 1912.

— Die Sprache, I, II, Leipzig 1912.

— Sprachgeschichte und Sprachpsychologie, Leipzig 1901.

— Logik, 1922.

R. M. Yerkes, Great Apes, 1929.

— and B. W. Learned, Chimpanzee intelligence and its vocal expressions, 1925.

EINIGE VERÖFFENTLICHUNGEN DES VERFASSERS

Wahrnehmungspsychologie

Grundlegung der Tonpsychologie, Leipzig, Veit und Comp., 1912.
Die Formenwelt des Tastsinnes, I—II, Den Haag, Martinus Nijhoff, 1937.
Die menschliche Hand, eine psychologische Studie, Basel 1944.
Über Farbenblindheit, Ung. Naturw. Rundschau, 1907.
Über Orthosymphonie (mit P. v. Liebermann). Z. f. Psychol. 48, 1908; Beiträge
    für Akustik und Musikwissenschaft, 4, herausgegeben von C. Stumpf; Monats-
    schrift f. Ohrenheilkunde, 10, 1908.
Nachweis, dass in den Tonempfindungen zwei voneinander unabhängige Eigen-
    schaften zu unterscheiden sind. K. ges. d. Wissenschaft, Göttingen 1912.
Über die beiden Arten des absoluten Gehörs. Z. d. intern. Musikgesellschaft,
    Jahrg. 14, 1912.
Die binaurale Tonmischung (mit P. v. Liebermann). Z. f. Psychol. 69, 1914.
Zur Geschichte der Zweikomponententheorie in der Tonpsychologie. Z. f. Psy-
    chol. 99, 1926.
Psychologische Analyse der Störungen im taktilen Erkennen. Z. f. d. ges. Neurol.
    und Psychiatrie, 115, 1928.
System der optischen und taktilen Raumtäuschungen. Kon. Akad. v. Weten-
    schappen, Amsterdam, Proc. Vol. XXXII, No. 8, 1929; Zeitschr. f. Psycho-
    logie 131, 1934.
The problem of space with particular emphasis on specific sensory spaces. Amer.
    Journ. of Psychol., Vol. 50, 1937.
Gibt es einen Hörraum ? Acta Psychologica, III, 1937.

Sprachpsychologie

Die Sprache. Kon. Akad. v. Wetenschappen, Amsterdam, Proc. Vol. XLIII, No. 8,
    1940.
Die menschlichen Kommunikationsformen und die sog. Tiersprache. Kon. Akad.
    v. Wetenschappen, Amsterdam, Proc. Vol. XLIII, No. 9/10; XLIV, No. 1,
    1940/1941.
De l'origine du langage, Centenaire de Th. Ribot, Paris 1939. (Journ. de Psy-
    chologie.)

Begabungspsychologie

Das frühzeitige Auftreten der Begabung und ihre Erkennung. Leipzig, A. Barth,
    1921.
De ongedeeldheid der begaafdheidsvormen. Alg. Nederl. Tijdschr. v. Wijsbeg. en
    Psychol. 32, 1938.

The indivisibility of mathematical talent. Acta Psychologica, V, 1940.

Over het verband tusschen mathematische en muzikale begaafdheid. Euclides, Tijdschr. v. d. didactiek der exacte vakken, jaarg. 19, 1942, en Nederl.Tijdschr. v. Psychol., 1943.

De creatieve begaafdheid, 1946.

Kinderpsychologie

Expériences sur la mémoire topographique et sur la découverte d'un système chez les enfants. Arch. de Psychologie, 18, 1923.

Recherches de psychologie comparée. Reconnaissance d'un principe. Arch. néerl. de physiol. 8, 1923.

Kunst- und Musikpsychologie

Die Formenwelt des Tastsinnes, Bd. II, Den Haag, Martinus Nijhoff, 1937.

The Psychology of a Musical Prodigy, London, Kegan Paul, Trench, Trubner & Co. Ltd., 1925.

Inleiding tot de Muziekpsychologie. Amsterdam, Noord-Hollandsche Uitgevers Mij, 1944 und 1946; Einleitung in die Musikpsychologie, Bern, A. Francke, 1946.

Kunst der blinden Bildhauer, Congrès international d'esthétique, Paris 1937.

Der Ursprung der Musik. Intern. Archiv. f. Ethnologie, 40, 1941.

Das musikalische Wunderkind. Zeitschr. f. pädag. Psychol., 1916.

Prüfung der Musikalität. Zeitschr. f. Psychol. 85, 1920, und Festschrift für G. E. Müller, 1920.

Soziale Psychologie

Das Schöpferisch-persönliche und das Kollektive in ihrem kulturhistorischen Zusammenhang. Tübingen, J. C. B. Mohr, 1933.

Sozialpsychologische Beobachtungen an Affen. Zeitschr. f. Psychol., 118, 1930.

Die soziobiologische Funktion der menschlichen und tierischen Hand. XI. Congrès intern. de Psychologie, Paris 1937.

Tierpsychologie

Experimentelle Studien zur vergleichenden Psychologie, Z. f. angew. Psychol. 18, 1921.

Expériences sur la mémoire topographique et sur la découverte d'un système chez des enfants et des singes inférieurs. Arch. de Psychologie, 18, 1923.

Experiments on Animal Space Perception, British Journ. of Psychology, 14, 1924.

Experiments on Abstraction in Monkeys, Journ. of Comparative Psychologie, 5, 1925.

La fonction sociologique de la main humaine et de la main animale, Journ. de Psychologie, 1938.

Die sog. Tiersprache. Kon. Ned. Akad. v. Wetenschappen, Amsterdam, Proc. Vol. XLIII, 1940.

NAMEN- UND SACHREGISTER

Dr. G. RÉVÉSZ

Professor der Psychologie an der
Universität Amsterdam

EINLEITUNG IN DIE MUSIKPSYCHOLOGIE

Etwa 300 Seiten

Mit vielen Abbildungen und Notenbeispielen

INHALT

Erster Teil: GEHÖR, LAUT UND TON

I. Die Abhängigkeit der Tonempfindungen von den physikalischen Reiz-
verhältnissen. II. Physiologische Akustik. III. Die menschliche Stimme

Zweiter Teil: GRUNDPROBLEME DER TONPSYCHOLOGIE

I. Die Grundeigenschaften der musikalischen Töne. II. Die Psychologische Intervall-Lehre. III. Das Konsonanzproblem. IV. Das musikalische Gehör. V. Die Tonartencharakteristik. VI. Ton und Farbe

Dritter Teil: GRUNDPROBLEME DER MUSIKPSYCHOLOGIE

I. Die Musikalität. II. Die musikalische Begabung. III. Die Entwicklung der musikalischen Anlage. IV. Die Vererbung musika-
lischer Fähigkeiten. V. Die schöpferische Arbeit. VI. Der Musikgenuss
der Taubstummen. VII. Pathologie der musikalischen Auffassung.
VIII. Der Ursprung der Musik. IX. Musikpsychologie und Musik-
ästhetik

Tontabellen – Literatur – Register

A. FRANCKE AG. VERLAG BERN

Date Due

JI28'60			
Ag 2'60			
Demco 293-5			